Jörg Zink

Unter dem großen Bogen

Jörg Zink

Unter dem großen Bogen

Das Lied von Gott
rings um die Erde

Kreuz

Inhalt

Vorwort

Ein immer neues Erstaunen begleitet mich nun seit rund siebzig Jahren, seit der Zeit, in der ich als Kind anfing nachzudenken. Ein Staunen darüber, wie schön und groß die Gedanken auch von Menschen fremder Kulturen, wie reich ihre innere Welt und wie vielfältig die Gedanken sind, mit denen sie die Rätsel ihres Lebens zu bewältigen suchen. Immer neu fasziniert mich die Vielfarbigkeit der Bilder, die sie sich von ihrer Welt machen, die Verschiedenheit der Wege, die sie finden, und der Gedanken, mit denen sie hinausdenken über die sichtbaren Dinge. Ich konnte und kann nicht anders als ihnen allen wie Freunden zu begegnen, den vielen mir ganz unbekannten Menschen, die seit Jahrtausenden rund um die Erde ihren unverdrossenen Mut bezeugen, es mit dem Leben, wie es ist, und mit seinen Hintergründen aufzunehmen. Und so bin ich nun durch ein langes Leben hin in den religiösen Texten der Menschheitsgeschichte zu Hause gewesen, habe das Schönste und Tiefste, das mir begegnete, gesammelt, und ich tue es hier noch einmal und diesmal für die Leserinnen und Leser, die einen offenen Geist und ein liebendes Herz mitbringen für das, was nicht nur groß scheint, sondern unfraglich groß ist.

Mir ist dabei wichtig, dass die Leserin, der Leser weiß: Dieses Buch will nicht die Erfordernisse eines wissenschaftlichen Werks erfüllen. Es gibt lediglich Texte wieder, die mich begleitet haben, inspiriert oder einfach beglückt und die ich denen für ihren eigenen spirituellen Weg weitergeben möchte, die die große Breite der religiösen Erfahrung der Menschheit suchen.

Wenn ich sie ordnen soll, dann kann ich es nicht so tun, dass ich trenne nach Epochen oder nach Kulturen. Das mögen andere tun. Ich stelle vielmehr die einzelnen Gedanken einfach nebeneinander, zueinander, gegeneinander: Sprüche altöstlicher oder biblischer Weisheit, Worte von Schamanen, Propheten oder Dichtern, Einsichten von Asketen oder Philosophen, Frauen und Männern. Denn alle sind sie von Menschen gesprochen, gesungen oder gerufen, und ihre Not und ihre Einsicht gehen mich an. Ihre Suche und ihre Erfahrung begegnen meinen eigenen Erfahrungen und Gedanken.

Wenn ich nun meine, dies gerade heute sagen und zeigen zu müssen, so hat das drei konkrete Gründe:

Einmal den, dass sich uns diese runde Welt heute anders zeigt als früher. Wir sehen, dass diese Welt kaum mehr aufgeteilt werden kann nach getrennten Völkern, getrennten Kulturen, nach Ländern oder Erdteilen. Rund um unsere Erde entsteht ein Netz von Verbindungen, in das wir alle, ob wir davon Gebrauch machen oder nicht, eingebunden sind. Jeder kann von jedem anderen wissen. Niemand wird künftig als Herr anderer auftreten können, unser praktisches Leben verbindet uns wie unser Schicksal. Und was das Christentum betrifft: Bemerken wir nicht, wie auch innerhalb des Christentums seine Grenzen durchlässig werden, etwa die zwischen den Konfessionen? Und begegnen wir nicht bei jedem Schritt, den unsere Gedanken über den Raum des Christentums hinaus tun, andersartiger Einsicht? Wir halten also fest, was uns kostbar, und nehmen auf, was anderen anvertraut ist.

Der zweite Grund ist der, dass vor uns und allen Menschen die Aufgabe liegt, diese offene Welt bewohnbar zu halten, und längst hat die Suche begonnen nach Regeln, die unser gemeinsames Leben ordnen und sinnvoll gestalten können. Wir sollten uns aber nun nicht ein »Weltethos« vorstellen, das sein Maß ausschließlich aus unseren westlichen Vorstellungen nimmt und es anderen Kulturen aufzuzwingen sucht. Es kann nur dann seinen Sinn erfüllen, wenn es aus dem Geist vieler Völker hervorwächst und unserem westlichen Respekt vor den Überlieferungen und Wertmaßstäben jeder anderen Kultur Ausdruck gibt.

Der dritte Grund liegt darin, dass wir in unserem eigenen Land längst mit Millionen Menschen aus hunderten verschiedener Überlieferungen zusammenleben. Wie aber soll das gelingen, wenn uns ihre Gedanken, das Erbe, aus dem sie leben, ihre religiösen Vorstellungen und Sitten fremd bleiben? Die Zeit, in der die Kolonialmächte darüber entscheiden konnten, welche Religion erlaubt sein sollte und welche der Ausbreitung des christlichen Anspruchs Platz zu machen habe, scheint mir endgültig zu Ende zu sein. Wo heute in unserem Land eine Moschee oder ein buddhistischer Schrein steht, wird es angemessen sein, das Heiligtum anderer Menschen mit viel

Achtsamkeit auf die Gedanken, die hier gedacht werden, zu betreten.

Was kann uns weiterführen? Zunächst und auf längere Zeit etwas sehr Einfaches, das gerade uns Christen und Bürgern der westlichen Welt schwer fällt: Wir könnten zuhören, einfach nur hören, was ein Fremder, ein Mensch einer anderen Zeit und einer anderen Kultur, sagt oder gesagt hat. Uns einem Wort öffnen, das zu uns dringen will, ehe wir anfangen zu urteilen, ehe wir das eine für wahr und das andere für Irrtum halten. Es hören und es ein wenig lieben. Denn lieben können wir das Fremde auch in seiner Fremdheit; und es ist ein Kernsatz unseres christlichen Glaubens, dass wir lieben müssen, was wir verstehen wollen, und dass es kein Verstehen gibt anders als auf dem Wege des Liebens.

I

Stimmen von fern her

Lieder wie Blüten

Einen fröhlichen Gesang sende ich zum Himmel
wie eine goldene Trompete.
Ein Lied singe ich mit meinem Munde
wie ein Maisblütenvogel.
Wie grünes Edelgestein, das in der Sonne glänzt,
lasse ich meinen Gesang blühen.
Wie ein Opfer von Blumen lasse ich ihn steigen,
und wie sie will ich, der Sänger,
vor dem Allgegenwärtigen herrliche Düfte verbreiten.

AZTEKISCH

> Es ist im Grunde erstaunlich: Rund um die Erde und durch die
> Jahrtausende hin hören wir Stimmen von Menschen, die über-
> wältigt sind von der Erfahrung eines großen, eines mächtigen
> und gütigen Gottes. Sie rühmen ihn, den Unvergleichlichen,
> der über allem, in allem, um alles her lebt und wirkt. Sie rüh-
> men ihn, der das Leben schuf und es täglich erhält und fördert
> und wandelt, und finden in ihrem rühmenden Gesang zugleich
> das Ja zu ihrer eigenen Herkunft und ihrem Schicksal und ein
> tiefes Einvernehmen mit dem, der ihnen ihr Schicksal zuwies.

Amun, wunderbarer Gott!
Vom Uranfang her lebendig!
Der Erste von allem!

Niemand kennt dein Wesen.
Kein Gott entstand früher als du.
Keine Mutter sprach deinen Namen.
Kein Vater sagte: Das bin ich!
Du selbst erdachtest dir deine Schönheit,
dein verborgenes Wesen, deine lichte Gestalt.

Du wunderbarer Gott!
Du erscheinst in den vielen Gestalten des Alls.
Du Herz des Universums!
Du bist im Osten, wo die Sonne aufscheint.
Du bist am Himmel, du bist in der Tiefe.
Du bist einer, du bist verborgen.

Du wahrst dein Geheimnis.
Keiner unter den Göttlichen kennt deine wahre Gestalt,
in Büchern zeigt man dein Bild nicht.
Kein Urteil über dich trifft die Wahrheit!
Groß bist du, zu groß für unser Forschen,
zu mächtig für unseren Geist.

AUS EINEM AMUNHYMNUS DER ZEIT RAMSES II., 13. JH. V. CHRISTUS,
ÄGYPTISCH

Gott, deine Güte breitet sich,
so weit der Himmel blaut,
und deine Wahrheit, so weit die Wolken gehen!
Wie die Berge feststehen über den Tälern,
steht deine Gerechtigkeit fest über der Welt!
Wie das Meer unendlich sich breitet,
so ohne Grenzen ist deine Macht.

Wie kostbar ist deine Güte, o Gott!
Bei dir finden wir Menschenkinder Schutz.
Wir werden satt von den reichen Gütern,
die die Erde darreicht,
und du tränkst uns mit Wonne
wie mit einem Strom.
Denn bei dir ist die Quelle des Lebens,
und in deinem Lichte sehen wir das Licht.

AUS DER BIBEL, PSALM 36

Was kann ich, der ich alt und gelähmt bin,
noch tun als Gott rühmen?
Wäre ich eine Nachtigall,
ich würde singen wie eine Nachtigall.
Wäre ich ein Schwan,
ich würde singen wie ein Schwan.
Ich bin ein Mensch, so kann ich Gott preisen.
Das ist mein Amt, ich erfülle es und lasse es nicht,
solange es mir bestimmt ist.
Euch aber fordere ich auf, einzustimmen
in meinen rühmenden Gesang.

EPIKTET, 50–140 NACH CHRISTUS
GRIECHISCHER PHILOSOPH DER STOISCHEN SCHULE

Ich preise dich, Gott.

Du hast mich weise gemacht
durch deine Rede zu mir.
Tiefe Geheimnisse hast du mir gezeigt
in deiner wunderbaren Liebe,
in deinem reichen Erbarmen mit mir,
dessen Herz verwirrt ist.
Wer unter den Himmlischen ist wie du?
Wer gleicht dir, der du die Wahrheit bist?
Wer ist gerecht vor dir, wenn du ihn richtest?

Was ist der Mensch? Erde ist er,
zum Staube kehrt er zurück.
Aber du gibst ihm Einsicht in deine Wunder,
Kunde von deinem Willen.
Staub bin ich und Asche.
Was kann ich denken, wenn du es nicht gibst,
was kann ich planen, wenn du nicht willst?
Was kann ich wollen,
wenn du nicht die Kraft gibst?
Wie kann ich etwas verstehen,

wenn du es mir nicht öffnest?
Was kann ich reden,
wenn du es nicht in meinen Mund legst?
Wie soll ich erwidern,
wenn du nicht die Worte gibst?

Wahr ist's: Du bist der Fürst der Himmlischen,
der König aller Wesen in der Höhe,
der Herr aller Geister, aller Geschöpfe.
Nichts geschieht ohne dich.
Nichts wird erkannt ohne deinen Willen.
Niemand ist neben dir.
Nichts ist das Licht gegen deinen Glanz.
Wer unter den wunderbaren Wesen,
die du geschaffen,
kann bestehen vor deinem Licht?
So seist du gepriesen, barmherziger Gott!

AUS DEN LOBGESÄNGEN DER GEMEINDE VON QUMRAN, VII UND X
1. JAHRHUNDERT VOR CHRISTUS, JÜDISCH

Gott,
geheimnisvoll waltest du überall,
und überall bist du verborgen.
Du bist gegenwärtig in der Höhe,
aber die Höhe kann dich nicht fassen.
Du bist in der Tiefe,
aber sie umgreift dein Wesen nicht.
Du bist ganz nur Wunder,
wo immer wir dich suchen.
Nah bist du und ferne. Wer gelangt zu dir?
Der forschende Geist, der sinnende, kann es nicht.
Dir naht nur der Glaube,
nur die Liebe, nur das Gebet.

EPHRÄM, DER SYRER, 306–373
HYMNENDICHTER DER ALTEN KIRCHE

O Gott!
Dir gilt mein rühmendes Wort,
wenn die Nacht hereinbricht
und wenn der Tag aufglänzt.

So viele Lieder will ich dir singen
wie Sterne sind am Himmel.
So viele, wie du Regen sendest auf die Erde,
wie Tropfen sind in den Meeren.

So viele, wie Bäume sind und Blätter,
Staub, Erde und Kieselsteine. Menschen und Geister,
Vögel und Getier, Löwen, Vieh und Schmetterlinge.

So viel Rühmung sei dir,
als Leben ist auf Erden und unter der Erde,
in der Luft und im Himmel!

HUSAIN IBN ALI, GESTORBEN 680
DER JÜNGERE SOHN ALIS UND FATIMAS, ENKEL MOHAMMEDS

In meinem Herzen kreisen
alle Gedanken um dich!
Nichts spricht meine Zunge
als meine Liebe zu dir.

Wenn ich nach Osten schaue,
strahlst du im Osten mir auf.
Wenn ich nach Westen mich wende,
stehst du mir vor den Augen.

Wende ich mich nach oben,
so bist du höher als alles,
beuge ich mich nach unten,
bist du das Alles zu meinen Füßen.

Du gibst allem seinen Ort,
bist aber sein Ort nicht.

Das All bist du und das Ganze,
nicht vergänglich wie wir.

Du bist mein Herz, mein Gewissen,
du bist mein Gedanke, mein Geist,
bewegende Kraft meines Lebens.
Du Liebe im Grunde meines Herzens.

HALLADSCH, 858–922
ISLAMISCHER MYSTIKER

O Herr der Welt,

dir singe ich.
Alles blüht um mich her,
und die Welt ist gesegnet und voll Freude.
Dir singe ich! Wie glänzt jetzt der Tau,
wie jubeln alle die bunten Vögel,
der Gesang der Zwitschernden tönt überall!
Alle singen zu Ehren dir,
dem Erschaffer des Alls, dem einen Gott.

Du allein bist die Quelle des Gesanges,
im Himmel wird das Lied geboren.
Ach, nur im Himmel lässt seine Stimme strahlen
der liebliche Vogel der Götter,
und die heiligen Vögel jubeln im Wechselgesang
zum Preise des, der die Welt geschaffen.

Mein Herz hört die Stimmen,
und ich will alle dunklen Schleier der Vergangenheit
den Winden geben,
damit auch mein Seufzen aufsteigt
in den unendlich leuchtenden Himmel,
hoch hinauf, und mitklingt,
wo die gelben Kolibris singen
zum Preise des Gottes der Himmel.

Ach, ich will nicht weinen auf Erden.
Verfällt nicht das Haus irdischer Träume?
Ach, ich weiß: Was immer die Erde trägt,
muss enden, wie hier unser Leben endet.
Doch will ich singen zu dir, durch den die Welt besteht.
In den Himmel hinauf möge meine Seele dir singen,
so sieh sie freundlich an,
du, in dem sie ihr Leben hat.

AZTEKISCH

Alles durchdringst du:
die Höhen, die Tiefen
und jeglichen Abgrund.

Du baust und bindest alles.
Durch dich träufeln die Wolken,
in dir regt ihre Schwingen die Luft.

Durch dich birgt Wasser das harte Gestein,
rinnen die Bächlein
und quillt aus der Erde das frische Grün.

Du auch führst den Geist,
der deine Wahrheit trinkt, ins Weite.
Du wehst Weisheit in ihn
und mit der Weisheit die Freude.

HILDEGARD VON BINGEN, 1098–1179
FRÜHESTE DEUTSCHE MYSTIKERIN

Und da ist noch ein Wort, in dem jede Zeile lange meditiert
werden kann mit ihren kühnen Kontrasten, ein Wort, in dem
sich neu zusammenfindet, was in vielen Zeiten und an vielen
Orten in den Liedern, die Gott zugesungen werden, ausgesprochen ist:

Gott,
du nimmst den Zeichenstift – und die Linien tanzen.
Du spielst die Flöte – und die Töne schimmern.
Du bewegst den Pinsel – und die Farben singen.

So wird alles sinnvoll und schön jenseits der Zeit,
in dem Raum, der du bist.
Wie könnte ich irgendetwas zurückhalten von dir?

DAG HAMMARSKJÖLD, 1905–1961

Rufe ins Ungewisse

Uns heutigen Menschen scheint es ein besonderes Zeichen dieser Zeit zu sein, dass uns eine Erfahrung Gottes immer seltener gelingt und sie immer mühsamer mit unserem konkreten Dasein verbunden werden kann. In aller Regel, so meinen wir, ist uns, wenn uns an der Wahrheit unseres Daseins gelegen ist, von Kindheit an eine schwierige und oft leidvolle Suche nach dem unbekannten, dem fremden, dem fernen Gott zugemutet, und sie begleitet uns, auch wenn wir uns sehnlich wünschen, ihn zu finden, bis in unsere alten Tage.

In Wahrheit ist dies nicht ein Merkmal dieser Zeit, sondern aller religiösen Suche seit den Anfängen der Geschichte des menschlichen Nachdenkens. Immer stand ihr das Elend der Vergeblichkeit und der Weglosigkeit entgegen. Immer wussten die Menschen von Gott, und immer konnten sie wissen, dass sie nichts wussten. Immer wollten sie vertrauen und wussten nicht, wer der war, dem ihr Vertrauen galt, und ob es berechtigt war. Immer suchten sie zu begreifen, und immer standen sie vor Rätseln. Wenn einem der Begnadeten ein Wort begegnete oder ein Licht aufblitzte, dann wusste er: Das ist es! Was es jedoch war, konnte er auch danach kaum in Worte fassen.

Eine der ersten Fragen, die den bedrängt, der ernsthaft nach Gott sucht, ist die, ob denn überhaupt zutreffen könne, was wir Menschen uns über ihn erdenken. Ob es Wahrheit sein könne. Immer denken wir Menschen in Bildern, und in ihnen kann durchaus Wahrheit aufleuchten. Aber es sind eben Bilder, wie sie uns Menschen eingestiftet sind und es gibt keinen Beweis für ihre Wahrheit außer der Erfahrung, die uns widerfährt, wenn Gott will.

Ich weiß nicht

Ich kam, weiß nicht woher – kam in die Welt,
ich sah den Weg und ward darauf gestellt
und werd ihn gehn, ob mir's auch nicht gefällt.
Wie kam ich, sah den Weg? Ich weiß es nicht.

Bin ich seit langem hier, seit kurzen Tagen?
Bin frei ich, bin in Fesseln ich geschlagen?
Trag ich mein Leben, werde ich getragen?
Ich möcht es wissen, doch ich weiß es nicht.

Wird nach dem Tod man auferstehn, gerichtet?
Gibt's ewges Leben? Werden wir vernichtet?
Ist's Lüge, Wahrheit, was das Volk berichtet?
Ist's wahr, dass mancher weiß? Ich weiß es nicht.

Wo ist mein Lachen, Weinen wie als Kind?
Wo meine Torheit, da ich jugendblind?
Wo meine Träume, die verloren sind,
doch wie verlor ich sie? Ich weiß es nicht.

Ilya Abu Madi, geboren 1889
Syrischer Dichter

Du ergreifst das Gewand seiner Nähe,
da entrinnt er dir plötzlich.
Du spannst ihn zu straff – der Pfeil
entflieht dir vom Bogen!

Du suchst ihn oben im Himmel:
Da glänzt er im Meer wie der gespiegelte Mond.
Du wirfst dich ins Wasser, ihn zu ergreifen,
da hebt er sich fort in die Wolken.

Du wähnst ihn fern und im Nirgends,
er aber zeigt dir den Ort, da er wohnt.
Doch suchst du ihn dort,
so entrinnt er ins Nichts.

Du willst ihn malen in schönsten Farben,
willst ihn mit Linien zeichnen,
von der Tafel fliegt dir sein Bild,
was du geschaut, entflieht dir vom Herzen.

RUMI, 1207–1273
TÜRKISCHER MYSTIKER UND DICHTER

Was Gott ist, weiß man nicht.
Er ist nicht Licht, nicht Geist,
nicht Wahrheit, Einheit, eins,
nicht, was man Gottheit heißt.

Nicht Weisheit, nicht Verstand, nicht Liebe, Wille, Güte.
Kein Ding, kein Unding auch, kein Wesen, kein Gemüte.

Er ist, was ich und du und keine Kreatur, –
eh wir geworden sind was er ist, – nie erfuhr.

ANGELUS SILESIUS, 1624–1677
MYSTISCHER DICHTER DER BAROCKZEIT

Komm, Herr!
Lächle nicht über uns!
Sage nicht, du seiest uns nahe!
Millionen kennen dich nicht.
Und was nützte es, wenn sie dich kennten?
Was hilft deine Nähe,
wenn das Leben weiterläuft, wie es immer schon war?

Sprich zu uns! Verändere uns! Erschüttere uns!
Werde Fleisch von unsrem Fleisch!
Blut von unserem Blut!
Reiß uns heraus aus der Geruhsamkeit,
in der wir unser gutes Gewissen hüten!
Denn nur so finden wir Frieden,

den Frieden nicht von dieser Welt.
Deinen Frieden.

DOM HELDER CAMARA, 1909–1999
ERZBISCHOF VON RECIFE, BRASILIEN

Ohne

das größte ereignis
im menschenleben
sind die geburt und der tod
Gottes

vater Vater unser
warum hast du
wie ein böser vater
nachts
wie ein dieb

spurlos und ohne zeichen
ohne ein wort

mich verlassen
warum habe ich
Dich
verlassen

ein leben ohne gott ist möglich
das leben ohne gott ist unmöglich

ich habe die arme
im leichtsinn geöffnet
habe Dich gehen lassen

vielleicht aber bist du geflohen
um nicht länger
mein lachen zu hören

Du lachst nicht

vielleicht aber hast du mich
den kleinen finsteren bestraft
für den trotz für den hochmut
dafür
dass ich einen neuen menschen
eine neue poesie
eine neue sprache
erschaffen wollte

du hast mich verlassen
ohne mit den flügeln zu rauschen
ohne blitze zu schleudern
wie eine feldmaus
wie wasser das im sande versickert

ich habe deine flucht
deine abwesenheit in meinem leben
nicht bemerkt

ein leben ohne gott ist möglich
das leben ohne gott ist unmöglich

Der polnische Dichter Tadeusz Rózewicz 1988

»Gott sei Dank!«, sagte die Bäuerin.
»Jetzt kommt Regen!«

»Aber Genossin«, antwortete der Chef der Kolchose.
»Du weißt doch, einen Gott gibt es – Gott sei Dank! –
nicht!«

»Sicher, Genosse, aber wenn es nun,
was Gott verhüten möge, doch einen gibt?«

Aus Russland

Wir begegnen immer wieder auch Stimmen, für die beides
wahr ist: dass Gott unerreichbar sei, nicht zu verstehen. Dass
er vielleicht überhaupt nicht sei. Und das andere: dass er der
gewisseste Grund ist, auf dem unser Leben steht, und der alles
überwölbende Raum des Heiligen, in dem wir unser Leben haben.

Empfänger unbekannt –
Retour à l'expéditeur

Vielen Dank für die Wolken.
Vielen Dank für das Wohltemperierte Klavier
und, warum nicht, für die warmen Winterstiefel.
Vielen Dank für mein sonderbares Gehirn
und für allerhand andre verborgne Organe,
für die Luft, und natürlich für den Bordeaux.
Herzlichen Dank dafür, dass mir das Feuerzeug
nicht ausgeht,
und die Begierde, und das Bedauern,
das inständige Bedauern.
Vielen Dank für die vier Jahreszeiten,
für die Zahlen und für das Koffein
und natürlich für die Erdbeeren auf dem Teller,
gemalt von Chardin, sowie für den Schlaf,
für den Schlaf ganz besonders,
und, damit ich es nicht vergesse,
für den Anfang und das Ende
und die paar Minuten dazwischen
inständigen Dank,
meinetwegen für die Wühlmäuse draußen im Garten
auch.

Hans Magnus Enzensberger, *1929

An den Unbekannten

Noch einmal, eh' ich weiterziehe
und meine Blicke vorwärts sende,
heb ich vereinsamt meine Hände
zu dir empor, zu dem ich fliehe,
dem ich in tiefster Herzenstiefe
Altäre feierlich geweiht,
dass allezeit
mich deine Stimme wieder riefe.

Darauf erglüht tief eingeschrieben
das Wort: Dem unbekannten Gotte.
Sein bin ich, ob ich in der Frevler Rotte
auch bis zur Stunde bin geblieben;
sein bin ich – und ich fühl' die Schlingen,
die mich im Kampf darniederziehn
und, mag ich fliehn,
mich doch zu seinem Dienste zwingen.

Ich will dich kennen, Unbekannter,
du tief in meine Seele Greifender,
mein Leben wie ein Sturm Durchschweifender,
du Unfassbarer, mir Verwandter!
Ich will dich kennen, selbst dir dienen!

Friedrich Nietzsche, 1844–1900

»O Gott!« rief einer viele Nächte lang,
und süß ward ihm sein Mund von diesem Klang.
»Viel rufst du wohl«, sprach Satan voller Spott,
»wo bleibt die Antwort ›Hier bin Ich!‹ von Gott?«…
Als er betrübt, gesenkten Hauptes schwieg,
sah er im Traum, wie Khidr niederstieg
und sprach: »Was nennst du ihn nicht mehr?
Was du ersehnt, bereust du es so sehr?«
Er sprach: »Nie kommt die Antwort ›Ich bin hier!‹
So fürchte ich, Er weist die Türe mir!«

»Dein Ruf ›O Gott!‹ ist Mein Ruf ›Ich bin hier!‹
Dein Schmerz und Flehn ist Botschaft doch von Mir,
und all dein Streben, um Mich zu erreichen:
dass Ich zu Mir dich ziehe, ist ein Zeichen.
Dein Liebesschmerz ist Meine Huld für dich;
Im Ruf ›O Gott!‹ sind hundert ›Hier bin Ich!‹«

RUMI, 1207–1273
TÜRKISCHER MYSTIKER UND DICHTER
ÜBERSETZUNG ANNEMARIE SCHIMMEL

> Aber nicht etwa nur die Gleichzeitigkeit von Wissen und
> Nichtwissen begegnet uns, sondern auch ein überraschendes
> und plötzliches Nacheinander von Fremdheit und Vertrauen,
> von Zweifel und Gewissheit.

Ich weiß nicht,
ob die Stimme des Menschen den Himmel erreichen kann,
ich weiß nicht,
ob der Mächtige mich hört, da ich bete;
ich weiß nicht,
ob die Gaben, um die ich bitte, gewährt werden;
ich weiß nicht,
ob wir die alte Botschaft wahrhaft hören können;
ich weiß nicht,
was geschehn wird in unseren zukünftigen Tagen.
Ich hoffe,
dass nur Gutes euch widerfahren wird,
meine Kinder.

Jetzt weiß ich,
dass die Stimme des Menschen zum Himmel reichen kann;
jetzt weiß ich,
dass der Mächtige mich gehört hat, da ich betete;
jetzt weiß ich,

dass die Gaben, um die ich gebeten habe,
gewährt worden sind;
jetzt weiß ich,
dass wir die alte Botschaft wahrhaft gehört haben;
ich weiß jetzt,
dass Tirawa das Gebet der Menschen hört;
ich weiß,
dass nur Gutes euch widerfahren wird,
meine Kinder.

GEBET DER PAWNEE, INDIANISCH

Ich suchte Gott und fand ihn nicht.
Ich schrie zu ihm hinauf und bettelte um Licht.
Ich wandte weinend mich mit nassem Blick.
Da rührt es leise meine Schulter: Ich bin hier!
Und Gott ging mit mir in mein Haus zurück.

RUMI, 1207–1273
TÜRKISCHER MYSTIKER UND DICHTER

Urworte der Menschheit

In jeder Religion mit langer Tradition gibt es sie. Wie Findlinge aus Urgestein liegen sie vor uns, mächtig, schwer, undurchdringlich. In ihnen spricht die schöpferische Kraft einer Religion, ihre Absicht, ihre Eigenart, ihr Wesen, aber auch ihre Wahrheit. Sie sind durch jahrtausendelanges Denken, Sinnen und Meditieren nicht zu erschöpfen, und immer geben sie Orientierung und Klarheit dem, der bereit ist, sich von ihnen weisen zu lassen.

Urwort des Judentums:

Höre, Israel!
Er ist unser Gott! Er. Einer!
So liebe denn ihn, deinen Gott,
mit allem deinem Herzen,
mit all deiner Seele, mit all deiner Macht!
So seien diese Reden, die ich heuttages dir gebiete,
auf deinem Herzen.
Einschärfe sie deinen Söhnen,
rede davon, wann du sitzest in deinem Haus
und wann du gehst auf dem Weg,
wann du dich legst und wann du dich erhebst.
Knote sie zu einem Zeichen an deine Hand!
Sie seien zu Gebind zwischen deinen Augen!
Schreibe sie an die Pfosten deines Hauses
und an deine Tore!

Aus der Bibel, 5. Mose 6,4–9
nach Martin Buber

Von Gott redet das eine, von der Bestimmung des Menschen das andere von zwei Urworten des Christentums:

Vater unser im Himmel!
Geheiligt werde dein Name.
Dein Reich komme.
Dein Wille geschehe
wie im Himmel so auf Erden.
Unser tägliches Brot gib uns heute.
Und vergib uns unsere Schuld,
wie auch wir vergeben unsern Schuldigern.
Und führe uns nicht in Versuchung,
sondern erlöse uns von dem Bösen.
Denn dein ist das Reich und die Kraft
und die Herrlichkeit
in Ewigkeit! Amen.

JESUS CHRISTUS, MATTHÄUS 6,9–13

Selig sind, die arm sind vor Gott
und für seinen Geist bereit.
Ihrer ist das Reich Gottes.

Selig sind, die Leid tragen.
Sie werden Trost finden.

Selig sind, die geduldig sind und hoffen.
Ihnen wird die Erde gehören.

Selig sind, die hungern und dürsten
nach Gerechtigkeit. Sie sollen satt werden.

Selig sind die Barmherzigen.
Gott wird ihnen barmherzig sein.

Selig sind die reinen Herzen.
Sie werden Gott schauen.

Selig sind, die Frieden stiften.
Söhne, Töchter Gottes wird man sie nennen.

Selig sind, die verfolgt werden,
die Kämpfer für die Gerechtigkeit.
Ihnen gilt die Liebe Gottes und sein Reich.

Jesus Christus, Matthäus 5,3–12

Als das buddhistische »Evangelium« hat man das folgende
Wort bezeichnet:

Was es immer an lebendigen Wesen geben mag,
alle ohne Ausnahme,
seien sie beweglich oder unbeweglich,
seien sie groß oder klein,
fein oder grob, sichtbar oder unsichtbar,
fern oder nah,
schon geboren oder ihre Geburt erwartend –
alle seien sie beglückten Herzens.

Sutta-nipata

Dem Schutzbedürftigen möchte ich ein Schützer,
dem Wüstenwanderer ein Führer sein und Hüter,
Steg und Brücke denen, die das Ufer suchen,
Lampe denen, die eine Lampe,
ein Ruhebett denen, die ein Bett brauchen,
ein Knecht möchte ich sein für alle Wesen,
die eines Knechts bedürfen.

Gelöbnis des Bodhisattva, buddhistisch
Aus Bodhi-caryavatara

Urwort des Taoismus:

Der Weg, der gezeigt werden kann,
ist nicht der ewige Weg.
Der Name, der sich aussprechen lässt,

ist nicht der ewige Name.
Ein Namenloses ist der Anfang
von Himmel und Erde.

Du schaust und siehst es nicht –
man nennt es das Unsichtbare.
Du hörst und hörst doch nichts –
man nennt es das Unhörbare.
Du greifst danach und greifst doch nichts –
man nennt es das Unergründliche.

Oben macht kein Licht es lichter,
unten macht es keine Finsternis dunkler.
Unaufhörlich dauert es fort,
doch kannst du es nicht beschreiben.

Der Alten Tao, der Alten Weg bewahren,
der Forderung des Augenblicks nachkommen,
so die Uranfänge begreifen –
das nennt man Gehen auf dem Weg, dem großen Tao.

AUS DEM TAO TE CHING I UND XIV
DER ÜBERLIEFERUNG NACH VON
LAOTSE, 6. ODER 4. JH. V. CHR.,
DEM BEGRÜNDER DES RELIGIÖSEN TAOISMUS

Aus der Bhagavadgita:

Du bist ein Meer von Glanz, wohin ich schaue.
Geblendet sehe ich dein Licht, das sonnengleich
allüberall hin seine Pfeile sendet.

Du bist der Eine, bist das Ziel der Weisheit,
bist das Herz des Alls.
Bewahrer du des ewigen Gesetzes,
der ewige Grund von allem, was besteht.

Kein Anfang ist in dir, nicht Mitte und nicht Ende,
ewig ist deine Kraft, und ewig ist dein Wille.

Die Sonne und der Mond sind deine Augen,
wie Feuerschein erglänzt dein Angesicht.

Dich zu erkennen, wünschte ich von Herzen,
doch wer du bist, erfass' ich nicht.

DIE BHAGAVADGITA GILT ALS DAS »URWORT« DES
HINDUISMUS. AUS DEN LETZTEN JAHRHUNDERTEN VOR CHRISTUS

Der Moslem hört das Wort des Koran:

Allah ist Gott.
Außer ihm ist kein Gott.
Er kennt die geheime, dunkle Zukunft
und die vor aller Augen liegende Gegenwart.
Er ist barmherzig.
Er ist der König, er ist der Heilige.
Er ist der Stifter des Friedens,
er gibt Gewissheit, er hat alles fest in der Hand,
er, der Mächtige, der Starke, der Hocherhabene.

Er ist Gott, der Schöpfer, der Erschaffer, der Bildner.
Ihn verherrlichen die schönsten Namen.
Ihn preist, was in den Himmeln ist
und auf der Erde, den Allmächtigen, den Allweisen.

KORAN, SURE 59, 23–24

Ein Wort aus dem Sikhismus:

Du, mein Gott,
du bist der wahre Schöpfer.
Dein ist alles,
und alle versenken sich in dich.
Wem du gnädig bist,
der empfängt das Kleinod deiner Nähe.
Du allein trennst uns von dir,
du allein führst uns zu dir.

Du bist ein Meer, und alles ist in dir.
Nichts ist außer dir.
Wem du bestimmst, mit dir vereint zu sein,
der wird mit dir vereint.
Nur der erkennt dich, dem du Erkenntnis schenkst,
nur er kann, o Gott,
deine Herrlichkeit in Ewigkeit besingen.

WORTE NANAKS, 1469–1538,
DER DEN HINDUISMUS UND DEN ISLAM IM
GLAUBEN AN DEN EINEN GOTT ZU VERSÖHNEN SUCHTE

Aus der indianischen Tradition:

Du großes Geheimnis,
dessen Stimme ich in den Winden vernehme,
dessen Atem der Welt Leben gibt,
höre mich!

Ich komme zu dir als eines deiner Kinder.
Ich bin klein und schwach.
Ich bedarf deiner Kraft und deiner Weisheit.
Lass mich in Schönheit leben
und gib, dass meine Augen immer
den purpurnen Sonnenuntergang schauen
und meine Hände alle die Geschöpfe ehren,
die du gemacht hast.

Schenke mir Weisheit, dass ich die Lehren,
die du in jeden Baum und jeden Felsen,
jede Pflanze und jedes Tier gelegt hast, erkenne.

Mache mich stark,
nicht, damit ich stärker bin als meine Brüder,
sondern damit ich den Kampf in mir selbst bestehe.

Mache mich fähig, dir in die Augen zu schauen
und mit reinen Händen vor dir zu stehen,

so dass, wenn das Leben endet,
wie der Sonnenuntergang verlischt,
wie der fahle Mond vergeht
und das Rascheln des Windes verklingt,
meine Seele frei und vertrauend zu dir kommt.

VON DEN SIOUX ÜBERLIEFERT

II

Aus Gott ist das All

Alles lebt aus dem Ursprung

Dass diese Welt in ihrem Ursprung sich einem schöpferischen Wirken Gottes verdankt und dass sie eine Wirklichkeit darstellt, die für das Auge des Geschöpfes etwas mit Gott zu tun hat, wird unter heutigen Menschen noch am ehesten irgendeiner Zustimmung begegnen. Der Glaube an den in den Gesetzen und Stoffen der Natur Tätigen, der diese Welt bis zum heutigen Tag und bis an ihr Ende im Bestehen hält und ohne den sie ins Nichts zurückstürzte, wird von allen Aussagen einer Religion noch am leichtesten bejaht werden, auch wenn dabei mehr oder weniger unklar bleiben mag, was man sich unter Gott vorstellen will.

Wie Schöpfung geschah und geschieht ist dabei offen. Sie kann vorgestellt werden als ein Ausfließen der Welt aus Gott, so dass am Ende die Welt von göttlicher Art sein wird. Sie wird auch gedacht als ein Schaffen Gottes, der aus dem Nichts oder aus dem Chaos das Wirkliche und das Geordnete hervorbringt, so dass die Welt am Ende Gott gegenüber und von ihm unterschieden bleibt.

Der älteste uns bekannte Schöpfungshymnus sieht die Weltordnung geschaffen zugunsten von Acker und Flur sumerischer Bauern. Enki ist der Gott des trinkbaren Wassers, der Herr der Weisheit, der Künste und der Technik.

Enki,
der König des Ozeans, auf dem die Erde ruht,
überwältigend in seiner Majestät, spricht:

»Mein Vater, der König des Alls, König aller Länder, An,
sammelte alles Gesetz, legte alle Ordnung in meine Hand.
Ich bin der erstgeborene Sohn des An,
des Obersten der Götter.
Ich bin der große Sturm, der von unten ergeht.
Ich bin der Herr des Landes, der Vater aller Länder.
Ich hüte die Urkunden über Himmel und Erde.
Ich bin Ohr und Geist aller Länder.

Ich lasse Gerechtigkeit walten
zusammen mit König An.« ...

Enki spricht:
»Ich bin der Herr. Meine Ordnung gilt.
Nach meinem Gebot wurden die ersten Ställe gebaut,
wurden die Zäune der Schafhürden errichtet.

Als ich zum Himmel aufstieg,
ergoss sich ein Regen, und alles gedieh.
Als ich mich zur Erde beugte,
kam aus ihr Wasser im Überfluss.
Als ich die grünen Wiesen schuf,
schüttete man die Dämme auf.

Ich schuf den Pflug und das Joch,
ich öffnete die heiligen Furchen für die Saat,
ich ließ Getreide wachsen auf dem bestellten Feld.

Ich setzte einen Hüter ein
zur Wahrung von Gräben und Deichen:
Enkimdo, den Gott des Ackers,
den Schützer des Rechts.«

AUS DER SUMERISCHEN DICHTUNG »ENKI UND DIE WELTORDNUNG«,
DIE UM 2000 V. CHR. NIEDERGESCHRIEBEN WURDE

> Die ältere Schöpfungsgeschichte der Bibel, 1. Mose 2–3, er-
> zählt, Gott habe Ackererde genommen und daraus den Men-
> schen geformt. Ähnlich spricht das Gilgamesch-Epos, das sich
> mit den Mitteln des alten Matriarchats ausdrückt und von ei-
> ner Übergangsform zwischen Tier und Mensch in Enkidu, dem
> Freund Gilgameschs, erzählt.

Aruru, die Göttin,
erdachte sich in ihrem Herzen ein Geschöpf,
das sie schaffen wollte nach dem Bild des Himmelsgottes.
Aruru wusch die Hände, teilte ein Stück Lehm ab,

zeichnete darauf und bildete Enkidu, den Helden,
den Spross der Stille, bedeckt mit Haar am ganzen Leibe,
mit einem Haarschopf wie dem Haar der Frauen.
Der wusste nichts von der Erde noch von Menschen,
gewandet war er mit einem Kleid
wie dem der Steppentiere.
Mit den Gazellen nährte er sich vom Gras,
er zog zur Tränke mit den Tieren der Steppe
und erquickte sich mitten unter dem Wild am Wasser …

AUS DER SUMERISCHEN URGESCHICHTE, DEM GILGAMESCH-EPOS,
1. TAFEL, VERSE 30–40, NIEDERGESCHRIEBEN UM 2000 V. CHR.

Amun Re,
du gütiger Herr, den alle lieben!
Du gibst das Leben unserem Volk,
du gibst den freien Lauf jedem Wesen,
das je dem Urmeer entsteigen wird.

Aus deinem Glanz ging das Licht hervor.
Über deine Schönheit freuen sich die Götter,
ihre Herzen leben auf,
wenn sie dich schauen.

Du erschaffst das Gras, von dem die Herden leben,
du gibst den Bäumen Frucht für die Menschen.
Du bringst die Nahrung der Fische hervor im Strom
und sorgst für die Vögel unter dem Himmel.

Du gibst den Atem ihren Jungen im Ei
und ernährst das Kind der Schlange.
Du schaffst, wovon die Mücken sich nähren,
die Würmer und die Flöhe,
was die Mäuse brauchen in ihren Löchern
und die Vögel im Baum.

Wir grüßen dich, du einzig Einer,
der du alles tust mit deinen vielen Armen.

Du wachst bei Nacht, wenn alles schläft.
Von dir geht aus, was deiner Herde wohltut.

Wir grüßen dich! rufen alle Wildtiere.
Preis dir! ruft alles, was lebt oben am Himmel,
was überall lebt bis hin zum Ende der Erde
und bis hinab in die Tiefe des Meeres.

Die Götter verneigen sich vor deiner Hoheit
und preisen deine Macht, die sie schuf.
Sie freuen sich, wenn ihr Vater, ihr Schöpfer naht.
Sie rufen: wir grüßen dich,
Vater der Väter aller Götter!

Hymne an Amun Re, ägyptisch
niedergeschrieben um das 15. Jh. v. Chr.

Im Uranfang war weder ein Etwas,
noch war ein Nichts, leer war das Weltall.
Kein Luftraum war, kein Himmel darüber.
Wo war der Hüter der Welt?
Wie weit reichte ihr Raum?
Wo war die Meerflut, die grundlos tiefe?

Kein Tod regierte, noch gab es Unsterblichkeit.
Es fehlten Tage und Nächte, die trennenden Zeichen.
Eines nur atmete, lautlos, aus eigener Kraft,
und kein anderes Zweites lebte und wirkte
außer dem EINEN.

Dunkelheit war im Anfang im Dunkel versunken.
Nebel wurde, Wassergewoge.
Aus lebendigem Keim ließ sich das EINE gebären,
von Drang und Feuer getrieben.

Über das EINE kam anfangs ein liebendes Sehnen,
aus reinem Geist entspross der früheste Same.
Das fanden die Weisen in ihrem sinnenden Geist.

So kam es vom Nichtsein zum Sein,
so forschten sie in der Urzeit.

Ihr geistiges Auge drang mitten hindurch
und verbreitete Licht.
Gab es im Anfang ein Unten, gab es ein Oben?
Keimende Kräfte wirkten, sie drängten ins Weite,
unten die wollende Kraft und oben der männliche Drang.

Aber wer weiß von den Erdbewohnern gewiss,
woher sie entsprungen, woher sie kam,
die geschaffene Welt?
Götter entstanden erst später im Laufe der Schöpfung.
Wer also weiß, wie die erste Entstehung geschah?

Woher kam im Anfang die Welt?
Vielleicht hat ER sie bereitet,
vielleicht war alles ganz anders?
Der sie vom Himmel her schaut mit schützendem Auge,
der nur weiß es gewiss.
Und wenn selbst Er es nicht wüsste?

AUS DEN VEDEN, VOR DEM 8. JH. V. CHR.

Am Anfang war Chaos.
Die fünf Elemente zeigten sich nicht.
Weder Formen noch Laute gab es.
Da tatest du deine Macht kund, du höchster Geist.
Du trenntest das Grobe vom Feinen.
Du schufst den Himmel, die Erde, die Menschen,
von dir haben alle Wesen ihr Dasein, ihr Leben …

Als du Yin, der leidenden Kraft,
und Yang, der handelnden, den Weg freigabst,
da entstanden der Himmel,
da wurden der Mond und die Sterne.
Sie glänzten rein und in großer Schönheit.

Der Himmel entfaltete sich wie ein Zelt,
die Erde bildete sich mit vier Enden,
und alle Wesen, sie waren glücklich.
Ich, dein Diener, sage dir Dank.
Ich bete dich an und preise dich, du Höchster.

AUS DEM ALTEN CHINA

Worte über Varuna, den Schöpfer von Himmel und Erde, den
Allumfassenden:

Er weiß den Weg des Vogels
und die Spur des Kahns in den Wogen des Meeres.
Er kennt der Monde zwölffaches Maß
und vollzieht ihr Gesetz.
Er kennt die Bahn des weithin schreitenden,
des hocherhabenen Windes
und aller Wesen, die darüber sind.
Er ließ sich im Wasser nieder,
im Wasser steht sein Gesetz fest.
Er erblickt das Verborgene,
was jetzt geschieht und noch werden mag.
Er möge uns guten Weg gewähren
und lange Lebenszeit.

AUS DEN VEDEN, VOR DEM 8. JH. V. CHR.

Im Anfang schuf Gott
den Himmel und die Erde,
die Erde aber hatte kein Maß und keine Schönheit,
alles war wirr und wüst,
und der Geist Gottes brütete über den Wassern.

Gott sprach: Es werde Licht!
Und es ward Licht.
Und Gott sah: Gut war das Licht.

Er schied das Licht von der Finsternis
und nannte das Licht Tag, die Finsternis Nacht.
Es wurde der erste Tag.

Und Gott sprach:
Es werde ein Himmel über der Erde,
ein Gewölbe, das die Erde schützt vor den Wassern,
die über der Erde sind.
Es wurde der zweite Tag.

Und Gott sprach: Das Wasser unter dem Himmel weiche!
Es sammle sich an besonderen Orten,
und trockenes Land trete hervor.
Dann sprach er: Grün werde die Erde!
Sie lasse aufgehen Gras und Kraut, das Samen hervorbringt,
jedes nach seiner Art, und fruchtbare Bäume,
die in ihren Früchten Samen tragen, je nach ihrer Art.
Es wurde der dritte Tag.

Und Gott sprach:
Lichter sollen scheinen am Gewölbe des Himmels,
die sollen scheiden zwischen Tag und Nacht
und als Zeichen dienen für Zeiten, für Tage und Jahre.
Und es geschah so.
Der vierte Tag.

Gott sprach:
Wimmeln sollen die Wasser von lebendigen Wesen,
und Vögel sollen fliegen über der Erde.
Er sprach: Die Erde bringe lebendige Tiere hervor,
Vieh, Kriechtiere und das Wild des Feldes.
Und es geschah so.
Der fünfte Tag.

Zuletzt sprach Gott:
Menschen will ich schaffen nach meinem Bilde,
die sollen höherstehen als die Fische im Meer,
die Vögel, das Vieh und die Tiere der Erde.

Und er schuf den Menschen nach seinem Bilde
als Mann und als Frau.
Er betrachtete alles und sah: Es war sehr gut.
So wurde der sechste Tag.

Und Gott vollendete am siebten Tag seine Werke
und ruhte am siebenten Tag
von all seinem schaffenden Tun.

AUS DEM JÜNGEREN SCHÖPFUNGSBERICHT DER BIBEL
1. MOSE 1–2, ETWA 6. JH. V. CHR.

In der Religion Zarathustras erreicht das Schöpfungswerk
Gottes sein Ziel in einer großen Rechtsordnung der Welt und
der menschlichen Sittlichkeit:

Ich frage dich. Gib mir deine Antwort, Herr!
Wer hat das göttliche Recht im Anfang geschaffen?
Wer gab der Sonne die Bahn unter den Sternen?
Wer machte, dass der Mond bald groß wird,
bald schwindet?
Dies, der du alles weißt, dies möchte ich wissen.

Dies frage ich. Tue mir's kund!
Wer hält die Erde fest und das Himmelsgewölbe,
dass sie nicht stürzen?
Wer schuf die Gewässer, die Pflanzen?
Wer schirrt vor Winde und Wolken das Zwiegespann?
Wer ist, du weißt es, der Schöpfer des rechtlichen Sinnes?

Dies frage ich. Tue mir's kund!
Welcher Meister schuf das Licht und die Finsternis?
Welcher Meister gab den Schlaf und das Wachen?
Durch wen sind Morgen, Mittag und Abend,
den Willigen an seine Pflicht zu mahnen?

Dies frage ich. Tue mir's kund, Herr:
Was ich verkünden will, ist es auch wahr?
Verehren wir dich in der rechten Ordnung?
Erbaut sie dein Reich in gutem Sinn?
Ich möchte dich kennen, der du alles kennst,
dich, der alle Dinge erschaffen
kraft seines heiligen Geistes!

Zarathustra, ca. 630–553 v. Chr., in den Gathas, 9. Gesang

Einige Weise sagen,
die Welt selbst sei der Ursprung der Dinge,
andere, es sei die Zeit.
In Wahrheit bewegt sich das Rad des Lebens
allein durch Gottes Kraft.
Er ist reines Bewusstsein, er schuf die Zeit,
allmächtig ist er, allwissend.
Unter seiner Hand entwickelte sich
das Werden der Welt, und unter seiner Hand entstanden
Erde, Wasser, Äther, Feuer und Luft.
Als Gott sein Werk beendet hatte, ruhte er
und knüpfte ein Band der Liebe
zwischen sich selbst und der Seele aller Dinge.

Er ist jenseits von Zeit und Raum
und doch erscheint er in unendlichen Formen.
Er wohnt in unseren tiefsten Gedanken
und wird von allen, die ihn lieben, geschaut.
Er ist jenseits des Lebens und der Zeit,
jenseits der unserem Auge sichtbaren Dinge,
doch alles geht aus ihm hervor.

Wisse, er ist innen in deiner Seele,
der Wohnstätte deines ewigen Lebens.
Wir können nicht sehen, wie er wirkt
oder mit welchen Mitteln.
Er ist Gott, verborgen in allen Wesen,

in ihrer innersten Seele.
Er wacht über die Werke der Schöpfung,
er lebt in allen Dingen, er hütet alle Dinge.
Wer ihn in seiner Seele schaut, findet ewige Freude.

S<small>VETASVATARA</small>-U<small>PANISCHADEN</small>, T<small>EIL</small> VI,
<small>AUS DER</small> Z<small>EIT VOR ODER NACH</small> C<small>HR.</small>

Es scheint unglaublich kühn, das »Wort« des Neuen Testaments, den Logos, in eins zu setzen mit dem Urwort der chinesischen Frömmigkeit, dem Tao, in dem sich eine ganze Lebens- und Weltphilosophie ausdrückt. Aber es scheint sachgemäß zu sein:

Im Anfang war das Tao.
Das Tao ist bei Gott.
Tao ist Gott.

A<small>NFANG DER CHINESISCHEN</small> Ü<small>BERSETZUNG DES</small>
J<small>OHANNESEVANGELIUMS</small>

Das erfuhr ich unter den Menschen als der Wunder größtes:
dass Erde nicht war noch Himmel droben,
dass Baum nicht wuchs und Berg nicht war
und keine Tiere,
Sonne nicht schien, Mond nicht leuchtete
noch die mächtige See.

Als da gar nichts war aller Enden und Wenden,
war doch der eine, allmächtige Gott, der barmherzige,
und waren auch mit ihm viele göttliche Geister.

Gott! Allmächtiger,
der du Himmel und Erde gewirkt hast
und den Menschen viel Gutes gegeben,
gib mir in deiner Gnade Glauben und guten Willen,

Weisheit, Einsicht und Kraft,
dem Teufel zu widerstehen, dem Bösen zu wehren
und deinen Willen wirksam zu tun.

»Wessobrunner Gebet«, 9. Jh.
aus dem Kloster Wessobrunn

»Nun«, begann Wurtawurta, »am Anfang, in der Zeit vor
der Zeit, war nichts. Keine Sterne, keine Sonne, keine Erde,
nichts. Es gab nur die Große Einheit. Und dann begann die
Einheit zu träumen. In dieser Traumzeit dehnte die Einheit
sich aus, um eine Schicht Einheitsgeist zu schaffen. Diese
Schicht erhielt ein Bewusstsein und den freien Willen. Die
Regenbogenschlange ist der Träger dieser Geistenergie, und
sie ermöglichte unseren Ahnen das Sein. Die Welt wurde
von einer unsichtbaren Energie erschaffen, und die Ahnen-
träger waren frei darin, sie so zu gestalten, wie sie wollten.
Du siehst also, es gibt Berge, Flüsse, Blumen, Wasserstellen
und Menschen, und alle bestehen aus derselben Energie.
Wir können die Dinge nicht voneinander trennen und
sagen, dass das, was wir mit den Bäumen tun, keine Rolle
spielt. Wir können nicht sagen, dass der Baum nichts fühlt.
Ich denke, der Baum fühlt. Auf eine andere Weise, ja, aber er
ist lebendig, und nachdem er gefällt ist, braucht er lange
zum Sterben. Genauso, wie sich der Geist um uns küm-
mert, gibt es den Geist, der zu jeder Blume sagt: ›Wachse,
wachse und blühe!‹ Wir alle haben Beziehungen zu Tieren,
die mit der Erde an der Stelle verbunden sind, wo wir geboren wurden.«

Gedanken der Aborigenes in Australien

Rhapsodie

Ich lasse dich nicht du segnest mich denn
Ich lobpreise ich lobsinge
Ich lobe dich in deinen Monden in deinen
Schmalen wiegenden messingfarbenen Monden
Die meine Nacht klar machen
Ich lobe dich ich preise dich in deinen
Sonnen die übereinanderwogen in deinen
Dürstenden Horizonten
Ich preise dich in deinen Wiesen in deinen
Süßen unberührten wehenden Wiesen in deinen
Purpurnen Augustwiesen
Ich lobsinge dir in deinem flammenden Wald
In deinem Wald über ihm die wandernden
Leichten damastenen Wolken
Ich bete dich an in allen deinen Geschöpfen
In deinen flüchtigen hellen ängstlichen blinden
Einsamen holden Geschöpfen.

FRIEDERIKE MAYRÖCKER, *1924,
ÖSTERREICHISCHE SCHRIFTSTELLERIN

> Wenn alle Dinge und Wesen aus Gott sind, so liegt es nahe, ihnen auch eine unmittelbare Verbindung mit Gott zuzugestehen. So ist den Hymnendichtern vieler Religionen die Welt lebendig und singt in allen ihren Geschöpfen mit den Menschen zusammen zur Ehre Gottes.

Großvater, Schöpfer der Welt,
von Kräutern duftende Canyons erzählen mir von dir.
Das Echo der Taubenrufe wiederholt deinen Namen.
Ich spüre deine Gegenwart, meine Stimme dankt dir.
Vogel, Insekt, Fels und Baum beten mit mir.
Danke Großvater!

BILL EMERY, INDIANISCH

Kosmonauten schildern ihre Erfahrung während ihres Flugs
über der Erde:

Ein solcher Anblick muss einen Menschen verändern.
Er muss bewirken, dass er die göttliche Schöpfung
und die Liebe Gottes dankbar erfährt.
Der Mond ist ein Ort, der sehr heilig ist.

JAMES IRWIN

Während des Flugs im Kosmos wirst du milder.
Du gewinnst eine innigere Beziehung zum Lebendigen.
Du wirst gütiger und duldsamer.

BORIS WOLYNOW

Ich habe den ganzen Planeten umarmt
und alles Leben auf ihm.
Und er hat die Liebkosung erwidert –
wie Eichhörnchen und Kiefern.

RUSSELL SCHWEICKART

In allem spiegelt sich Gott

In einer langen Galerie von farbigsten Bildern reden die Menschen von Gott. Auch Jesus selbst, der Abschiednehmende, sagte, er habe »in Bildern geredet«. Die Rede ohne Bilder sei dem Dasein in der anderen Welt vorbehalten. Aber welchen Rang nehmen die Bilder in der religiösen Sprache ein? Was drücken sie aus, wie viel Wahrheit zeigen sie? Wenn der Fromme einer frühen oder einer primitiven Religion Gott als »Sonne« anspricht, als »Quelle«, als »Feuer«, als »Mond« oder »Stern«, worin unterscheidet sich seine Vorstellung von einem Christen, der Christus als »die Sonne« anredet, in welcher Weise identifiziert er die Quelle oder das Licht mit Gott? In welcher Weise unterscheidet er zwischen dem Bild von Gott und Gott selbst?

Wir müssen, um das zu prüfen, weit in die Urgeschichte der Menschheit zurückgehen.

Eine erste Vorstellung von dem Zusammenhang zwischen Gott, der Welt und den Menschen ist magisches Machtdenken: Die Menschen sprechen von Mana, von Kabod, von Brahma, von Dynamis und meinen damit eine geheimnisvolle übermenschliche Macht, die sie nicht deutlicher zu bezeichnen vermögen.

Mit diesem Machtbegriff überschneidet sich die Vorstellung von der Seele des Menschen als einem Hauch, einem Schatten, einem Namen und die Vorstellung von einer Welt, die in jedem Gegenstand, jedem lebendigen Wesen eine Seele annimmt.

So entstehen aus den Gedanken an anonyme Mächte personenähnliche Vorstellungen von Gott, abgenommen am Bild des Menschen als einem mit Kräften ausgestatteten Wesen. Es entsteht das, was wir den Polytheismus nennen, ein Götterhimmel oder eine Göttererde, in denen viele Götter wirken, als Spiegelung menschlicher Gemeinschaften.

Die Welt wächst dabei zusammen zwischen dem Sichtbaren und dem Unsichtbaren. Es entsteht die Vorstellung von einem Weltgesetz, einem Schicksal, einer Weltordnung, die zugleich ethische Ordnung für die Menschen und auch den vielen Göttern überlegen ist. Denn auch die Götter haben ein Schicksal, dem sie nicht entrinnen.

Aus der Vorstellung von eben diesem Gesetz erwächst die Vorstellung vom Geber und Herrn dieses Gesetzes, und die Entwicklung geht von den vielen Göttern zu dem einen Gott hin, dessen Bild sich in den vielen Bildern der Götter spiegelt. Immer aber spiegelt die Gottesvorstellung die Gedanken des Menschen über sich selbst und spiegelt sich darin die Welt als der Schauplatz der Begegnung oder des Ineinander von Gott und Mensch.

Wir sind gewöhnt, von bestimmten Religionen als von monotheistischen oder von polytheistischen zu sprechen, also von Religionen, die einen oder die mehrere oder die viele Götter verehren. Aber es könnte sein, dass wir uns in vielen Fällen damit sehr täuschen. Auch viele »frühe« oder »primitive« Religionen unterscheiden klar zwischen der Wirklichkeit Gottes und den Symbolen von Gott. Ein Prärie-Indianer sagte: »Manche Leute denken, wir richteten unsere Gebete an die Sonne. Das ist falsch. Durch die Sonne richten wir unsere Gebete an den Schöpfer der Sonne.« In jedem Fall dürfen wir annehmen, dass alle religiösen Aussagen eines Menschen oder einer Kultur auf mehr Ebenen spielen, auf denen sie Wahrheit aussagen, als uns zunächst scheinen mag.

Besonders deutlich spricht ein babylonisch-syrischer Hymnus. Er redet zunächst von »Schamasch«, das heißt von der Sonne als seinem Gott. Am Ende aber trennt er zwischen der Sonne und Gott, indem er sagt: »Du begleitest die Sonne auf ihrem Weg.« Er betet also nicht, wie wir leicht meinen könnten, die Sonne an, sondern den Gott, der die Sonne auf ihrem Weg führt, den Gott, dessen Wirken an der Sonne geschaut wird.

Zu den Gipfeln der Berge,
auf denen du entstandest,
will ich erheben meine Stimme, Schamasch!

Zu dir, der Sonne, will ich meine Augen erheben,
denn du stehst mir mit Rat zur Seite.

Wie einen Vater will ich dich rufen,
denn deine Hand sorgt in Güte für mich.
Zu dir will ich aufschauen.

Du Hirte des Landes,
Vater des dunkelköpfigen Volks,
dein Auge schläft nicht über dem Land.
Du leitest die Irrenden.
Du begleitest die Sonne auf ihrem Weg,
du dreimal vollkommener Held,
Schamasch!

BABYLONISCH-SYRISCH, I. JT. V. CHR.

> Auch im Sonnenhymnus des Pharao Amenophis IV., Echnaton,
> der von 1364 bis 1347 v. Chr. regierte, ist die Sonne nicht der
> Gott, vielmehr wird die Sonne angeredet als die »Gestalt«, das
> heißt das Bild Gottes; Gott erscheint »als Sonne«:

Schön erglänzest am Himmel du,
lebendiger Aton, Spender des Lebens.
Wenn du aufgehst am östlichen Lichtort,
erfüllst du alle Lande mit deiner Schönheit.
Herrlich, groß und glänzend stehst du über dem Land,
deine Strahlen umarmen die Erde
bis ans Ende der geschaffenen Welt.
Alles, was lebt, hältst du vereint
und reichst es mir, deinem geliebten Sohn.

Fern bist du, doch gibst du der Erde Licht.
Im Angesicht der Menschen leuchtest du auf,
doch deinen Weg sehen wir nicht.

Gehst du zur Ruhe am westlichen Lichtort,
so liegt die Erde in Nacht, als wäre sie tot.
Die Menschen schlafen in ihren Kammern
und sehen einander nicht.
Die Löwen kommen aus ihren Höhlen

und alle die beißenden Tiere,
die die Finsternis lieben
wie wir Menschen das leuchtende Feuer.
Die Erde liegt schweigend, der Schöpfer der Menschen ruht
unter dem Rand der Berge, an seinem Lichtort.

Wenn du am Morgen wieder erstehst im Osten,
so schauen wir dich als Sonne am Himmel.
Die Menschen erheben sich, treten auf ihre Füße.
Du hast sie aufgerichtet.
Sie waschen die Glieder, ergreifen die Kleider,
die erhobenen Arme beten dein Kommen an.
Die Erde beginnt ihre Arbeit.
Das Vieh freut sich der Kräuter, Bäume und Gräser grünen.
Die Vögel kommen aus ihren Nestern,
ihre Flügel verehren deine lebendige Kraft.
Das Wild springt auf die Beine.

Die Schiffe fahren stromab und stromauf,
alle Wege werden gangbar, wenn du erscheinst.
Die Fische im Strom springen dir zu,
denn dein Licht reicht tief hinab
auch in die Tiefe der Wasser.

Du bist es, der die Ungeborenen
ernährt in den Frauen. Wasser machst du zu Menschen.
Du gibst Leben dem Kind im Leib seiner Mutter.
Du beruhigst es, stillst seine Tränen,
du Wärterin des Kindes im Mutterleibe.
Du gibst Atem, Leben dem Kind, das du schaffst,
du öffnest seinen Mund zum ersten Schrei
und gibst ihm Nahrung.
Sitzt das Küken im Ei und pickt an der Schale,
so gibst du ihm Licht und machst es lebendig,
schaffst in ihm die Kraft, das Ei zu zerbrechen.
Es kommt heraus, wenn es Zeit ist, und spricht.
Und wenn es da ist, läuft es auf seinen Füßen.

Wie viel ist alles, was du geschaffen,
und wie verhüllt dem Einblick des Menschen!
Du einziger Gott, du schufst die Erde nach deinem Herzen
mit Menschen, Herden und allem Vieh,
mit allem, das sich auf Füßen bewegt,
mit allem, das schwebt und fliegt mit den Flügeln.
Die fernen Länder auch und Nubien
und das Land Ägypten sind dein Werk.
Jedermann gabst du Raum, jedem zu essen,
die Lebenszeit eines jeden steht fest.
Verschieden sind die Sprachen, verschieden die Menschen,
verschieden sind die Farben der Haut.
Du unterscheidest die Völker.

In der Unterwelt schaffst du den Nil
und führst ihn zu uns, um uns Leben zu geben.
Einen anderen Nil, den Regen, setzest du an den Himmel,
damit er herabkomme, den Ozean schaffe
und die Fluten, die die Äcker bedecken.
Der Nil am Himmel ist deine Gabe für die Völker,
der wahre Nil aber kommt aus der Tiefe, Ägypten zugute.

Die Jahreszeiten schufst du für deine Geschöpfe,
den Winter, um sie zu kühlen,
die Hitze, um sie zu wärmen.
Den fernen Himmel hast du geschaffen,
um alles zu sehen, was du gemacht hast,
in deiner Gestalt als lebendige Sonne.

Du schaffst die vielen Gestalten aus dir, dem Einen,
Städte und Dörfer, Äcker, Wege und Strom.
Aller Augen sehen auf dich,
du bist der Eine, wenn du aufgehst
in deiner Gestalt als lebendiger Aton,
wenn du glänzest und leuchtest,
wenn du gehst und zurückkommst.

Auch wenn du untergehst, bist du in meinem Herzen.
Keiner kennt dich, nur Echnaton, der dein Sohn ist.
Ihm zeigst du deine Pläne und deine Macht,
ihm, der aus deinem Leibe hervorging,
dem König der beiden Ägypten,
Echnaton.

PHARAO AMENOPHIS IV., ECHNATON, 1364–1347 V. CHR.

Der Große Geist ist einer –
und doch ist er viele.
Er ist Teil der Sonne,
und die Sonne ist Teil von ihm.

LAME DEER, SIOUX

Ich schaue den höchsten Geist.
Wie die Sonne strahlt er über der Finsternis.
Wer ihn schaut, wird dem Tod entgehen.
Er ist der Weg zum Leben, der einzige Weg.

Er ist unendlich. Größer als alles, was groß ist,
kleiner als alles, was klein.
Als ewiger Baum wurzelt er in der Mitte des Himmels,
seine Strahlen spenden allem Geschaffenen das Licht.

Größer ist er und weiter als die Welt.
Er hat nicht Gestalt noch Form.
Leiden berührt ihn nicht.
Wer ihn erkennt aber, findet das Leben.

UPANISCHADEN, SVETASVATARA II

Lob und Preis gleich der Zahl der Sterne des Himmels,
der Tropfen des Regens, der Blätter der Bäume,
der Sandkörner der Wüste,
der Atome der Erde und des Himmels

sei dem einigen Gott, der da ist herrlich und gewaltig,
groß und erhaben, ruhmvoll und voll Glanzes,
dessen vollkommene Herrlichkeit kein Geschöpf begreifen
und dessen wahres Wesen niemand erkennen kann
denn er selbst!
Denn das Geständnis der Ohnmacht,
ihn in Wahrheit zu erkennen,
ist die letzte Erkenntnis der Aufrichtigen,
das Bekenntnis des Unvermögens,
ihn nach Gebühr zu preisen,
der höchste Lobpreis der Engel und Propheten.
Erschrecken über die ersten Strahlen seiner Herrlichkeit
ist die letzte Grenze alles Verstandes der Verständigen,
verwirrtes, bestürztes Erschauern das äußerste Ziel,
das die »Wegschreiter« und »Jünger«,
die seiner Schönheit Nähe suchen, erreichen.

Aber die Hoffnung auf seine Erkenntnis ganz aufgeben,
heißt sein Wesen aller Bestimmung berauben;
der Anspruch, ihn vollkommen zu erkennen,
entspringt dem Wahn,
er sei menschlichem Wesen ähnlich und vergleichbar.
Blendung ist aller Augen Los,
die seines Wesens Schönheit selber schauen wollen,
notwendige Erkenntnis aber ist der Lohn des Verstandes,
der seine Wunderwerke betrachtet.
Möge keines Menschen Sinn grübeln
über das Wie und Was seines erhabenen Wesens,
möge aber auch keines Menschen Herz
einen Augenblick ablassen,
seine Wunderwerke zu betrachten und zu bedenken,
auf was und auf wem ihr Sein beruht.
Denn dann wird es mit Notwendigkeit erkennen,
dass alle Dinge Spuren seiner Macht,
Lichtstrahlen seines Wissens,
wundersame Zeugnisse seiner Weisheit,

Abglanz seiner Schönheit sind.
Dass alles von ihm und durch ihn ist,
ja dass er selber alles ist.
Denn nichts außer ihm hat wirkliches Sein,
sondern das Sein aller Dinge ist nur der Abglanz
von dem Lichte seines Seins.

ACHMED AL GHASALI, † 1126, PERSISCHER MYSTIKER

Was ich weiß über die heiligen Wissenschaften
und die ehrwürdigen Schriften,
habe ich gelernt in den Wäldern
und auf den Äckern.
Ich hatte keine anderen Lehrmeister
als die Buchen und die Eichen.

BERNHARD VON CLAIRVAUX, 1090–1153

Gott,
in deinen Adern fließen Milch und Honig.
Kinder laufen dir entgegen,
Jünglinge heißen dich willkommen.
Junge Frauen binden dir ein Halsband um,
rufen: Wunderbar bist du!
Du bist der weise Häuptling,
der stärkste aller Männer;
dir bringen wir unsere Sorgen.
Deine Weisheit macht uns frei.

Gott,
du bist der Retter der Armen,
du machst die Gesichter strahlend,
du bist wie ein Fels,
hinter dem wir uns verbergen.
Du bist das große Walddach,
das uns kühlen Schatten schenkt.

Du bist der große Baum,
der seine Lianen nach oben trägt,
so dass sie in den Himmel schauen können.
Du bist der wunderbare Baum,
dessen Blätter das Wachstum fördern.
Du bringst Wasser herbei
für die Dürstenden am Wegrand.
Du trägst Wasser in die Wüste,
du bist es, der uns rettet.

NACH EINEM GEBET AUS GHANA

Wahrlich, Gott ist schön
und liebt die Schönheit.

MOHAMMED, DER PROPHET, 570–632

Herr, wie ein Baum
so sei vor dir mein Leben.
Herr, wie ein Baum
sei vor dir mein Gebet.

Gib Wurzeln mir, die in die Erde reichen,
dass tief ich gründe in den alten Zeiten,
verwurzelt in dem Glauben meiner Väter.

Gib mir die Kraft, zum festen Stamm zu wachsen,
dass aufrecht ich an meinem Platz stehe
und wanke nicht, auch wenn die Stürme toben.

Gib, dass aus mir sich Äste frei erheben!
Oh, meine Kinder! Herr, lass sie erstarken
und ihre Zweige strecken in den Himmel.

Gib Zukunft mir und lass die Blätter grünen,
lass nach den Wintern Hoffnung neu erblühen,
und wenn es Zeit ist, lass mich Früchte tragen.

Herr, wie ein Baum,
so sei vor dir mein Leben.
Herr, wie ein Baum
Sei vor dir mein Gebet.

LOTHAR ZENETTI, *1926

Gott ist die Sonne! – Ich ein Stäubchen seines Lichts.
Trenn ich von ihm mich, ach, bin ich ein lichtlos Nichts.

GERHARD TERSTEEGEN, 1697–1769

Die Fülle der Gleichnisse, in denen wir von Gott reden, ist grenzenlos. Sie ist so reich und farbig wie die Welt, die uns umgibt, und alles, was in ihr lebendig, schön oder groß ist, kann sich auf irgendeine Weise dafür eignen. Wo immer ein Mensch über den unsichtbaren Gott etwas aussagen will, wird er es in Bildern tun, die er seiner Welt entnimmt, und sie werden ihm helfen, zu verstehen, was er anders nicht versteht.

Er wird also in den Dingen etwas »Heiliges«, das heißt etwas über Gott Aussagendes, sehen und verehren. Ein heiliger Stein wird dann »Bethel« genannt, Haus Gottes. Aber auch der Berg, die Erde als der Ort der großen Mutter, das Wasser, das Feuer, die atmosphärischen Kräfte Gewitter und Wind, die astralen Erscheinungen Sonne, Mond und Sterne und ebenso Baum, Pflanze und Tier werden als von ihm geschaffen oder von ihm durchdrungen oder von ihm mit magischer Kraft ausgestattet gedacht. Das führt weiter zum heiligen Stab, zum heiligen Ring, zum heiligen Gewand, zum Götterbild als Pfahl oder als menschliche Gestalt. Es führt aber auch zum heiligen Raum, zum heiligen Weg, zur Prozession, zu den heiligen Zeiten und dem Festkalender, zur heiligen Zahl und ihrer Auslegung.

Am Ende ist es aber unvermeidlich, dass die Gleichnisse nicht nur an der Außenwelt des Menschen festmachen, sondern dass sie den Menschen selbst als Gleichnis für Gott einbeziehen, so dass Gott auf irgendeine Weise als das Urbild eines Menschen erscheint. Wir sagen also: Gott »sieht«. Seine »Au-

gen« nehmen wahr, was in der Welt geschieht. Oder: Gott
»hört«, etwa die Klage eines Menschen. Oder: Gott »spricht«.
Der »Mund Gottes« hat es gesagt. Oder: Er »urteilt«, er »denkt«,
und seine Gedanken sind zwar höher als die unseren, aber es
sind »Gedanken«. Er »hat einen Plan«. Er wendet uns sein
»Herz« zu. Er äußert seinen »Willen« oder setzt ihn durch. Er
beschützt uns mit seinem »Arm« oder wir bergen uns in seinen
»Händen«. Er gleicht einem »Herrn«, wie es unter Menschen
»Herren« gibt. Er gleicht einem »König«. Er sitzt auf einem
»Thron«. Wir stehen vor seinem »Angesicht«. Er »zürnt« uns
oder »liebt«. In seinen »Händen« ruht die Welt. Er »beugt« sich
herab zu uns, er ist »gnädig«, er »leidet«.
Das ist aber nun alles keineswegs ein kindlicher Rest, sondern
die letzte Möglichkeit, über den Gott, mit dem wir zu tun haben und der mit uns zu tun hat, etwas auszusagen, das Sinn
hat und vielleicht Wahrheit. Wenn etwa Jesus von Gott
spricht, dann spricht er nie anders als in solchen Bildern und
Gleichnissen. Er beginnt dabei oft mit der Aufforderung an
uns, wir sollten »hinschauen«. »Siehe, es ging ein Sämann aus
zu säen.« Schau hin! Das Bild hat dir etwas zu zeigen. Oder er
sagt: So sollt ihr beten: Unser »Vater« im Himmel.
Es ist ein Grundsatz jeder lebendigen Religion, dass sie nach
Menschenweise redet. Jede ernsthafte Rede über einen wirklichen, wirkenden, tätigen, erfahrbaren Gott wird, wie wir sagen, »anthropomorph« geschehen, das heißt in Bildern, die an
uns Menschen abgenommen sind. Wer das vermeiden will,
kann über Gott ehrlicherweise nur schweigen. Er wird über
Theorien, über blasse Gedankenkonstruktionen nicht hinaus-
kommen und also nichts aussagen. Luther sagt einmal: »Wir
Menschen müssen nun einmal in den fünf Sinnen leben und
können anders als in den fünf Sinnen nichts verstehen noch
begreifen.«

Das Bild Gottes ist in allen Menschen
wesentlich und persönlich vorhanden.
Jeder besitzt es ganz, vollständig und ungeteilt,
und alle zusammen besitzen doch nur ein Bild.
Auf diese Weise sind wir alle eins,
innig vereint in unserem ewigen Zielbild,
welches das Bild Gottes
und der Quell all unseres Lebens in uns ist.

JAN VAN RUYSBROECK, 1293–1381

Immer wird man Bilder schauen und zugleich wissen, dass die
Bilder Gott mehr verhüllen als zeigen, dass sie aber so wahr
sind, wie die Gedanken von Menschen wahr sein können.

Wer eine Frau sehr begehrt,
betrachtet wohl ihre buntfarbenen Gewänder,
aber sein Sinn geht nicht auf das Prunkzeug,
nicht auf die Farben,
er sieht die Schönheit der geliebten Frau.
Die anderen sehen Gewänder, weiter nichts.

So schaut, wer Gott in Wahrheit findet,
in allen Dingen dieser Erde Kraft und Stolz
des Bildners jenes Urbeginns,
der in den Dingen lebt.

Wer aber so nicht schaut,
sieht in den Dingen nur die Kleider,
nicht den Gott.

AUS DEM CHASSIDISMUS

Ein schöner Garten blühte, Bäume voller Obst,
und Trauben, Gras und Laub.
Ein Sufi saß in ihm, die Stille suchend,
den Kopf nach Sufi-Art auf seine Knie gelegt.

Und während er in sich versunken saß,
erschreckte ihn ein Störenfried:

»Du schläfst? Sieh doch die Reben, diese Zeichen Gottes!
Sieh doch die Bäume, sieh das grüne Laub!
Hat Gott nicht diese Bilder vor uns hingebreitet
und sagt er nicht: ›Seht da! Die Zeichen meiner Gnade?‹«

Der Sufi aber sprach: »Was streitest du?
Die Zeichen trage ich bewahrt im Herzen.
Die Dinge draußen sind nichts weiter als die Zeichen
für innere Bilder, innere Wahrheit.
Garten und Laub sind wahr im Inneren der Seele,
da draußen sind die Spiegelungen nur,
wie sie im Wasser tanzen.

Was ist die Schönheit dieser Erde?
Ein Bild doch nur, wie Zweige eines Gartens
sich zitternd spiegeln in den Wassern eines Stroms.
Zweige des ewigen Gartens, der im Herzen
des reinen Menschen unverwelklich blüht.«

Rumi, 1207–1273,
türkischer Mystiker und Dichter

Es will mir nicht einleuchten, dass wir Christen stolz sind auf
unseren rational durchgeklärten Glauben und hinabsehen auf
die mythischen Bilder früherer oder fremder Glaubensweisen.
Ist denn unser Kopf für Religion zuständiger als unser Leib und
unsere Sinne, als unsere Seele und als die abgründige und reiche Welt dessen in uns, was uns unbewusst ist?
Wir können heute wissen, dass der Mensch eine komplexe Einheit ist, die er selbst durchaus nicht durchschaut, und dass
auch sein reflektierendes Gehirn durchaus mehr spiegelt als
rational klärbar ist. Es hat in uns viel mehr Raum, als uns bewusst ist. Und dass wir dieses Wissen heute in unsere Überlegungen über die Wahrheit einer Religion einbeziehen, ist wohl
die Voraussetzung dafür, dass wir eins sein können mit unse-

rem Glauben und ihm in der Praxis unseres Lebens glaubwür-
digen Ausdruck verleihen.

Wenn ich aus dem christlichen Glauben alles entferne, was bei
uns »mythisch« genannt wird, dann habe ich ihm das meiste
genommen, das ihn ausmacht. Auch seine Wahrheit ergeht
nun einmal in mythischen Bildern und in mythischer Sprache,
und sie hat keine andere.

»Wo kann ich Gott finden?«
»Er steht dir genau gegenüber.«
»Warum sehe ich ihn dann nicht?«
»Warum sieht ein Betrunkener nicht sein Haus?«
Später sagte der Meister:
»Findet heraus, was euch trunken macht.
Um zu sehen, muss man nüchtern sein.«

ANTHONY DE MELLO, *1931

Gott im Bild eines Vogels:

In einem großen Gewebe aus Licht
und im funkelnden Kräuseln des Wassers
kam der Vogel.
In der Mitte dieses großen
sich bewegenden Lichtes war der Kormoran.
Da war eine Weichheit, eine Kühle der Luft,
da war eine Schönheit aus Nebel und Regenbögen.
Der große Gott der Vögel, dieser Gott der Wasser,
trat in Erscheinung.
Er kam geflogen und berührte das Wasser
mit seinen Flügeln.
Die Luft füllt sich mit Vögeln.
Sie gleiten und tauchen und schwimmen.
Da ist ein Silberlicht auf ihren Flügeln.
Ein Strahlen ist um diesen Vogel,

der Macht hat über alle Vögel,
die über den Wassern sind.

Peyote-Vision des Malers Monroe Tsa Toke, 1904–1937, Kiowa

Gott im Bild eines Windhauchs:

Sommertag

Zu träge, selbst den Fächer zu bewegen,
der ganz aus weißen Federn war,
so bin ich halbentblößt im Wald gelegen.

Und auch den Turban hängte ich
an einen Fels: Da fächelte mein Haar
ein Hauch, der durch die Kiefern strich.

Li Bo, 701–762, chinesischer Dichter, Taoist, Tang-Zeit

Wir rufen ihn mit vielen Namen

Nicht so sehr die Unterschiede zwischen den religiösen Vorstellungen der einen und der anderen Zeit oder Kultur sind, wenn wir sie vergleichen, das eigentlich Erregende, sondern die Ähnlichkeiten. Gewiss, die Differenzen sind deutlich. Der Jude spricht Jahwe an, der Christ den Vater, den Jesus zeigt. Der Hindu sucht hinter den vielen Gestalten seiner Götter das eine Sein, das er Brahma nennt. Der Moslem spricht zu Allah. Der Buddhist betrachtet das Dunkel, das Nichtfassbare des ganz Anderen. Aber wie gehen wir mit diesen so verschiedenen Bildern von Gott um?

Wir sind als christliche Abendländer gewohnt, falsche von richtigen Anreden an Gott zu trennen. Wir stellen uns vor, das Gebet eines Christen höre Gott, während das Gebet irgendeines frühen Stammes zu irgendeinem Gott nicht zum wirklichen Gott gelange. Bei den Magandscha, einem afrikanischen Stamm, betet die Priesterin: »Höre, du, o Mpambu, sende uns Regen«, und der versammelte Stamm antwortet mit leisem Klatschen und in singendem Ton: »Höre, o Mpambu«.

Soll ich nun annehmen, da es den Regengott Mpambu wohl »nicht gibt«, dieses Gebet gehe ins Leere? Der religiöse Anruf werde von niemandem gehört? Ich meine natürlich nicht, der Regengott werde antworten. Wer aber, so frage ich mich, hört den Ruf der Priesterin und die Bitte der Menschen wirklich? Wer sieht die beschwörenden Tänze? Wird es nicht der eine Gott sein, der jedem Menschen auf dieser runden Erde nahe ist und der jede Stimme hört, die irgendwo im Guten oder im Bösen laut wird, und der sie immer gehört hat? Oder wird er, der eine, wirkliche Gott, sein Ohr verschließen, weil er nicht mit seinem korrekten Namen angeredet wird? Wie wichtig sind denn überhaupt die Namen, die wir Menschen Gott beilegen? Haben nicht die Moslems recht, wenn sie meinen, Gott habe hundert Namen, neunundneunzig könne der Mensch nennen, den hundertsten aber, der seine eigentliche Wahrheit ausdrückt, wisse allein das Kamel, das aber spreche ihn nicht aus?

Wie wichtig ist denn für ein Gebet die Vorstellung, die ein

Mensch sich von Gott macht? Wenn ein Gebet, das ein heutiger, europäischer Zeitgenosse spricht, Berechtigung haben soll, Sinn und Wert, je nach der Richtigkeit der Vorstellungen, die er sich von Gott macht – wessen Gebet soll Gott dann überhaupt hören? Ein Kind betet zu dem Gott, den es sich in seinen kindlichen Bildern vorstellt, und Gott hört. Gebildete und Ungebildete, Erfahrene und Ahnungslose, Armselige und Weise wenden sich auch unter Christen an den Gott, den sie sich jeweils vorstellen, und verlassen sich darauf, dass er hört. Sind unsere Vorstellungen nicht in jedem Fall, auch unter sehr viel Wissenden, ein einziges kindliches Bilderbuch, mit dem wir den beschreiben, der doch nicht zu beschreiben ist?

Ich stelle mich also neben irgendeinen fremden Menschen aus irgendeiner fernen Weltgegend und aus irgendeiner fremden Religion und rufe mit ihm zusammen Gott an, ich mit den Worten, die ich gelernt habe, er mit den seinen. Ich muss seine Vorstellungen nicht teilen, ich weiß aber, wenn Gott mich hört, so wird er auch für ihn nicht taub sein.

Amun Re,
den wir in Karnak verehren,
sei gegrüßt! Du Herr des Friedens,
du Herr der Freude, machtvoll in deinem Erscheinen.
Das hohe Federpaar schmückt dich,
das schöne Stirnband, die hohe, weiße Krone.

Die Götter lieben deinen Anblick,
der du die Doppelkrone auf dem Scheitel trägst.
Ganz Ägypten liebt dich,
dessen Strahlen in den Augen der Menschen aufglänzen,
wenn deine Liebe den Himmel im Süden umfängt
und deine Milde den Himmel im Norden.

Deine Schönheit ergreift das Herz.
Wenn wir dich wahrnehmen, ruhen unsere Arme,
bei deinem Anblick finden unsere Hände Frieden.
Die Sinne schwinden, wenn wir dich schauen.
Hymne an den ägyptischen Sonnen- und Schöpfergott,
2. Jt. v. Chr.

So meinen die Inder mit ihren vielen Göttern doch im Grunde immer nur den »Einen«.

Er, der Eine, steigt hinauf zum Himmel als Savitar
und leuchtet
auf dem Rücken des Firmaments stehend hernieder.
In die Gestalt gehüllt des großen Indra
tritt er im Gewölk hervor,
das Strahlen des Lichts herbeiführten.
Er ist der Schöpfer und der Ordner,
er ist Vayu, dessen Zeichen die Wolke ist.
Er ist Aryaman, er Varuna, er Rudra,
er Mahadeva, er Agni, er Surya,
er auch Yama, der Große.
Er allein ist der Eine, der Einzige.
Einer nur ist,
und die Götter sind ein Einziges in ihm.

Atharvaveda, 1. Jt. v. Chr.

Oder:

Ein Sein nur gibt es,
die Seher künden es mit vielen Namen.

Rigveda

Shiva!

Im Lichtglanz Gottes,
im Lichtglanz Shivas, des Gottes der Liebe,
steht alle Welt.
Shiva lebt in unseren Herzen,
von seiner Güte sind wir bewegt.
Er führt uns, er zeigt uns das Ziel.
Er gibt uns Freude auf unserem Weg
in die Herrlichkeit seines Lichts.

Er ist die Seele aller Wesen
wie eine kleine Flamme verborgen in unseren Herzen.
Er ist der Geber der Weisheit,
das Leben derer, die ihn erkennen.
Er ist alles, was ist, was war und was sein wird.
Er ist Leben ohne Tod.

Svetasvatara-Upanischad, 1. Jt. v. Chr.

Im Anfang war das Wort,
das Wort war bei Gott,
und Gott war das Wort.
Was jemals entstand,
wurde durch das Wort, das Gott sprach.
Was jemals entstand,
wurde durch seine lebendige Kraft.
Es ist das wahrhaftige Licht,
das jeden Menschen erleuchtet, der in die Welt kommt.

Jörg Zink, *1922, nach Johannes 1

Denkt über die Schöpfung nach,
aber lasst das Räsonieren über den Schöpfer!

Mohammed, der Prophet, 570–632

Pan, den Starken ruf ich an,
den Schutzgott der Hirten!
Himmel und Meer, Erde und Feuer,
sie alle künden vom großen Pan!

Komm, Seliger, spring und tanze im Kreis,
Beherrscher der Jahreszeiten,
du Freund der gott-begeisterten Seele,
der in den Höhlen wohnt!
Du spielst die scherzende Flöte
und erschreckst die Hirten an der Quelle.

Scharfsichtiger Jäger, Gespiele der Nymphen,
der alles erzeugt, der aus allem hervorwächst,
du Wesen mit tausend Namen, das die Früchte bringt.

Du wahrer Himmelsgott, auf dem die Erde ruht.
Tiefes Wasser schenkt dir das Meer mit seiner Flut,
das Reich der Lüfte bringt dir die Keime,
aus denen alles erwächst.
Du schaust vom Gipfel der Welt, du weckst alle Wesen,
Feuer fällt herab auf deinen Befehl.
Mit vorausschauender Weisheit wandelst du die Natur.

Du bist der Hirte des Menschengeschlechts auf der Erde.
Du Glücklicher, du Verzückter, in heiliger Begeisterung
komm zu den Opfern, die wir dir weihen.
Gib unserem Leben ein glückliches Ende
und banne Gewalttat und Schrecken.

ALTGRIECHISCH

Ist nun Gott einer – oder sind neben ihm oder in ihm mehrere
oder gar viele Götter?
In der Frühzeit setzen viele Religionen mit der Vorstellung ein,
wie es viele Naturkräfte und viele auch unbekannte Kräfte im
Hintergrund der Dinge gebe, so werde es wohl auch viele Götter geben, die diese Kräfte repräsentieren, steuern oder bewegen. Und mancher Priester oder Prophet unter ihnen wird später die Forderung erheben, der Mensch eines bestimmten
Volksstammes oder einer Region habe unter den vielen Göttern, die es geben mag, einem einzelnen sich zuzuordnen und
ihm zu dienen, die anderen aber unbeachtet zu lassen. So gab
es zum Beispiel für das Volk des Alten Testaments bis ins 7. und
6. Jh.v.Chr. hinein durchaus viele Götter, es sah sich aber von
einem bestimmten Gott, von Jahwe, erwählt und ihm mit einem speziellen Vertrag, einem Bund, verpflichtet. Wir nennen
eine solche Bindung an einen bestimmten Gott unter vielen
»Monolatrie«, »Ein-Gott-Verehrung«.

Aber die verschiedenen Götter schmelzen auch auf die ver-
schiedenartigste Weise zusammen zu dem einen Gott:
Es gibt Hochgötter als Übergangsformen zum Ein-Gott-Glauben, wie in der Lehre des Königs Achtoes II. für seinen Sohn
Merikare aus der 1. Zwischenzeit des ägyptischen Reichs um
das Jahr 2200 v. Chr., tausend Jahre vor Mose. Aber auch schon
im Alten Reich Ägyptens ist die Rede von »Gott« schlechthin
abseits der vielen Orts- und Stammesgötter mit ihrer großen
Bilderfülle. Oder so wird in der Hammurabizeit in Mesopota-
mien um 1700 v.Chr. von dem einen Gott gesprochen, der mit
den vielen Göttern gemeint sei.

Eine Macht, die wir Sila nennen –
sie lässt sich nicht mit einfachen Worten erklären.
Ein großes Geheimnis, das die Welt erhält
und das Wetter und alles Leben auf Erden.

Ein Geist,
so mächtig, dass das, was er sagt,
nicht durch gewöhnliche Worte zu den Menschen kommt,
sondern durch Sturm und Schnee und Regen
und durch die Wildheit der See,
durch alle die Kräfte der Natur,
vor denen die Menschen sich fürchten.

Aber er hat auch eine andere Art,
sich den Menschen mitzuteilen:
durch das Sonnenlicht, die Stille des Meeres,
durch kleine Kinder, die arglos miteinander spielen
und nichts verstehen.

Wenn alles gut geht,
schickt Sila den Menschen keine Botschaft,
sondern zieht sich in sein eigenes unendliches
NICHTS zurück. Dort bleibt er so lange,
wie Menschen das Leben nicht missbrauchen,
sondern gegenüber
ihrer täglichen Nahrung Ehrfurcht zeigen.

Niemand hat ihn da gesehen,
sein Ort ist ein Geheimnis.
Denn er ist zugleich unter uns
und unsagbar weit entfernt.

NAJAGNEQUE, ESKIMO-SCHAMANE

O du, der du das All bist
und größer als alles zugleich!
Wie könnte ein Wort dich preisen?
Wie könnte ein Wort dich nennen,
wie ein Verstand dich betrachten,
da kein Verstand dich zu fassen vermag?
Wie sollten Gedanken dich erkennen,
da sie doch erst durch dich entstehen?
Dich preist, was Stimme hat und was stumm ist.

Dich suchen aller Begehren und aller Schmerzen.
Zu dir fleht das All.
Gesammelt sinnt alles deinem Sinnbild nach
und rühmt dich in schweigendem Singen.
Aller Ziel bist du. Du bist einer und alle und keiner.
Alle Namen kommen dir zu.
Wie aber nenn ich dich, den Einzigen, den ohne Namen?
In das Dunkel, in das wir schauen, dringt kein Verstand.
Aber du bist die Nähe,
du bist das All und jenseits von allem.
Wie anders – als in Bildern – dürfte ich von dir reden?

GREGOR VON NYSSA, 334–396, BISCHOF

Höher als das höchste Brahman weiß ich den Großen,
in allen Wesen Verborgenen, der das All umwirkt.
Ich kenne den höchsten Geist, den sonnenfarbigen.
Wer ihn erkennt, überschreitet den Tod.

Es gibt nichts Höheres als ihn,
nichts Kleineres, nichts Größeres.
Er steht fest wie ein Baum im Himmel.
Von seinem Wesen ist das ganze All erfüllt.
Er ist jenseits dieser Welt und ohne Gestalt, ohne Leiden.

Er, der im Antlitz und im Haupt aller ist,
wohnt im Innersten aller Wesen.
Wer ihn, der ohne Anfang und ohne Ende ist,
als Gott erkennt, ist frei von allen Fesseln.

Gott ist der Wissende, der Schöpfer der Zeit,
er kennt die Welt, er umhüllt sie.
Er lenkt, was geschieht, er entfaltet sein Werk
als Erde, Wasser, Feuer, Luft und Äther.

Den größten Herrn aller Herren, den höchsten der Götter,
den alle Welten überschreitenden
lasst uns als Gott erkennen,
als Herrn der Welt, und ihn verehren.

Er ist allwirkend und allweise, aus sich selbst entstanden,
der Schöpfer der Zeit, aller Dinge kundig,
der Geburten, der Natur und des Geistes.
Er ist der Hüter der Welt.
Eine andere Ursache als ihn gibt es nicht.

Aus Shvetasvatara-Upanischad, Spätzeit

Eine prophetische Religion wie das Judentum, das Christentum oder der Islam aber wird später leidenschaftlich und kompromisslos das Bekenntnis zu dem einen Gott fordern, neben dem alles andere an »Göttern« wesenlos sei. »Die Götter sind Nichtse«, sagt die Bibel später. Dass ein Gott ist und alles andere »nichts«, nennen wir »Monotheismus«, »Ein-Gott-Glauben«. Die Bilder der vielen Götter wandeln sich dabei in Chiffren für die vielen Aspekte des einen Gottes, der in Wahrheit in allem am Werk sei.

So sagt Gott über sich selbst nach dem Bekenntnis des zweiten Jesaja im 6. Jahrhundert im Sinn des Ein-Gott-Glaubens:

Ich bin Gott und sonst keiner.
Außer mir ist kein Gott.
Ich mache das Licht und schaffe die Finsternis,
ich bringe das Heil und verhänge das Unheil.
Ich bin Gott, der alles tut.

Jesaja 45,6.7

Der zweite Jesaja verbindet dabei den Glauben an die Einzigkeit Gottes zugleich mit der Vorstellung, damit seien alle dualistischen Vorstellungen überholt. Es gebe nicht nur keine anderen Götter, gegen den einen Gott stehe vielmehr auch kein Widersacher, ein Satan etwa, der das Böse und das Dunkle repräsentiere.

Für den Islam gehört das Bekenntnis zu dem einen Gott zu den fundamentalen Forderungen:

Gott ist es,
der euch die Erde zu einer festen Stätte gab
und den Himmel zu einem Gewölbe,
der euch formte und euch schön gestaltete
und euch mit Gutem versorgte.
Er ist Gott, euer Herr.
Darum gesegnet sei Gott, der Herr der Welten.

Er ist der Lebendige,
es gibt keinen Gott außer ihm;
darum ruft ihn an in lauterem Glauben.
Rühmt ihn, den Herrn der Welten!

Koran, Sure 40 und 66

Gott, nie horche ich auf die Stimme eines Tieres,
das Rauschen eines Baumes,
das Rinnen des Wassers oder das Lied eines Vogels,
das Brausen des Windes oder das Grollen des Donners,
ohne zu hören, du seiest der Einzige.

Sie alle sagen mir, es gebe keinen dir gleich.
Du seiest der Herrscher, der keinen Herrn hat,
der Weise, der keine Unwissenheit kennt,
der Gütige, dessen Ehre niemand nimmt,
der Gerechte, der Richter, der Thronende,
der Vertrauenswürdige, der die Wahrheit ist.

DHU'N-NUN, † 859, ÄGYPTISCHER SUFI

Eine mystische Religion wird die Bilder der vielen Götter nicht
bekämpfen wie die prophetische. Sie wird sie als Bilder der
menschlichen Seele verstehen und sie gelten lassen, aber sie
wird wissen, dass Gott, von allen menschlichen Bildvorstellun-
gen unberührt, das eine große Geheimnis ist, neben dem ein
anderes Mysterium nicht gedacht werden kann.

Das Geheimnis Gottes nimmt viele Namen an,
die wir ihm beilegen, nicht nur einen.
Wir nennen ihn Licht oder Friede, Freude oder Leben,
Speise und Trank, Kleid und Gewand,
Ruhe und Auferstehung, Feuer und Wasser,
Fluss und Strömung, Brot und Wein.
Die Sonne, die nicht untergeht, nennen wir ihn,
den Stern, der ewig erstrahlt,
das Licht, das im Haus der Seele leuchtet.
All dies kommt aus ihm, dem Einen,
und alles ist eins, er selbst im Geist seiner Kraft.

SYMEON, 949–1022, MYSTIKER DER BYZANTINISCHEN KIRCHE

Du, der verborgen ist
in den fernen Gemächern seiner Herrlichkeit,
unsere Blicke erreichen dich nicht.

Du, der sich zeigt in der Fülle seines Glanzes!
Das Innerste unseres Herzens
begegnet deiner gewaltigen Majestät.

Wie könntest du verborgen sein, den wir doch schauen?
Wie könntest du fern von uns sein,
der doch der Wachende ist, gegenwärtig und nah?

IBN ATA ALLAH, † 1309, SUFI

Ein indisches Gebet fasst den Gedanken, Gott sei dreifaltig zu
denken, er erscheine sozusagen in drei Farben. Als Schöpfer
trage er den Namen Brahma:

Dir, dem Dreigestaltigen, bringen wir unsere Verehrung dar.
Du warst vor der Schöpfung der Welt die reine Einheit.
Du hast dein Wesen zerspalten zu deinem Werk.
Du hast dich entfaltet,
indem du in die drei Farben zerflossest.

Du allein erkennst, wer du bist.
Du allein schaffst dich selbst, allein durch dich selbst.
Als dasselbe Wesen, mit dir allein,
kehrst du am Abend des Weltenwerks in dich zurück.

Du bist die Urkraft, aus der die Natur hervorgeht.
Die Urkraft, die verwirklicht, was der Geist will.
Du bist der Geist auch, der in tatenloser Ruhe
dem Spiel der ewigen Urkraft zuschaut.

Du bringst selbst das Opfer dar. Du bist selbst das Opfer.
Du bist das große Rätsel, du bist seine Entschleierung.
Du bist der Sucher und der Gesuchte,
ortlos bist du und ohne Namen.

KALIDASA, 4. ODER 5. JH., INDISCHER DICHTER

Am Ende wird das Bekenntnis immer auch von Ratlosigkeit
mitgeprägt sein und von der Ahnung, es müsse alles noch einmal ganz anders gedacht werden.

Vor allem Volk trete ich für dich ein
mit meiner ganzen Menschenkraft.
Und wärst du nicht mein Gott, so löge ich.

Du zeigst dich den einen,
anderen bleibst du verborgen. Sie gehen irr
– und du schließt dich vor ihnen zu.

Doch manchmal gehst du im Westen
für unsere Herzen auf,
und manchmal gehst du im Osten
für unsere Herzen unter.

HALLADSCH, 858–922,
FRÜHISLAMISCHER MYSTIKER

Schließlich kommt der Mystiker Al Halladsch an den Punkt, an
dem auch der Gedanke der Einzigkeit Gottes seinen Sinn verliert. Wie sollten auch menschliche Zahlenvorstellungen bei
Gott irgend etwas klären können?
Einer der Schüler von Al Halladsch erzählt:

In der Moschee von Nahrawan sah ich
in einer Ecke Halladsch. Ich grüßte ihn und bat:
»Lehre mich,
was das Bekenntnis zum einen Gott bedeutet!«

Er sprach: »Du musst wissen, dass ein Mensch,
der Gottes Einheit bekennt, nur sich selbst spiegelt,
wer aber sich selbst spiegelt,
nimmt sich selbst als seinen Gott.
Gott, der Erhabene aber bekennt selbst seine Einheit
durch den Mund eines seiner Geschöpfe, das er auswählt.

Wenn er sich selbst als der Eine bekennt
durch meinen Mund,
so ist es Er, und es ist seine Sache;
sonst – wie kann ich dazu kommen,
seine Einzigkeit zu bekennen?«

Am unerträglichsten wäre ein Gott,
der so wäre, wie man ihn sich wünscht.

ELIAS CANETTI, 1905–1994

Gott stirbt nicht an dem Tag,
an dem wir nicht mehr
an eine persönliche Gottheit glauben,
wir aber sterben an dem Tag,
an dem unser Leben nicht mehr durchstrahlt ist
von dem stets neu geschenkten Glanz des Wunders,
den Lichtquellen jenseits aller Vernunft.

DAG HAMMARSKJÖLD, 1905–1961

Nur wenn man die Unaussprechbarkeit
des Namens Gottes kennt,
darf man auch einmal
den Namen Jesu Christi aussprechen.
Nur wenn man das Leben und die Erde so liebt,
dass mit ihr alles verloren und zu Ende erscheint,
darf man an die Auferstehung und eine neue Welt glauben.
Man darf das letzte Wort nicht
vor dem vorletzten sprechen.

DIETRICH BONHOEFFER, 1906–1945

Schneepsalm

Heute nenn ich Dich Schnee,
Du unerschöpflicher Schöpfer
vergänglicher Sternkristalle,
der die nackten Äcker bekleidet,
den Wanderer weglos macht
und die ärmlichsten Hütten
füllt mit Geborgenheit und Einkehr.

Schwebender Du, der den Bäumen Last wird,
der die tapferen Krähen auswirft
in die Stille und die Tiere
aus den Wäldern den Menschen nahbringt,
der die Hilflosen hilfloser macht
und die Hilfsbereiten bereiter.

Lautloser, der das Vertraute entfremdet,
wird uns Deine Fülle begraben,
werden Flüche das Lob ersticken?
Morgen vielleicht schon wird uns Dein Weiß
blenden und Du beginnst zu tauen.
Herrlicher! Dann nenn ich Dich Sonne.

CHRISTINE BUSTA, 1915–1987

…Wie ruf ich dich?

Der Name, den die Lippe
Dir täglich, stündlich gibt, ist deiner nicht;
Das Sterbliche ist alles eine Sippe,
Dir aber gleicht kein sterbliches Gesicht.
Dein Sein kann keine unsrer Sprachen fassen,
Das Wort, das es erschöpft, bleibt stets uns fremd;
Wir müssen's, dich zu nennen, ewig lassen,
Weil deine Größe unsre Zunge hemmt.

Ja, du bist alles: Schönheit, Macht und Güte,
Und deine Augen leuchten immerdar

Im Blau des Himmels, in der Pflanzen Blüte,
Im Rund der Seen, in der Sterne Schar.
Du kennst den Glauben nur, nicht Religionen,
Des Heiden Huld'gung selbst ist dir geweiht;
In dir muss alles, alles Höchste thronen,
Weil jedes Herz dir neue Tugend leiht.
Du schirmst auch sie, die nicht dein Sein begehren;
Kein Herrscher bist du, der voll Zorn und Leid
Die Untertanen straft, die ihn nicht ehren –
Das tut nur irdische Gerechtigkeit!
Die duftdurchwehte Dämmrung deiner Tempel,
Der Dörfer reine Luft, der Städte Ruß,
Dir sind sie gleich; es prägt dein heil'ger Stempel
Zu deinem Dienste Mühsal und Genuss.
Der Kirche Weihrauch strebt zu dir empor,
Und aus der Arbeitsstätte Schornsteinrohr
Steigt himmelwärts der trübe, graue Dust.
Der Freuden toller Lärm, was ist er mehr
Als nur ein einz'ger Hymnus, dir zur Ehr;
Ist dein nicht alles Schöne in der Lust? …

GERTRUD KOLMAR, 1894–1943

III

Das Bilderbuch von Gott

Leben aus der Fülle

Überwältigt von der Fülle, aus der die Schöpfung lebt, preisen Menschen den Gott, der auch ihnen lebendige Kraft gibt. Dass die Schöpfung Gottes auch Elend, Schmerzen und Tod für sie alle bereit hat, darf für den Augenblick der Dankbarkeit beiseite gelegt werden.

Das Wesen des Ewigen ist die Freude.

Mundaka Upanishad

Aus der Freude werden alle Wesen geboren,
aus der Freude leben sie,
in die Freude gehen sie ein,
wenn sie von hier scheiden.

Taittiriya Upanischad

Die Erde ist herrlich.
Der Himmel ist wunderbar.
Mein Volk ist schön
und mein Herz ist voll Freude und Dank.
Es lohnt zu leben,
und es lohnt, dafür zu sterben.
Ich lobe dich, großer Geist,
für alles Schöne dieser Erde.

Indianisch

Du liebst alles, was ist,
und hassest nichts, was du gemacht hast.
Du hast ja nichts bereitet, das du hassen könntest.
Wie könnte etwas bleiben, wenn du nicht wolltest?
Oder wie könnte bestehen, das du nicht riefst?
Du achtest aber auf alles, denn alles ist dein,

Herr, du Liebhaber des Lebens,
und dein unvergänglicher Geist ist in allem.

AUS DER BIBEL, WEISHEIT SALOMOS 11,24–12,1

So wie der Baum nicht endet
an der Spitze seiner Wurzeln oder seiner Zweige,
so wie der Vogel nicht endet an seinen Federn
und seinem Flug,
so wie die Erde nicht endet an ihrem höchsten Berg:

So ende auch ich nicht
an meinem Arm, meinem Fuß, meiner Haut,
sondern greife unentwegt nach außen
hinein in allen Raum und alle Zeit
mit meiner Stimme und meinen Gedanken:
denn meine Seele ist das Universum.

NORMAN H. RUSSEL, *1921, CHEROKEE

Wir ehren die Wasser,
die fließen und die stehen.
Wir ehren die Pflanzen
auf den Höhen und in den Tälern.
Wir ehren das ganze Land,
den Himmel und die Sterne,
die Sonne, den Mond und alle ewigen Lichter.
Wir ehren die Viehherden,
die Tiere im Wasser und in der Luft.
Wir ehren alle reinen und heiligen Schöpfungen.

O Ahura Mazda, du großer Künstler!
Du hast alle Wesen vollkommen geschaffen.
Wir ehren die Berge, die Meere und das Feuer.
Wir ehren die wahren Worte,
die Reinheit geben und Weisheit.
Sie alle mögen uns schützen.

Zum Wohl meiner Seele rufe ich sie an.
So ehre ich auch die Heiligen Bücher,
die Würde und Sinn den Zeiten des Tages verleihen.

ZARATHUSTRA, 630–553 V. CHR., ALTPERSISCH

Dir huldige ich.
Du hast die Welt erschaffen und erhältst sie.
Du wirst sie einst auflösen und in dich zurückziehen.

Unermesslicher, du hast die Welt gemessen.
Du willst nichts und erfüllst doch unsere Bitten.
Unsichtbarer, du bist die Ursache der sichtbaren Welt.

Du wohnst in unserem Herzen und bist doch weit entfernt.
Du leidest mit uns und bist doch vom Leid unberührt.
Du bist überall und doch zeitlos.

Du bist allwissend, doch niemand kennt dich.
Du bist über allem, und keiner regiert dich.
Du bist allein, doch lebst du in allem Geschaffenen.

Die Pfade zur Erlösung unterscheiden sich
wie die Gedanken der Menschen,
aber alle führen zu dir,
wie die Arme des Ganges in dasselbe Meer münden.

KALIDASA, 1. JH. VOR ODER 1. JH. NACH CHR.,
ALTINDISCHER DICHTER

> Wenn ein Mensch in sich selbst vergeblich nach dem guten,
> dem richtigen Weg sucht, so haben doch der Himmel und die
> Erde mit ihrer großzügigen Güte Maßstäbe, die der Mensch an
> sein eigenes Handeln anlegen kann und mit deren Hilfe er das
> glückliche Leben findet.

Die Liebe des Himmels breitet sich über die ganze Welt.
Er beschenkt sie alle mit seinen Wohltaten.

Nichts ist besser, als den Himmel sich zum Vorbild zu
    nehmen.
Er ist allumfassend, aber nicht selbstisch.
Man muss tun, was dem Himmel entspricht,
und unterlassen, was ihm fremd ist.
Er wünscht, dass die Menschen einander lieben,
dass sie einander nützen, und nicht,
dass sie einander hassen und berauben.

Mo Ti, ein Zeitgenosse Laotses, China, Taoist

Woher wüssten wir, wie wir leben sollen,
wenn wir nicht an etwas glaubten,
das größer ist als wir?
Wer würde uns lehren zu leben?

Wer sagt dem Baum, wann die Zeit kommt,
seine kleinen Blätter auszutreiben?
Wer sagt den Drosseln, dass es warm geworden ist
und sie wieder nach Norden fliegen können?
Vögel und Bäume hören auf etwas,
das weiser ist als sie.
Von sich aus würden sie es niemals wissen.

Oft sitze ich allein in der Wüste und schaue die Lilien an
und all die hübschen kleinen rosa Blüten und frage mich:
»Wer hat euch gesagt, dass es Frühling ist
und dass ihr blühen sollt?«
Und ich denke und denke nach,
und immer komme ich auf dieselbe Antwort:
Das, was größer ist als wir,
lehrt alle Lebewesen, was sie tun sollen.
Wir sind wie die Blumen. Wir leben und wir sterben,
und aus uns selbst heraus wissen wir nichts.
Aber das, was größer ist als wir,
zeigt uns, wie wir leben sollen.

Chiparopai, indianische Frau

Ein Hoheslied der Liebe:

Wenn alle Sterne strahlen,
so leuchtet der Mond sechzehnmal heller als sie.
Wenn du alle religiösen Verdienste erwirbst,
so ist doch die Liebe mehr als sechzehnmal
so hoch zu werten.

Wie im letzten Monat der Regenzeit
der Himmel klar ist und wolkenlos,
wie die Sonne sich am Himmel erhebt
und alles Dunkel aus dem Luftraum verscheucht,
so überstrahlt die Liebe alles andere,
was wir zu unserem Heil tun können
und zum Heil der anderen.

AUS DEM ITIVUTTAKA, BUDDHISTISCH

Als Dschuang Dsi nach Osten ging, zum Meer,
das traf er Yüang Feng.
Der rief ihm zu: »Wohin des Weges?«
»Zum Ozean!« gab Dschuang Dsi zur Antwort.
»Was tust du dort?« so fragte Yüang Feng.
»Was ich dort tue?
Er ist kein Ding, der Ozean, mit dem du etwas tun kannst.
Du kannst ihn weder füllen noch leeren.
Ich gehe hin, mich an ihm zu freuen.«

DSCHUANG DSI, 4. JH. V. CHR.,
CHINESISCHER PHILOSOPH UND DICHTER, TAOIST

Gesegnet der Mensch, der sich auf Gott verlässt,
dessen Hoffnung auf Gott gründet.
Der ist wie ein Baum, am Wasser gepflanzt,
der seine Wurzeln zum Bach hin streckt.
Wenn auch die Hitze kommt, fürchtet er sich doch nicht,
sondern seine Blätter bleiben grün.

Er sorgt sich nicht, wenn ein dürres Jahr kommt,
sondern bringt ohne Aufhören Früchte.

AUS DER BIBEL, JEREMIA 17,7–8

Herr, mein Gott,
wie der Fisch nicht ohne Wasser leben kann,
so kann ich nicht ohne dich sein.
Du hast mich erschaffen, du erhältst mein Leben.
Heute komme ich zu dir,
heute möchte ich dir danken für das Leben,
das du mir immer wieder neu schenkst.
Ich komme, dir zu danken, ich komme, dir zu sagen,
wie sehr ich das Leben liebe.
Ich freue mich zu leben,
auch wenn ich keine Schuhe habe;
ich freue mich, dass ich gehen, hüpfen, tanzen kann.
Vor allem freue ich mich, dass ich dein Kind bin,
dass ich göttliches Leben trage,
dass ich deinen Heiligen Geist spüre.
Herr, du willst in mir leben, so sei mein Gast.
Von ganzem Herzen danke ich dir
für diese Ehre, für diese Freude.

AUS OBERVOLTA

Einmal sprach Jalaluddin Rumi:
»Die Musik ist das Knarren der Pforten des Paradieses.«

Da antwortete ihm einer von den Dummdreisten:
»Ich mag das Knarren von Türen nicht hören.«

Darauf sprach Rumi:
»Ich höre, wie die Pforten sich auftun.
Was du hörst, das ist, wie sie sich schließen.«

ÜBER RUMI, 1207 –1273,
TÜRKISCHER DICHTER UND MYSTIKER

Nach allem, was über die Herrlichkeit der Schöpfung zu sagen
war, singt der Dichter des Buches Sirach:

Wenn wir mehr sagten und immer mehr,
wir kämen an kein Ende. Denn er ist alles.

Wir können ihn preisen, aber nie erfassen,
ist er doch größer als alle seine Werke.

Singt, die ihr Gott preisen wollt,
singt, so viel ihr könnt, denn nie wird es genügen.

Werdet nicht müde, die ihr Gott preist,
schöpft immer neue Kraft, denn fassen könnt ihr ihn nie.

Wer hat ihn gesehen, so dass er erzählen könnte?
Wer kann ihn rühmen, so, dass es ihm gerecht wird?

Was verborgen ist, ist größer, als was ich nennen kann,
und nur Weniges aus seinem Werk habe ich gesehen.

Alles ist geschaffen von Gott,
uns, den Menschen aber, gab er die Weisheit.

AUS DER BIBEL, SIRACH 43,27–33

Macht euch keine Sorgen um euer Leben.
Sagt nicht: Was sollen wir essen?
Was sollen wir trinken?
Was sollen wir anziehen?
Ihr habt euer Leben von Gott,
das ist mehr als die Nahrung, die ihr braucht.
Gott gab euch den Leib,
das ist mehr als die Kleidung.

Schaut auf die Vögel, die am Himmel fliegen.
Sie säen nicht, sie ernten nicht,
sie sammeln nichts in Scheunen,
euer Vater im Himmel ernährt sie.
Seid ihr nicht viel kostbarer als sie?

Wer kann mit seinen Sorgen erreichen,
dass die Zeit seines Lebens
auch nur um einen halben Meter länger wird?

Und was sorgt ihr euch um Kleider?
Lernt bei den roten Anemonen hier,
wie sie wachsen.
Sie arbeiten nicht. Sie spinnen nicht.
Ich sage euch:
Auch ein Salomo in all seiner Pracht
war nicht gekleidet wie eine von ihnen.
Wenn aber Gott das Gras,
das heute steht und morgen verbrannt wird,
so kostbar kleidet,
wird er nicht viel mehr für euch sorgen,
ihr Anfänger im Glauben?

JESUS CHRISTUS, MATTHÄUS 6,25–30

Die Verwandtschaft mit dem Kaiser
oder einem anderen Gewaltigen in Rom
reicht aus, um einen Menschen
in Sicherheit leben zu lassen,
so dass er nichts auf der Welt zu fürchten braucht –
soll uns nun die Tatsache,
dass wir Gott als unseren Schöpfer und Vater
und Beschützer haben,
nicht von allen Schmerzen und Ängsten befreien?

EPIKTET, 50–140 N. CHR., GRIECHISCHER PHILOSOPH

Herr, ich freue mich,
weil du die Lilien des Feldes
und die Spatzen auf dem Dach liebst.
Ich freue mich, weil du keinen Unterschied machst
zwischen Weißen und Schwarzen.
Ich freue mich, weil die Wolken und die Flüsse

so unbekümmert und fröhlich sind.
Ich freue mich, weil ich jeden Tag –
fast jeden Tag! – etwas zu essen habe.
Ich freue mich, weil ich lesen und schreiben kann.

Ich freue mich,
weil meine schwarzen Brüder und Schwestern
so gerne lachen.
Ich freue mich,
weil auch die Heiligen frohe Menschen waren.
Ich freue mich, weil deine Religion so froh macht.

AUS OSTAFRIKA

O König,
ein Baum des Lebens bist du mit allen Blüten
und allen edlen Wesen, die ihn umgeben.
Überall hin strecken sich Äste und Wipfel
über die Felder des Himmels hin.
Die Blätter welken nicht, die Früchte schenken sich hin.

Lieblich ist der Schwarm der Vögel, die dich bewohnen.
Jeder von ihnen schillert mit hundert farbigen Federn,
und ohne falschen Ton, strahlend und rein,
singen sie für jede ihrer Federn hundert Lieder.

IRISCH, ZWISCHEN DEM 6. UND DEM 10. JH.

Die besondere Eigenart der irisch-keltischen Gebetssprache,
überhaupt der ganzen alten Literatur der Iren könnte darin begründet liegen, dass viele der Heiligen, der Mönche und Sänger der entstehenden christlichen Kirche zuvor Druiden der
keltischen Kultur und Religion gewesen waren, ehe sie ihr my-
thisches Wissen in die christliche Tradition einbrachten. Es war
um 500 nach Christus, in der Zeit des berühmten Königs Artus,
als die Christianisierung Irlands einsetzte, die keltische Natur-
frömmigkeit aber noch lange nachwirkte.

Ein Fest wünsche ich mir

Ich möchte einen großen See von Bier haben
für den König der Könige;
ich möchte die ganze Familie des Himmels
daraus trinken sehen in alle Ewigkeit!

Ich möchte die Männer des Himmels
in meinem Hause zu Gast haben;
große Fässer des Friedens
möchte ich ihnen anbieten!

Ich möchte austeilen
aus den Gefäßen der Liebe;
ich möchte Krüge der Gnade haben
für die ganze Gesellschaft!

Ich möchte bei ihrem Trinken
unbändige Freude erleben;
ich möchte auch Jesus
in ihrer Mitte haben.

Ich möchte die drei Marien sehen,
die glorreichen, allseits bekannten;
ich möchte das Volk des Himmels da haben
von allen Ecken und Enden.

BRIGITTA, 443–523, SCHUTZHEILIGE IRLANDS

Schenke mir eine gute Verdauung, Herr,
und auch etwas zum Verdauen.
Schenke mir Gesundheit des Leibes
mit dem nötigen Sinn dafür, ihn möglichst gut zu erhalten.
Schenke mir eine heilige Seele,
die im Auge behält, was gut und rein,
damit sie im Anblick des Bösen nicht zurückschreckt,
sondern das Mittel findet,
die Dinge in Ordnung zu bringen.

Schenke mir eine Seele, der die Langeweile fremd ist,
die kein Murren kennt und kein Seufzen und Klagen,
und lass nicht zu, dass ich mir allzu viele Sorgen mache
um dieses sich breitmachende Etwas, das sich »Ich« nennt.
Schenke mir Sinn für Humor,
gib mir die Gnade, einen Scherz zu verstehen,
damit ich ein wenig Glück kenne im Leben
und anderen davon weitergebe.

THOMAS MORUS, 1478–1535,
LORDKANZLER AM ENGLISCHEN HOF, HUMANIST

Psalm

Ich bin vergnügt
Erlöst
Befreit
Gott nahm in seine Hände
Meine Zeit
Mein Fühlen Denken
Hören Sagen
Mein Triumphieren
Und Verzagen
Das Elend
Und die Zärtlichkeit

Was macht dass ich so fröhlich bin
In meinem kleinen Reich
Ich sing und tanze her und hin
Vom Kindbett bis zur Leich

Was macht dass ich so furchtlos bin
An vielen dunklen Tagen
Es kommt ein Geist in meinen Sinn
Will mich durchs Leben tragen

Was macht dass ich so unbeschwert
Und mich kein Trübsinn hält

Weil mich mein Gott das Lachen lehrt
Wohl über alle Welt.

HANNS DIETER HÜSCH, *1925, SCHRIFTSTELLER UND KABARETTIST

O Gott, unser Geheimnis,
du bringst uns ins Leben,
du rufst uns zur Freiheit,
du bist die Liebe, die sich zwischen uns bewegt.
Lass uns am Tanz deiner Dreifaltigkeit teilhaben,
so dass unser Leben in deiner Schwingung klingt,
jetzt und in Ewigkeit.

JANET MORLEY

Ein Stundengebet

Schöner blüht heute der Phlox und süßer
duften im Baum die Jakobiäpfel.
Ringsum begegnet mir alles freundlich.

Wer hat vom Glück auf Erden, das nie
für alle gleichzeitig ausreicht,
mir diese Stunde geliehn?
Und wem wird sie fällig werden?

Lass mich sie dankbar entbehren,
wenn wieder ein andrer sie braucht.

CHRISTINE BUSTA, 1915–1987

Da aber alle Geschöpfe aus der Fülle des Daseins leben, dürfen
wir uns vorstellen, dass sie auch ihre je eigene Form der Zustimmung zu ihrem Leben haben, ihre je eigene Form der
Dankbarkeit:

Heulend
unter dem vollen Julimond
die Coyoten,
die sich verstecken
in den Schattenfalten
der Sandsteinklippen.

Sie singen!
Sie brechen die Stille.
Die Schwingungen des Echos
verklingen
und sie heulen noch einmal.

Sie sind
der Gregorianische Gesang
der Natur,
und das Universum
ist ihre Kathedrale.

RAMSON LOMATEWAMA, HOPI-DICHTER, 1983

Wer gewürdigt wird, die Gesänge der Kräuter zu hören,
zu vernehmen, wie jede Pflanze ihr Lied singt zu Gott
ganz aus sich selbst, der weiß,
wie schön und süß es ist, ihr Singen zu hören.

Es ist gut, Gott zu dienen in ihrer Gemeinschaft,
einsam zu wandern über das Feld hin
zwischen den Gewächsen der Erde,
und zu reden mit Gott in Wahrhaftigkeit.

Die Stimme des Feldes geht über in deine
und gibt ihr größere Kraft.
Dein Atem trinkt die Lüfte des Paradieses,
und kehrst du heim, ist die Welt neu vor deinen Augen.

AUS DEM CHASSIDISMUS

Wenn die Gedanken bei Gott sind,
ganz und ungeteilt,
vergisst der Mensch sich selbst
und hört die Geschöpfe zu Gott rufen.

Vom Abendgebet an erlebte ich es,
ein Drittel der Nacht lang.
Ich hörte die Stimmen der Geschöpfe
mit erhobener Stimme singen.

Verlor ich meinen Verstand?
Die Fische hörte ich rufen:
Gepriesen sei der König,
der Heilige, der Herr!

SCHARANI, 1491–1565, ISLAMISCHER MYSTIKER, KAIRO

Das Freudenlied des Tsoai-talee

Ich bin eine Feder am hellen Himmel
Ich bin das blaue Pferd, das über die Prärie läuft
Ich bin der Fisch, der funkelnd im Wasser schwimmt
Ich bin der Schatten, der einem Kind folgt
Ich bin das Abendlicht auf den Wiesen
Ich bin ein Adler, der mit dem Wind spielt
Ich bin eine Handvoll bunter Perlen
Ich bin der fernste Stern
Ich bin die Morgenkühle
Ich bin das Rauschen des Regens
Ich bin das Glitzern auf harschigem Schnee
Ich bin der Pfad des Mondes auf dem Wasser
Ich bin eine vierfarbige Flamme
Ich bin ein Hirsch, der fern in der Dämmerung steht
Ich bin ein Feld voll Ahornbüschen und Prärierüben
Ich bin der Keil ziehender Gänse am Winterhimmel
Ich bin der Hunger des jungen Wolfes
Ich bin der Traum, der all dies umschließt

Sieh, ich lebe, ich lebe
Ich habe Freundschaft mit der Erde geschlossen
Ich habe Freundschaft mit den Göttern geschlossen
Ich habe Freundschaft geschlossen mit allem, was schön ist
Sieh, ich lebe, ich lebe

N. Scott Momaday, *1934, Schriftsteller, Kiowa,
Wegbereiter der modernen indianischen Literatur

Lied eines Felsens

Ich bin ein Felsen.
Ich habe Leben und Tod gesehn.
Ich habe Glück erfahren, Sorge und Schmerz.
Ich lebe ein Felsenleben.
Ich bin ein Teil unsrer Mutter, der Erde.
Ich habe ihr Herz an meinem schlagen gefühlt.
Ich habe ihren Schmerz gefühlt und ihre Freude.
Ich lebe ein Felsenleben.

Ich bin ein Teil unsres Vaters, des Großen Geheimnisses.
Ich habe seinen Kummer gefühlt und seine Weisheit.
Ich habe seine Geschöpfe gesehn, meine Brüder,
die Tiere, die Vögel,
die redenden Flüsse und Winde, die Bäume,
alles, was auf der Erde, und alles, was im Universum ist.
Ich bin mit den Sternen verwandt.
Ich kann sprechen, wenn du zu mir sprichst.
Ich werde zuhören, wenn du redest.
Ich kann dir helfen, wenn du Hilfe brauchst.

Aber verletze mich nicht, denn ich kann fühlen wie du.
Ich habe Kraft zu heilen,
doch du wirst sie erst suchen müssen.
Vielleicht denkst du, ich bin nur ein Felsen,
der in der Stille daliegt auf feuchtem Grund.

Aber das bin ich nicht, ich bin ein Teil des Lebens,
ich lebe, ich helfe denen, die mich achten.

CESSPOOCH (DANCING EAGLE PLUME) 1973
INDIANISCH

Am Ende bleibt dem dankbaren Menschen nur noch der anbetende Gesang:

Tausend entzückende Blüten leuchten im Garten,
Rosen mit Veilchen, mit Düften so zarten,
Wasser rinnt plätschernd von Stein zu Stein.
Schönheit ist Botschaft von Gott –
in Wahrheit ist er es allein.

RUMI, 1207–1273, TÜRKISCHER MYSTIKER UND DICHTER

Om.
Fülle dort, Fülle hier!
Fülle geht aus Fülle hervor.
Nimm Fülle weg von Fülle:
So bleibt doch Fülle bestehen.

BRIHADARANYAKA UPANISHAD

Du erhabener Herr, ich weiß,
dich erreicht kein Lob der Lobenden,
kein Preis der Preisenden,
kein Gedanke der Denkenden.

Mein Gott, du weißt,
dass auch mein Lob dich nicht erreicht.
So preise du dich selbst an meiner Statt,
das allein erreicht deine Herrlichkeit!

HALLADSCH, 858–922,
ISLAMISCHER MYSTIKER

Es preise dich die ganze Kraft meines Geistes!
Es preise dich das ganze Wesen
meines Leibes und meiner Seele!
Es verherrliche dich alles, was in mir ist.
Es jubeln dir zu all meine Wünsche.

Nein, ich kann dich nicht preisen!
So mögen dich preisen und rühmen
an meiner Statt all deine wunderbaren Werke,
die ich von dir empfange,
o Gott meines Lebens!

GERTRUD VON HELFTA, 1256–1302

Gott ist von keinem Raum, von keiner Zeit umzirkt,
denn Gott ist da und dann, wo er und wann er wirkt;
und Gott wirkt überall und wirket immerfort,
immer ist seine Zeit, und überall sein Ort.
Er ist der Mittelpunkt, der Umkreis ist er auch,
Weltend' und Anfang ist sein Wechselauseinhauch.

FRIEDRICH RÜCKERT, 1788–1866

Gott, die Frau und die Mutter

Dass wir über Gott in Bildern denken, die an uns Menschen abgenommen sind, das hat auch zur Folge, dass sich – auf irgendeine Weise sinnvoll – die Frage ergibt, ob er männlich oder weiblich vorzustellen sei, als der große »Vater« oder als die große »Mutter«. Oft werden sich dabei die Bilder mischen, wie etwa in dem großen Zeushymnus des Pythagoras:

All die unsterblichen Götter und Göttinnen,
alle die sel'gen,
alles, was da entstanden schon war
und was da entstehen noch sollte,
das war nun im Schoße des Zeus zusammen vereinigt.
Zeus war erster, und Zeus ist letzter,
der Blitze Beherrscher,
Zeus ist Haupt, ist Mitte, aus Zeus ist alles entstanden,
Zeus war der zeugende Mann
und der ewige Zeus auch die Jungfrau.
Zeus ist die Feste der Erde
und der sterneglitzernde Himmel.
Zeus ist der Odem des Alls
und der Strom nie rastender Wärme.
Zeus ist die Wurzel des Meeres,
und Zeus ist Sonnen- und Mondball.
Zeus ist Herrscher, Zeus ist der Urerzeuger des Weltalls.
Eine Kraft ist, ein Geist des Weltalls gewaltiger Urgrund,
und ein göttlicher Leib, in dem dies alles herumkreist:
Feuer und Wasser, und Erde und Äther,
Dunkel und Taglicht,
Einsicht auch und der erste Erzeuger, die freudige Liebe,
denn dies alles ja liegt in des Zeus geräumigem Weltleib.

PYTHAGORAS, 570 – CA. 500 V. CHR.

Wenn wir in diesem Hymnus den für Griechen vorgegebenen Namen Zeus ersetzen durch das Wort »Gott«, so ist dies ein respektabler Versuch, überhaupt von Gott zu reden. Wenn wir aber die Geschichte des christlichen Nachdenkens in den letzten dreißig Jahren mit all ihren feministischen Versuchen betrachten, so sehen wir, dass alle diese männlich-weiblichen Doppelbilder gerade heute zurückkehren.

Der Hintergrund ist die Geschichte der Alten Welt. Wir wissen heute, dass zwei Kulturepochen einander gefolgt sind, im Nahen Ostern früher als im europäischen Westen. Wir sprechen dort bis zum 5. Jahrtausend vor Christus von der Epoche des Matriarchats, das heißt einer Zeit, in der die wichtigsten Götter vorwiegend als Frauen gedacht und verehrt wurden, ab dem 4. Jahrtausend von der des Patriarchats, in welcher die führenden, »regierenden« Götter vor allem als »Männer« erschienen. Es war die Zeit, als die Völker dieses Raums sich allmählich in Stadtkulturen formierten, stehende Heere entwickelten und die beginnenden territorialen Kriege bewirkten, dass die Herrschaft auch unter den Menschen in die Hände der Männer überging. Diese die Männer bevorzugende Zivilisation und Kultur reichte und reicht praktisch bis heute, und erst allmählich beginnt sie, sich in eine neue Kultur zu wandeln, die Männern und Frauen dieselben Rechte zugesteht. Wenn wir heute an der Bibel aussetzen, sie bevorzuge in jeder Hinsicht die Männer unter den Menschen und sie habe auch ein einseitig männliches Gottesbild, so dürfen wir nicht vergessen, dass sie ganz selbstverständlich bestimmt ist von der Kultur der Zeit, in der sie entstand, eben der patriarchalen. Und es gilt heute, auch mit manchem, das in der Bibel gesagt ist, durch behutsame Interpretation das Ende des Patriarchats mitzuvollziehen.

In der langen Übergangszeit zwischen Matriarchat und Patriarchat ist zu beobachten, wie immer wieder mütterliche, weibliche Merkmale und Funktionen auf den männlich vorgestellten Gott übertragen wurden. Gärten waren in der älteren Zeit Kultorte für die große Mutter. In der Bibel wird der Garten zum Werk und Raum Gottes. Leben und Erkenntnis waren Gaben der Mütter, in der Bibel wuchsen sie auf den beiden Bäumen des Paradieses und wurden von Gott gegeben. Da der Mensch in der älteren Epoche sterbend in den Schoß der großen Mutter zurückkehrte, aus dem er gekommen war, so sprach man später davon, der Sterbende gelange in »Abrahams Schoß«, obgleich der einen solchen gewiss nicht besaß.

So spricht das Neue Testament davon, wir würden »aus Gott geboren« werden. So spricht noch das Dogma der frühen Kirche davon, der »Sohn« sei »vom Vater geboren worden vor aller Zeit«, und betont ausdrücklich, er sei »geboren, nicht geschaffen«.

Im Grunde kann über die Berechtigung der einen oder anderen Vorstellung kaum gestritten werden. Beides sind Bilder, Symbole, Hilfsmittel, die sich an das große Geheimnis Gottes herantasten. Bilder, die, wie es uns nun einmal nicht anders möglich ist, an uns Menschen abgenommen sind.

Du Heilige,
du ewige Schützerin des Menschengeschlechts,
du immer Freigebige, die uns erquickt,
die du den Unglücklichen,
den vom Schicksal Geschlagenen
die Zärtlichkeit einer Mutter erweisest!

Kein Tag, keine Ruhestunde, ja kein Augenblick
gehen an deinem Wohltun vorbei
und ohne dass du die Menschen beschützest
zu Lande und zu Wasser,
die Stürme vertreibst und die rettende Hand reichst.
Du lösest die verknoteten Fäden des Schicksals
und hemmst den verderblichen Lauf der Sterne.

Dich ehren die Himmlischen, dir dient die Unterwelt,
du treibst das Kreisen der Erde,
entzündest das Licht der Sonne,

dir antworten die Gestirne,
durch dich wechseln die Jahreszeiten.

Auf deinen Wink atmen die Lüfte,
regnen und nähren die Wolken,
keimen die Samen, sprießen die Pflanzen.
Vor deiner Hoheit schauern die Vögel am Himmel,
die wilden Tiere der Berge,
die Schlangen, versteckt in der Erde,
die Ungetüme im Abgrund des Meeres.

Ich aber bin zu schwach an Geist für dein Lob,
zu arm an Gnade, dir würdige Opfer zu bringen,
mir fehlen die Worte, von deiner Hoheit zu sprechen.
So will ich denn tun, was ein Armer vermag:
Ewig werde ich dein göttliches Antlitz
und dein heiliges Wesen im Herzen bewahren,
ewig es mir vor Augen halten.

Ägyptischer Hymnus an Isis, die Weltenmutter,
aus der Zeit um 1300 v. Chr.

Allmutter Erde, dich will ich besingen,
dich, du festgegründete.
Was immer in deinem göttlichen Schoße sich regt
und im Meer, in der Luft,
es nährt sich von deiner lebendigen Kraft.

Aus dir erwachsen herrliche Kinder und schöne Früchte.
Holde, in deiner Macht steht es zu geben,
zu nehmen das Leben uns sterblichen Menschen.
Glücklich ist, wen du würdigst deiner Gnade und Huld,
denn alles gewährst du ihm reichlich.

Volle Ähren trägt uns das Kornfeld,
und auf den Wiesen weiden kräftige Rinder.
In den Häusern wohnen adlige Männer
und lenken mit weisen Gesetzen die Stadt.

Es wirken und schaffen dort liebende Frauen,
nicht schwindet der Reichtum, nicht schwindet das Glück.

Jünglinge schreiten einher, stolz und voll Freude,
Mädchen eilen, blütengeschmückt, zum fröhlichen Reigen,
spielen und hüpfen auf weichem,
von Blumen farbigem Rasen.

Ihnen allen bist du gewogen, schenkende Gottheit,
Dank dir, Mutter der Götter, Gattin des Himmels,
des sterneglänzenden, du.

AUS DEM HOMERISCHEN HYMNUS AN GAIA

Das Tao gilt dem Taoisten auch als das mütterliche Weltprin-
zip. In der Hymne an die »Mutter Tao«, »Tao Mu«, die in jeder
Zeile an irgendeine Zeile des Tao te Ching anschließt, ist von
ihr die Rede:

Ich ehre die nährende Mutter.
Tao, die von Meister Laotse tief erkannte,
hoch verehrte Mutter alles Seins!
Den Schoß der Geheimnisse,
die Öffnung der tiefsten Tiefen.
Ewiges Urgeheimnis voll Stille, Macht und Ruhe!

O Mutter Tao, du verströmst dich in alles,
was lebt und leben will.
Du liebst und ernährst die zehntausend Wesen.
Du willst aber nicht ihr Herr sein,
und niemals versagst du dich ihnen.
Dein Atem ernährt, dein Wesen gestaltet,
dein Walten vollendet.
Du nimmst auf dich das Unheil des Landes,
und so bist du seine Königin.
Den Schmutz des Reiches nimmst du auf dich,
und so bist du seine Priesterin und Herrin der Opfer.

Deshalb, gute Mutter Tao, bist du tief verehrt
und hoch geschätzt von allen Wesen.

LAOTSE ZUGESCHRIEBEN

An Demeter

Göttliche Mutter des Alls, du Heilige,
menschenernährende Schutzgöttin Demeter!
Du wohnst in Eleusis, den heiligen Grotten.

Du spendest den Samen, und Felder sprossen,
du schenkst uns Reichtum, die Ähren des Korns,
du freust dich der Taten des Friedens, der Arbeit,
du füllst die Tennen und Kammern mit Vorrat,
du, die Ernährerin aller der sterblichen Wesen.

Komm, du Selige, Reine,
und bring uns die Früchte des Sommers.
Bring Frieden und Ordnung, Reichtum und Segen,
Gesundheit für alle gib, mächtige Königin!

ALTGRIECHISCH, AUS DEM KULT DER ELEUSINISCHEN MYSTERIEN

Und du, Jesus, liebster Herr,
bist du nicht auch Mutter?
Wahrlich, du bist eine Mutter,
die Mutter aller Mütter.
Du hast den Tod auf dich genommen
in deinem Wunsch,
deinen Kindern Leben zu geben.

ANSELM VON CANTERBURY, 1033–1109, CHRISTLICHER THEOLOGE

In der Herabkunft des Wortes Gottes
hat uns alle mütterliche Liebe umarmt.

HILDEGARD VON BINGEN, 1098–1179

Auch im heutigen Judentum wird von Gott als einer mütterlichen Macht gesprochen, wie es schon die Bibel in Andeutungen tut.

Mütterliche Gegenwart,
umfange mich, begleite mich.
Dir will ich mich zuwenden,
mit dir will ich gehen,
in dir will ich ruhen.

Mutter, die in allem ist.
Mutter in allen, die mir nahe sind,
bewege mich und uns alle,
bewege Kopf und Hand
mit der Gabe deines Wortes,
mit deiner Lebendigkeit.

Bewege das Herz in uns,
dieses Fremde in unserem Innern,
wandle es von Stein zu Fleisch.
Wenn du nur bei uns bist,
wenn du nur bei uns bist,
wenn du nur bist,
mütterliche Gegenwart.

AUS DEM GEBETBUCH DER AMERIKANISCHEN
»REFORMBEWEGUNG FÜR DIE HOHEN FEIERTAGE«

Und es geschieht heute mehr und mehr, dass auch unter Christinnen und Christen von Gott als einer »Mutter« gesprochen wird:

Gott unsere Mutter,
Gott unsere Schwester,
Gott unsere Göttin,
Herrin, erbarme dich.

Christus unser Urbild,
Christus unsere Amme,
Christus unsere Gerechtigkeit,
Christus, erbarme dich.

Geist des Lebens,
Geist der Freude,
Geist der Wahrheit,
Herrin, erbarme dich.

Gott, wir haben dich zum Götzen gemacht.
Gott, wir haben dich zum Mann gemacht.
Gott, wir haben den Mann zum Gott gemacht.
Vergib uns unsere Schuld!

Du bist weder Vater noch Mutter,
weder Mann noch Frau, weder Gott noch Göttin.
Unsere Sprache ist hilflos.
Unser Verstand begreift dich nicht.
Doch deine Weisheit umfängt uns
und deine Treue ist mit uns.
Hole uns heim in der Stunde unseres Todes.

ELISABETH SCHÜSSLER-FIORENZA, *1938

> Vor allem wird der »Geist Gottes« im Sinne der christlichen Trinitätslehre heute gerne weiblich gedacht, oft auch im Bild der »Sophia«:

Frau Weisheit, segne mich.

Sophia, Göttin der Weisheit, segne mein Tun!

Sophia, Göttin der Weisheit,
segne meine Balance:
– ich bin nicht vollkommen,
– ich schaffe nicht die heile Welt,
– ich bin nicht gehorsam.

Sophia, Göttin der Weisheit,
segne meine Einsicht:
– ich schaue auf die Ordnung der Tiere,
– ich bedenke die Folgen meines Tuns,
– ich kenne meine eigene Schwäche.

Sophia, Göttin der Weisheit,
du Baum des Lebens,
du Freundin der Menschen,
du Licht auf dem Weg,
segne deine Kinder,
lass sie trinken an deiner Brust.

HANNE STRACK

Aus den Bittliedern um die Göttliche Weisheit:

Gib mir die Weisheit, die du liebst
und denen, die dich lieben, gibst.
Die Weisheit, die für deinen Thron
allstets erscheint in ihrer Kron'.

Ich lieb ihr liebes Angesicht.
Sie ist meines Herzens Freud und Licht,
sie ist die Schönste, die mich hält
und meinen Augen wohlgefällt.

Sie ist hochedel auserkor'n,
von dir, o Höchster, selbst gebor'n.
Sie ist der hellen Sonnen gleich
an Tugend und an Gaben reich.

Ihr Mund ist süß und tröstet schön,
wenn uns die Augen übergehen,
wenn uns der Kummer niederdrückt,
ist sie es, die das Herz erquickt.

Sie ist voll Ehr und Herrlichkeit,
bewährt für Tod und großem Leid.

Wer fleißig um sie kämpft und wirbt,
der bleibet lebend, wenn er stirbt.

Sie ist des Schöpfers nächster Rat,
von Worten mächtig und von Tat.
Durch sie erfährt die blinde Welt,
was Gott gedenkt in seinem Zelt.

Drum sende sie von deinem Thron,
und gib sie deinem Kind und Sohn.
Ach schütt und gieß sie reichlich aus.
In meines armen Herzens Haus.

Auf dass in allem, was ich tu,
in deiner Lieb ich nehme zu.
Denn wer sich nicht der Weisheit gibt,
der bleibt von dir auch ungeliebt.

GOTTFRIED ARNOLD, 1666–1714,
DICHTER DES PIETISMUS

Mutter Geist, mit deiner guten Hand,
Mutter Geist, halt mich fest.
Mutter Geist, mit deiner guten Hand,
Mutter Geist, halt mich fest.

Schwester Geist, mit deiner Fröhlichkeit,
Schwester Geist, mach mich stark!

Freundin Geist, mit deiner Zärtlichkeit,
Freundin Geist, hüll mich ein!

SYBILLE FRITSCH

Für katholische oder orthodoxe Christen repräsentiert Maria
die Mütterlichkeit Gottes:

Gruß dir, Maria, Krone der Sterne.
Thron der Sonne hoch über dem Land.
Die Erde trägt ein Kleid aus Blüten,
die Erde trägt ein Kleid aus Früchten.
Maria, Wonne du aller Zeiten!

Gruß dir, Duftende in Spezereien und Salböl
duftend wie der Granatapfel.
Du goldene Schelle, du buntbesticktes Gewand!

Gruß dir, du Leuchtende,
die mich entzückt mit ihrem Anblick!
Einer schönen Blume gleichst du,
Perle unter den Blüten, Maria!

Wie der Dürstende Wasser sucht,
so wünscht mein Mund, dich zu preisen,
deine Güte und Schönheit,
du Blüte des Weinstocks! Maria!

Äthiopisches Marienlied

Solche mütterliche Gottesgegenwart wird oft auch als bewah-
rende, helfende Macht im politischen Feld der Frage nach Freiheit und Gerechtigkeit erfahren:

Maria!
Mutter der Betrogenen,
Verratenen, Eingekerkerten, Geschlagenen, Erschossenen;
der Arbeiter, Bauern, Studenten;
der Wahrheitsliebenden, Unbestechlichen, Verzweifelten –
bitte für uns.
Du bist die Hoffnung von Millionen Menschen.
Gib uns allen ein Leben in Frieden und Wahrheit.

Litanei der »Solidarität«, Polen

Du, Gott, Freundin der Menschen,
Freund dieser Erde,
wann werden wir sichtbar, Gott,
als Töchter und Söhne in deinem Reich?

DOROTHEE SÖLLE, *1929

Nach dir verlang ich.
Nach dir dürste ich, o Gott!
Mein Herz geht auf in dir.
Wie ein Kind satt wird, wenn es Milch trinkt,
wie ein armer Mann Trost findet, wenn er reich wird,
wie ein Durstiger erquickt wird, wenn er Wasser findet,
so wird mein Herz glücklich in deiner Nähe, o Gott,
und leuchtet wie eine Lampe in der Dunkelheit.

Wie einer,
der voll Sehnsucht nach seiner Gattin ausschaut,
glücklich wird, wenn er ihr begegnet,
so hüpft mein Herz vor Liebe, wenn du mir nahe kommst,
o mein Gott.

ARJUN, 1581–1606, INDIEN

Der Bräutigam der Seele

Aber Gott wird nicht nur als »Mutter« angesprochen, sondern auch als geliebte »Frau«. So tut es der Islam, vermutlich unter Einwirkungen aus dem Hinduismus, so tut es die spanische christliche Mystik, die ihrerseits arabische Einflüsse aufnahm, und so tut es die europäische Frauenmystik des Mittelalters. Gott wird beides, und wie Mann und Frau in Gott verschmelzen, so ist es auch das Ziel der Erlösungssehnsucht des Menschen, in einer Art »heiliger Hochzeit« mit Gott eins zu werden.

Wenn irgendwo die Liebe des Menschen zu Gott und die Sehnsucht nach seiner Nähe zur Sprache kommt, so mag es andererseits geschehen, dass das Liebesverhältnis sich umkehrt: Gott wird zum Freund der weiblich vorgestellten Seele oder gar zu ihrem Bräutigam, die Seele zur Braut. Lieder dieser Brautfrömmigkeit gehen durch viele Zeiten und Kulturen, auch die christliche.

In dieser Liebesmystik geht oft eine von allen geschlechtlichen Regungen freie Gottesliebe mit sublimer Erotik und mit konkreten Sexualsymbolen einher. Aber immer gehört das mystische Verlangen ins Zentrum, das sexuelle in die Peripherie der Gleichnishaftigkeit des Empfindens und Nachdenkens.

Gott wird im Bild des Bräutigams gesehen, der die liebende Seele bei sich empfängt, küsst und hegt auf zärtlichste Weise. Aber Mechthild von Magdeburg sagt auch: »Es kann nicht lange dauern, wo zwei Liebende heimlich zusammen sind.« Der Bräutigam verlässt die Seele immer wieder, und die unglückliche Seele klagt über den verlorenen Geliebten, bis er schließlich wiedergefunden wird. »Das Gebet«, so Mechthild von Magdeburg, »bringt zusammen die zwei Liebenden, Gott und die Seele, an einer wonniglichen Stätte, da reden sie viel von Liebe.« Auch das »Hohelied« der Bibel, eigentlich eine Sammlung weltlicher Liebeslieder, wird so zum Muster des mystischen Weges.

Eines der stärksten mythischen Symbole für die Gott liebende Seele und ihr wechselndes Geschick ist »Radha« im Krischna-Mythus im Hinduismus. »Radha« ist die Seele, die ihren Geliebten, Krischna, sucht und findet und die ganz frei geworden ist von den bloßen Bildern der Sinnlichkeit. Wenn Krischna nächtlich zu Radha kommt, so ist Krischna das Bild der göttlichen Gnade. Wenn Radha durch Sturm und Regen wandert, so sind ihre Mühen Bilder für die inneren Kämpfe und Anfechtungen der Seele.

So klagt Radha:

Mein Liebster ist entwichen in ein fernes Land,
ich aber muss an meiner Sehnsucht sterben.
Mein Herz will sich ins tiefe Meer versenken,
und keiner wisse, was mir zum Verderben war.
Vielleicht auch will ich als Yogini mit der Kette,
die des Liebsten Hals geschmückt,
weit in die Welt auf dunklen Straßen wandern.

Oh, was für Leid hat Radha doch getroffen!
Sie sitzt allein und einsam, hört auf keine Stimme.
Sie blickt zum Himmel auf, getrieben von Gedanken,
schaut zu den Wolken auf mit starrem Blick,
verweigert alle Nahrung.

Sie trägt das gelbe Kleid der Nonne,
sie nimmt den Kranz vom Haar,
dass die gelösten Locken ihr vom Haupte fließen,
und ist voll Staunen über ihre Pracht.

Mit Augen voller Sehnsucht schaut sie nach den Wolken,
hebt beide Hände auf, als riefe sie dorthin.
Was mag sie ihnen sagen?
Liebe zu Krischna hat ihr junges Herz ergriffen
wie reines Morgenlicht.

TSCHANDIDAS, 1417–1477,
BHAKTI-DICHTUNG AUS BENGALEN

Aber Radha erscheint in der Bhaktimystik auch selbst als Gottheit, und das bedeutet: Radha und Krischna zusammen, das Paar, stehen miteinander für den höchsten Gott.
Krischna singt über Radha:

Im fröhlichen Liebesspiel spiele ich mit ihr,
ihrer heiligen Liebe füge ich mich in Ewigkeit.
Radha, meine Geliebte, ist die höchste Gottheit.
Wer einmal bei uns Zuflucht nahm
oder bei meiner Geliebten allein,
der kommt zu mir. Deshalb nimm mit Eifer
Zuflucht zu den Füßen Radhas.
So wirst du auch mich gewinnen.
Flüstere das heilige Wort vom liebenden Paar
und weile immer in meinem Reich.

BHAKTI-DICHTUNG

Gib, dass ich anfange,
mich selbst zu verlassen und in dir,
mein Geliebter, außer mir zu geraten.
Ich will mich selbst in dir so verlieren,
dass von mir in dir keine Spur bleibt.

Verwandle mich so ganz in eine leidenschaftlich Liebende,
dass in dir zunichte wird all meine Unvollkommenheit
und ich außer dir keinen Geist mehr habe.
Möge ich untergehen in der Flut deiner Liebe,
wie der Tropfen des Meeres untergeht
in der Fülle des Wassers.

Ja, ich komme zu dir, mein Gott, du verzehrendes Feuer.
Zieh mich mit der feurigen Gewalt deiner Liebe in dich.
Vernichte und verzehre mich ganz in dir.

GERTRUD VON HELFTA, 1256–1302

Eine der großen Frauen, die das Liebesdrama zwischen Gott
und ihrer Seele schildert, ist Rabia, eine islamische Mystikerin
aus Basra:

Auf zwei Weisen habe ich dich geliebt,
mit einer selbstsüchtigen Liebe
und mit einer Liebe, die deiner wert ist.

In der Liebe, in der ich mich selbst suche,
finde ich meine Freude in dir
und bin für alle anderen blind.

In der Liebe, die deiner wert ist,
hebst du den Schleier,
und ich sehe alles.

Aber nicht meine Kraft ist es, die dich liebt,
sondern in dieser wie in jener Liebe
geschieht alles aus dir.

RABIA, GESTORBEN 801, BASRA

Mitten in der Nacht ging Rabia oftmals auf das Dach und rief:

O mein Gott! Nun schweigt das Getümmel des Tages,
die Stimmen schweigen, und im heimlichen Gemach
erfreut sich das Mädchen des Geliebten.
Ich Einsame aber erfreue mich deiner Gegenwart,
denn du bist der wahre Geliebte meines Herzens.

RABIA, GESTORBEN 801, BASRA

Besonders wichtig war die Brautfrömmigkeit in der Frauenmystik des europäischen Mittelalters:

Gott fragt die Seele:
Dich treibt die Liebe zu mir. Sage,
was bringst du mir, meine Königin?

Sie antwortet: Ich bringe ein Kleinod,
größer als die Berge, breiter als die Welt,
tiefer als das Meer, höher als die Wolken,
glänzender als die Sonne, farbiger als die Sterne.
Es wiegt mehr als die Erde.
Es heißt: meines Herzens Sehnsucht.
Die habe ich allem entzogen,
bei mir behalten und allen Geschöpfen versagt.
Ich kann sie nicht weiter tragen.
Wohin soll ich sie legen?

Gott spricht: Deines Herzens Sehnsucht
lege nirgends hin als in mein göttliches Herz.
Da wirst du getröstet und mit meinem Geiste geküsst.

Da singt die Seele:
»Du leuchtest in mir,
wie die Sonne ins Gold scheint.
Wenn ich in dir ruhen darf, ist meine Wonne übergroß.
Meine Seele ist dein Kleid,
und du bist das Kleid meiner Seele.«

Und Gott singt:
»Wenn ich scheine, leuchtest du.
Wenn ich fließe, musst du wogen.
Wenn du seufzest, ziehst du mein Herz zu dir.
Wenn du nach mir weinst, nehme ich dich in den Arm.

Und wenn wir zwei so Eines geworden sind,
kann nichts uns scheiden.
Nur ein Warten voll Glück wohnt zwischen uns.«

MECHTHILD VON MAGDEBURG, 1210–1282,
MYSTIKERIN, HELFTA

O Liebe! Unendliche Güte!
Ich kann dir nicht mehr entfliehen!
Du bist mir überall voraus,

und ich finde dich überall.
Ich sehe dich nicht mehr wie durch Nebel,
sondern klar und offenbar.

Nichts Mittelndes ist mehr zwischen dir und mir.
Was soll ich nun tun?
Wie werde ich auf dieser Erde leben
bei dem Licht und dem Feuer, das mich verzehrt?

Nie war ich wie heute verwirrt.
Die Kraft, die ich fühle, übertrifft alles Maß.
Ich weiß nicht, wohin mich wenden,
noch was sagen, nur dies:
Deine Liebe führt mich aus mir selber fort
und überwindet mich, wo immer ich bin.

ARMELLE NICOLAS, 1606–1671
FRANZÖSISCHE MYSTIKERIN, BRETAGNE

Auch von Gott, dem »Freund«, ist in diesem Zusammenhang
die Rede:

Wenn die Sonne der Erkenntnis
am Weg erstrahlt,
zeigt sich das Geheimnis des Wesens der Dinge.
Der feurige Ofen der Welt wird zum Blumengarten.

Der Wanderer erblickt nicht mehr sich selbst,
nichts sieht er mehr als seinen Freund allein.
In allem, was er sieht, sieht er sein Antlitz.
Unter dem Schleier sieht er viele Heimlichkeiten,
die leuchten wie die Sonne selbst.

ATTAR FARID OD-DIN, 1150–1221

Die Erde, durchwirkt vom mütterlichen Geist Gottes, ist für
den russischen Mystiker Wladimir Solowjew (1853–1900) ein
Ausdruck Gottes selbst. Die Erde ist das »Kleid der Weltseele«:

O Erde, Herrin mein! Schon seit der Jugend Tagen
hab deinen süßen Atem ich gespürt,
hab durch dein Blütenkleid dein Herz ich hören schlagen
und habe des All-Lebens Puls berührt.

Im Mittag stieg zu mir herab des Himmels Gnade
mit gleicher Zärtlichkeit in schimmernder Gestalt,
ihr sandte frohen Gruß des blauen Meers Gestade,
der Wellenklang des Stroms, der windbewegte Wald.

Von neuem will sich jetzt geheimnisvoll verbinden
die Erdenseele mit dem Quell des Lichts.
Ein ungemess'nes Glück lässt dieser Bund mich finden.
Und alles Leid der Welt zerfließt zu Nichts.

WLADIMIR SOLOWJEW, 1853–1900

Zebaoth

Gott, ich liebe dich in deinem Rosenkleide,
Wenn du aus deinen Gärten trittst, Zebaoth,
O, du Gottjüngling.
Du Dichter,
Ich trinke einsam von deinen Düften.

Meine erste Blüte Blut sehnte sich nach dir,
So komme doch,
Du süßer Gott,
Du Gespiele Gott,
Deines Tores Gold schmilzt an meiner Sehnsucht.

ELSE LASKER-SCHÜLER, 1869–1945

Was ist das Gebet?

Das Gebet ist ein wortloses Atmen der Liebe
in der unmittelbaren Gegenwart Gottes.

JEANNE FRANÇOISE DE CHANTAL, 1572–1641

IV

Wege durch den Tag

Sonnenaufgang

Die Morgenröte kleidet sich in ihr Lichtgewand.
Sie will Ehre erweisen dem Schöpfer der Menschen.

Der hohe Himmel legt die Decke seiner Wolken von sich.
Er beugt sich vor dem Schöpfer der Menschen.

Die Sonne, die Königin unter den Sternen,
breitet ihre Strahlen aus wie goldenes Haar.

Der Wind streichelt die Wipfel der Bäume,
wir hören ihn reden in den Zweigen.

In den Bäumen singen die Vögel,
bringen ihr Lied dar dem Herrn der Erde.

Die Blumen breiten ihre Farben aus
und ihren Duft. Es ist herrlich, sie zu sehen.

So rühmt auch mein Herz dich, mein Vater,
bei jeder Morgenröte aufs Neue. Dich, meinen Schöpfer!

MORGENGEBET DER INDIANER PERUS, 17. JH.

An die Morgenröte, die Göttin Usas

In prächtigem Glanz aufstrahlt die Morgenröte,
hell glänzend wie der Wasser Silberwellen,
die Wege werden schön und gut zu wandern.
Gut ist sie und mild und gibt uns reichlich.

Ja, du bist gut, du leuchtest weit, zum Himmel
sind Strahlen deines Lichtes aufgeflogen.
Du stehst im Schmuck, du prangst mit deinem Busen,
erscheinst voll Hoheit, Göttin Morgenröte.

Gespanne führen dich von roten Kühen,
du Mächtige, die weit und breit sich ausdehnt.

Gebahnte Wege hast du über Berge
und lichtverbreitend gehst du durch die Wolken.

RIGVEDA, CA. 800 V. CHR.

Aufglänzt der gottgeschaffene Tag.
Neu erwachen aus Winterstarre Saaten und Blüten;
Schwärme von Vögeln schmettern ihr Lied.
Den Weg zum Leben macht Christus uns frei.
Meer, Länder, Sterne, seid fröhlich!
Himmlische Chöre, stimmt ein!
Aller Geschöpfe Lobgesang schwinge empor sich zu Gott!

NOTKER LABEO, 950–1022, ST. GALLEN

Mein Herz ist getröstet, o Gott!
Getröstet ist mein Herz.
Ich will singen und spielen.

Wach auf, meine Seele, wach auf!
Wacht auf, Leier und Harfe!
Ich will das Morgenrot wecken.

Ich will dir danken, Gott,
im Angesicht der Völker,
dir spielen unter den Menschen.

Denn deine Güte reicht,
soweit der Himmel ist,
und deine Treue, soweit die Wolken gehen.

Lass aufleuchten dein Licht am Himmel,
Gott, und deinen Glanz
hoch über der Welt!

AUS DER BIBEL, PSALM 57

Sonne,
von deinem Glanz sind erfüllt die Gebirge,
reine Helligkeit füllt und überstrahlt alle Länder,
du stehst über dem Gebirge, du überschaust die Erde.
An den Enden der Erde
und mitten im Himmel schwebst du,
die Bewohner der ganzen Erde siehst du.

Du schreitest mit genauem Maß über des Himmels Bahn.
Die Erde zu erleuchten kommst du täglich.
Du wanderst über das weite Meer,
dessen Tiefe die Götter des Himmels nicht kennen.

O Sonne, Schamasch!
Dein Glanz dringt bis in die Tiefe,
dein Licht durchleuchtet die Wogen des Meeres,
welche Berge sind nicht bedeckt von deinem Glanz,
welche Länder sind nicht hell
durch den Aufgang deines Lichts? ...
Schamasch!
Sonne! Du Richter von Himmel und Erde!
Die Gebundenen machst du frei,
machst die Toten lebendig,
du vertreibst die Finsternis, breitest das Licht aus.

Ich rufe dich an, schaffe mir Recht!
Bringe Licht in meine Finsternis.
Nimm Angst und Verwirrung von mir,
wehre bösen Mächten und dunklem Zauber!
Denn in Angst bin ich, in Bedrängnis.

So will ich deine Macht besingen und preisen,
dir ein Diener sein in steter Treue.

Altbabylonisch

Herr, ich werfe meine Freude wie Vögel an den Himmel!
Die Nacht ist verflattert, und ich freue mich am Licht!

Deine Sonne hat den Tau weggebrannt
vom Gras und von unseren Herzen.
Was da aus uns kommt, was da um uns ist
an diesem Morgen, das ist Dank.

Herr, ich bin fröhlich heute am Morgen.
Die Vögel und die Engel singen, und ich jubiliere auch.
Das All und unsere Herzen sind offen für deine Gnade.
Ich fühle meinen Körper und danke.
Die Sonne brennt meine Haut, ich danke.
Das Meer rollt gegen den Strand, ich danke.
Die Gischt klatscht gegen unser Haus, ich danke.

Gott, ich freue mich an der Schöpfung
und dass du dahinter bist und daneben
und davor und darüber und in uns.

Ich werfe meine Freude wie Vögel an den Himmel.
Ein neuer Tag, der glitzert und knistert,
knallt und jubiliert von deiner Liebe.
Jeden Tag machst du, Gott!

Aus Westafrika

Was ich mit meinem Geist begriff, will ich singen.
All mein Lied gilt Gottes Herrlichkeit.
Die Saiten meiner Harfe stimme ich
nach seiner heiligen Ordnung.
An seine Flöte lege ich meine Lippen,
an seine heiligen Gesetze.
Wenn der Tag kommt und die Nacht,
will ich bei Gott stehen,
in seinen heiligen Bund will ich treten.
Zu Gott will ich sagen: Du bist meine Gerechtigkeit!
Zum Höchsten will ich sagen:

Du bist der Grund alles dessen, was an mir gut ist.
Du bist der Quell der Erkenntnis,
der Brunnen der Heiligkeit.

Wenn ich beginne, Hand und Fuß zu regen,
will ich ihn preisen.
Wenn ich hinausgehe oder heimkomme,
wenn ich mich setze, wenn ich aufstehe
oder auf meinem Lager liege,
will ich ihm singen, ihn preisen.
Mit dem Opfer, das meine Lippen bringen,
will ich ihm danken.
Wenn ich meine Hand hebe, mich zu sättigen
mit den Köstlichkeiten der Erde,
wenn Schrecken hereinbricht
und Furcht mich ergreift,
wenn ich im Elend bin ohne Trost,
will ich ihn preisen und seine Wunder bekennen,
will nachsinnen über seine Macht
und auf seine Liebe mich stützen den ganzen Tag.
Wenn die Not beginnt, will ich ihm ein Loblied singen,
und bin ich in Bedrängnis, so singe ich seinen Preis.

Aus den Lobgesängen der Gemeinde von Qumran, 1. Jh. v. Chr.

O Herr der Welt, dir singe ich.
Alles blüht um mich her,
und die Welt ist gesegnet und voll Freude.
Wie glänzt jetzt der Tau,
wie jubeln alle die bunten Vögel,
der Gesang der Zwitschernden tönt überall.
Alle singen dir zu Ehren,
der du das All erschaffen.

Du allein bist die Quelle des Gesanges,
denn das Lied wurde im Himmel geboren.
Ach, nur im Himmel lässt seine Stimme strahlen

der liebliche Vogel der Götter,
und die heiligen Vögel jubeln im Wechselgesang
zum Preis des, der die Welt geschaffen!

Mein Herz hört die Stimmen,
und ich will alle dunklen Schleier
der Vergangenheit den Winden geben,
damit auch mein Seufzen aufsteigt
in den unendlichen, leuchtenden Himmel,
hoch hinauf, und mitklingt,
wo die gelben Kolibris singen
zum Preise des Gottes der Himmel.

Ach, ich will nicht weinen auf Erden.
Verfällt nicht das Haus irdischer Träume?
Ach, ich weiß, was immer die Erde trägt,
muss enden, wie hier unser Leben endet.
So lass mich singen zu dir,
im Himmel möge meine Seele dir singen,
damit du sie freundlich ansiehst,
du Geber des Lebens.

Altmexikanischer Hymnus

Wir sind erwacht.
Der Schlaf ist noch in unseren Augen,
aber auf unseren Lippen soll dein Lob sein.
Wir loben und preisen, wir beten dich an.
Wir, das sind die Erde, das Wasser und der Himmel.
Das sind die Gräser und Sträucher und Bäume.
Das sind die Vögel und all das andere Getier.
Das sind die Menschen hier auf der Erde.

Alles, was du erschaffen hast,
freut sich an deiner Sonne und an deiner Gnade
und wärmt sich daran auf.
Der Tau glänzt auf den Gräsern.

Der Nebel hängt noch in den Bäumen,
und ein milder Wind verheißt einen guten Tag.

Dürfen wir uns nicht an allem freuen,
was du geschaffen hast?
Wir sollen es. Darum sind wir so fröhlich
in dieser Morgenstunde, o Gott.
Mach, dass die Stunden und Minuten
nicht in unseren Händen zerrinnen,
sondern dass wir lebendig sind in deiner Zeit.

AUS AFRIKA

Wir rufen die Erde,
die in der Maisähre erscheint.
Sie hat während der Nacht geschlafen und geruht.
Wir bitten sie, aufzuwachen,
sich zu bewegen, sich zu erheben,
denn im Osten sieht man die Zeichen
der Morgendämmerung,
und der Atem des neuen Lebens ist hier.

Mutter Erde ist die erste,
die gerufen wird, aufzuwachen
und den Atem des neuen Tages zu empfangen.
Mutter Erde hört den Ruf;
sie bewegt sich, sie erwacht, sie erhebt sich,
sie fühlt den Atem der neugeborenen Morgendämmerung.
Die Blätter und Gräser rühren sich,
alle Dinge bewegen sich mit dem Hauch des neuen Tages.
Überall wird das Leben neu.

MORGENLIED DER KURABUS, PAWNEE, INDIANISCH

Es ist Tag geworden
für uns und alle Schöpfung.
Sie ist Gott eigen,
das Lied, das sie singt, klingt aus Gott.
Wir aber rufen die Hoheit Gottes an.

Gott ist groß.
Sein schaffendes Wort gilt, es gilt sein Befehl.
Der Tag ist Gottes Tag, die Nacht ist Gottes Nacht.
Was in beiden lebt, ist Gott eigen.

Gott, der du barmherzig bist,
fülle den Anfang dieses Tages mit Heil,
schaffe unserem Tun die Frucht,
gib seinem Ende den Segen.

MOHAMMEDS MORGENGEBET, 570–632

Baden will ich meine Augen diesen Morgen
in den drei mal drei Strahlen der lebendigen Sonne,
gleich der Jungfrau Maria in der ägyptischen Wüste,
da sie ihrem Sohne die Nacht aus dem Gesicht wusch
mit der lauen weißen Milch der gesegneten Brust.

Dass Gott Vater
mir die Schärfe meines rechten Ohres segne,
darum bitte ich;
dass Gott Sohn
mir die Schärfe meines linken Ohres segne,
dass Gott Heiliger Geist
mir die Redlichkeit meiner Zunge segne,
darum bitte ich!

Dass Gott Vater das Leder meines rechten Schuhes segne,
darum bitte ich;
dass Gott Sohn das Leder meines linken Schuhes segne,
dass Gott Heiliger Geist
den Filz meines lohfarbenen Hutes segne,
darum bitte ich!

Mit Gott Vater am rechten Ärmel
begebe ich mich getröstet auf diese weite Reise;
mit Gott Sohn am linken Ärmel
begebe ich mich getröstet auf diese weite Reise;
mit Gott, dem Heiligen Geist, zu Häupten
begebe ich mich getröstet auf diese weite Reise.

O wahre, wunderbare heilige Dreifaltigkeit,
steh mir bei in all den Nöten, Mühsalen und Gefahren
des fremden Landes!

IRISCH

Schön und köstlich ist's, Gott zu danken!
Dir zu lobsingen, du Höchster,
des Morgens deine Gnade
und des Nachts deine Wahrheit verkünden
auf dem Psalter von zehn Saiten,
mit Spielen auf der Harfe.
Denn du machst mich fröhlich
durch dein Walten,
und ich rühme die Taten deiner Hände.
Wie ist dein Wirken so groß,
wie sind deine Gedanken so tief!

Der Redliche grünt wie ein Palmbaum,
er wächst wie eine Zeder des Libanon.
Die eingepflanzt sind im Hause des Herrn,
grünen in den Vorhöfen am Tempel des Herrn.
Noch im Alter tragen sie Frucht,
bleiben saftig und frisch.
Sie zeigen die Verlässlichkeit des Herrn.
Denn er ist mein Fels,
und wer sich auf ihn stellt, hat festen Grund.

AUS DER BIBEL, PSALM 92

Wieder leuchtet mir das Licht.
Wieder schau ich klar das Licht.
Es schließt mir den Himmel auf
und verscheucht mir die Nacht.
Wieder habe ich alles,
das Licht bringt mir alles an den Tag.

Wieder weilt, der über den Himmeln ist
und den niemand je sah, in mir.
Hier bin ich nun in Wahrheit gänzlich ich,
wo nur noch Licht ist. Ja, ich bin nur Licht.
Da ich es schaue, werde ich selbst einfach
und ohne Falten.

Symeon, 949–1022

Mit Segen mög ich heut aufstehn,
Gott, Herr, in deiner Hute gehn
und reiten, wo im Land ich hin mich kehre.
Christ, Herr, gib mir mit hellem Schein
die große Kraft der Güte dein
und pflege mein, um deiner Mutter Ehre.
Wie sie der heil'ge Engel pflegte,
als sie dich in die Krippe legte:
jungen Menschen, alten Gott.
So pfleg auch mein, dass man mich treu erfinde
nur deinem göttlichen Gebot.

Walther von der Vogelweide, 1170–1230

Sabbat-Morgengebet

Wäre unser Mund voll Gesang wie das Meer,
unsere Zunge voll Jubels wie das Rauschen seiner Wellen,
unsre Lippen voll Rühmens wie des Himmels Weite,
unsre Augen leuchtend wie Sonne und Mond,
unsre Hände ausgespannt wie die Adler des Himmels

und unsre Füße schnell wie Rehe –
wir würden nicht zureichen, dich zu preisen,
Herr unser Gott, Gott unsrer Väter,
für alle die tausend und tausend Mal,
da du Gutes getan hast an unseren Vätern und an uns!

Jüdische Tradition

Des neuen Jahres Morgen ist angebrochen
und mit des frühen Frühlings fallendem Schnee fällt
heute schon Segen auf Segen.

Ootomo Yakomochi, 8. Jh.

Tagwerk

Herr Christus, ich will mich vereinen mit der Liebe,
in der du auf der Erde gearbeitet hast
und immerfort wirkst ohne Unterlass,
so gehe ich an die Arbeit zu deinem Ruhm
und zum Segen der Mitmenschen.

Du willst, dass ich tätig sei.
Du hast gesagt: Ohne mich könnt ihr nichts tun.
So bitte ich, dass mein Tun wie ein Tropfen im Strom
vereinigt und vollendet sei
in deinem unendlichen, vollkommenen Werk.

MECHTHILD VON HACKEBORN, 1241–1299

Ich preise Gott!
Lasst uns, Freunde, ihn ehren.
Gottes voll sind die Wege,
Gottes voll die Märkte, die Häfen, die Meere.
Er ist nahe, immer und überall,
und wir sind seines Geschlechts.

Freundlich gibt er uns Weisung,
ruft das Volk an die Arbeit
mahnend zum Werk, das uns nährt.
Er zeigt, wann die Erde gepflügt und gegraben,
wann die Reben behäufelt,
jeder Same gesät werden soll.
Dafür hat er am Himmel Sterne befestigt
als Bilder und Zeichen, und im Gang des Jahres
kommen sie alle und mahnen,
dass die Gaben der Ordnung, der Gerechtigkeit
und des Friedens gedeihen zu ihrer Zeit.

Ich huldige ihm beim Eingang und Ausgang:
Vater, sei mir gegrüßt! Wunderbarstes der Wunder.

Dir sei Preis, dir und den Himmlischen,
unseren älteren Brüdern.

ARATOS VON SOLI, 315–245 V. CHR., GRIECHISCHER DICHTER

Gebet in der Küche

Ich liebe meine kleine Küche,
Gott, und jeden Winkel, jeden Topf.
Darum segne mich und all mein Tun,
wenn ich Schüsseln wasche, wenn ich koche.

Die Mahlzeit hier auf meinem Herd
würze du von oben her
mit Segen und Freundlichkeit
und mit Liebe von dir.

Hier ist meine kleine Küche, o Gott.
Alle, die eintreten,
mögen ein großes Herz finden,
Frieden und Glück.

IRISCH

O Gott, du mein Herr,
du meine Mutter, du mein Vater,
du Herr von Berg und Tal.

In drei Sonnen, in drei Tagen
werde ich beginnen mit dem Zusammenlesen des Maises
vor deinem Mund, vor deinem Angesicht,
du Herr der Berge und Täler,
zeige ihn also meinen Händen,
meinen Augen, meiner Seele!

Ein wenig meines Essens, meines Trinkens gebe ich dir;
es ist fast nichts, was ich dir gebe;
ich aber habe viel, davon zu essen und zu trinken;
du hast es meiner Seele, meinem Leib gezeigt,
du meine Mutter, du mein Vater.

Ich fange also mit dem Ernten an,
ich kann es heute nicht beenden.
Wer weiß, wie viele Sonnen, wie viele Tage ich mich mühe.
Es geht nicht schnell, die Körner aufzulesen im Unkraut,
ich vollbringe es nur langsam.

Wer weiß, wann ich wieder zu dir kommen kann,
du meine Mutter, du mein Vater?
Aber immer will ich zu dir beten.
Mein Gott, warum denn nicht?

GEBET DER KEKCHI-INDIANER VOR DER MAISERNTE

O Gott, sei du selbst mein Erntesegen,
segne jede Ackerfurche und Wiese,
das mit Moos bedeckte Feld,
jede Schlaufe und jedes Ährengebinde.

Die Mädchen segne, die noch schwachen Jungen,
Frauen gemeinsam mit den zarten Kindern,
stelle sie unter den Schild deiner Macht.

Segne jede Ziege, jedes kleine Lamm, jedes Schaf,
jede Kuh und jedes Pferd und alle in den Ställen
und führe sie pfleglich zu einer freundlichen Hürde.

IRISCH

Milchgebet

Segne, o Gott, meine kleine Kuh!
Segne auch meine Hände,
die zum Melken geschaffen sind.
Segne jede der vier Zitzen der Kuh,
segne jeden Finger, der melkt,
segne jeden Tropfen, der kommt,
bis mein Eimer voll ist, o Gott.

IRISCH

Alte unter dieser Erde, Ackermutter, Erdenherrin!
Bring die Blüte jetzt zum Treiben,
fetten Boden bring zum Sprießen,
denn es fehlt an Kraft der Krume nie
im langen Lauf der Zeiten,
wenn die Geberinnen Gnade,
Huld die Schöpfungstöcher schenken.

Erde, stehe auf vom Schlafe,
von dem Schlummer, Flur des Schöpfers,
lass die Halme sich erheben
und die Pflanzenstengel steigen,
hebe tausendfach die Triebe,
spreite hundertfach die Sprossen
durch mein Pflügen, durch mein Säen,
meine mühevolle Arbeit.

Ukko du, o Herr der Höhe, du, o Vater,
der du in den Wolken waltest,
der du lenkst die Lämmerwölkchen!
Halt im Wolkenreich Beratung,
weisen Rat in weiten Räumen,
schick vom Osten eine Wolke,
aus Nordwest ein Wolkenfetzchen,
andre sende aus dem Westen,
schicke schnell vom Süden eine,
sprühe Wasser aus den Wolken,
lass vom Himmel Honig träufeln
auf die Keime, dass sie wachsen,
auf die Saat, die rauschend stehn wird!

VÄINÄMÖINEN IN DER KALEWALA, FINNISCH

Aus Gott mache ich Speise und Trank.
Gott ist das Bett, auf dem ich liege.
Was immer ich nehme, es ist Gott.
Was immer ich gebe, es ist Gott.

Eins bin ich mit Gott an jedem Tag.
Denn Gott ist hier, und Gott ist da.
Kein Platz, den Gott nicht füllte.

JANABAI, HINDUFRAU, 13. ODER 14. JH. N. CHR.

Suche nichts für deine eigenen Zwecke.
Tu, was du willst, und wolle, was du sollst.
Dein Werk allein soll deine Sorge sein,
und nicht der Vorteil, den es bringt.

Doch sei nicht müßig, sondern handle.
Tu, was du tun musst, weil's geschehen muss,
und sorge dich dabei nicht um Gewinn,
der für dich abfällt! Lass vom Selbstwahn ab!

Was deinem Ich entspringt, hat wenig Wert.
Mehr als das Werk ist deine Einsicht.
Wer in Ergebung handelt, wirkt nicht selbst,
denn das Gesetz der Weisheit wirkt durch ihn.

Das ist erhaben über gut und böse
und du bist's auch, wenn du ihm nachfolgst.
Drum übe dich darin!
Das heißt recht handeln.

KRISCHNA ZU ARJUNA
BHAGAVADGITA

Der Achtlose fragt sich am Morgen:
Was werde ich tun?
Der Kluge schaut: Was wird nun Gott mit mir tun?

IBN ATA ALLAH, † 1309, ÄGYPTEN

Dem Gerer Rabbi klagte einmal einer seiner Schüler:
»Ich lerne unablässig, ich bete, mühe mich, gut zu sein
und das Gute zu tun, und merke dennoch nicht,
dass ich dadurch Gott näher komme.«

Da antwortete der Rabbi:
»Nimm den Willen Gottes auf dich,
wie ein Ochse sein Joch und ein Esel seine Last.
Schau, wie der Ochse lebt:
Er geht des Morgens aus dem Stall auf das Feld,
er pflügt und wird wieder nach Hause geführt,
und so Tag um Tag, und nichts ändert sich ihm,
aber das gepflügte Feld bringt seine Frucht.«

AUS DEM CHASSIDISMUS

Der Mensch entstand so,
dass ein Engelsflügel
an einen Eselschwanz gebunden wurde,
damit der Esel vielleicht durch den Glanz des Engels
auch ein Engel würde.

RUMI, 1207–1273

Der Mensch soll seine Arbeit einfach und nüchtern tun
und soll dabei der bleiben, der er ist.
Er soll Gott in sich hereinnehmen
und oft vor ihm gegenwärtig sein, innig und gesammelt.
Und so lerne er Gott in das Werk tragen.

JOHANNES TAULER, 1300–1361

Es ist viel schwerer,
einen Tag von Anfang bis Ende
in voller Aufmerksamkeit durchzuhalten
als ein Jahr in großen Absichten
und hochfliegenden Plänen.

CHRISTIAN MORGENSTERN, 1871–1914

Zehn Gebote der Gelassenheit

Nur für heute soll gelten:
Ich will mich bemühen, den Tag zu durchleben,
ohne die Probleme meines Lebens
auf einmal lösen zu wollen.

Nur für heute soll gelten:
Ich werde mich den Gegebenheiten anpassen,
ohne zu verlangen,
dass sich die Gegebenheiten
nach meinen Wünschen richten.

Nur für heute werde ich etwas tun,
wozu ich eigentlich keine Lust habe.

Nur für heute soll gelten:
Ich werde nicht danach streben,
die anderen zu kritisieren oder zu verbessern –
nur mich selbst.

Nur heute werde ich eine gute Tat vollbringen.

Nur heute werde ich zehn Minuten meiner Zeit
einem guten Buch widmen.

Nur heute soll gelten: Ich habe keine Angst.

Nur für heute werde ich ein genaues Programm aufstellen.
Vielleicht halte ich mich nicht genau daran,
aber ich werde es aufsetzen,
und ich werde mich vor zwei Übeln hüten:
vor der Hetze und der Unentschlossenheit.

Nur für heute werde ich glauben –
selbst wenn die Umstände das Gegenteil zeigen sollten –,
dass Gott für mich da ist,
als gäbe es sonst niemand auf der Welt.
Ich will mich nicht entmutigen lassen
durch den Gedanken,
ich müsse dies alles mein ganzes Leben lang durchhalten.

Heute, nur heute ist es mir gegeben,
Gutes in zwölf Stunden zu wirken.

PAPST JOHANNES XXIII., 1881–1963

Du hast uns die Liebe als Arznei gegeben, o Gott,
und willst, dass der Arzt in seiner Liebe
ein Teil der Arznei sei, die den Kranken heilt.
Wie deine Liebe kein Ende hat,
soll auch unser Forschen und Dienen kein Ende haben.
Ohne deine Hilfe ist der Arzt machtlos,
aber mit dir vermag er das Höchste.
Du bedienst dich unser,
weil du selbst gern im Verborgenen bleibst.
Dein Wille ist, durch uns die Kranken zu heilen.
Du hast im Menschen die Kräfte aller Elemente
geheimnisvoll zusammengefasst, so wie ein Arzt,
der aus den Säften der Kräuter die Heilkraft zieht.
Lass mich alles zum Nutzen der Kranken
nach bestem Vermögen und Urteil anordnen,
alles Schädliche von ihnen fernhalten,
heilig und rein meine Kunst und mein Leben bewahren.

PARACELSUS VON HOHENHEIM, 1493–1541,
ARZT UND PHILOSOPH

Nicht daran, wie einer von Gott redet,
erkenne ich, ob seine Seele
durch das Feuer der göttlichen Liebe gegangen ist,
sondern daran,
wie er von irdischen Dingen spricht.

SIMONE WEIL, 1909–1943

Was immer an Freude ist in der Welt,
entspringt dem Wunsch, andere glücklich zu sehen,
und was immer an Leid ist in der Welt,
entspringt dem Wunsch, selbst glücklich zu sein.

SHANTIDEVA, 7. ODER 8. JH., TIBETISCHER BUDDHISMUS

Jeden Tag um zwölf
in der Mittagshitze
kommt Gott zu mir
in Gestalt von
zweihundert Gramm Haferbrei.

Ich spüre ihn in jedem Korn,
ich schmecke ihn in jedem Löffel voll.
Ich halte sein Mahl mit ihm,
wenn ich schlucke,
denn er hält mich am Leben
mit zweihundert Gramm Haferbrei.

Ich warte auf den nächsten Mittag
und weiß, dass er kommt:
So kann ich hoffen,
einen weiteren Tag zu leben,
denn du hast Gott zu mir
kommen lassen
in zweihundert Gramm Haferbrei.

Jetzt weiß ich,
dass Gott mich liebt –
und das verdanke ich nur dir.
Jetzt weiß ich, was du meinst,
wenn du sagst,
dass Gott diese Welt so liebt,
dass er seinen geliebten Sohn gibt,
jeden Tag durch dich.

EINE INDISCHE FRAU, 20.JH.

Neue Dinge erfinden, ich kann es nicht,
etwa Flugzeuge, die auf silbernen Flügeln dahinsegeln.

Aber heut in der Frühe
wurde mir ein Gedanke geschenkt,
ein wunderbarer Gedanke,
und die abgeschabten Stellen meines Kleides
wurden auf einmal schön,
leuchtend von einem Licht, das vom Himmel fiel
wie Gold und Silber so hell und wie Bronze,
Lichter aus himmlischen Fenstern.

Der Gedanke war der, dass ein geheimer Plan
verborgen ist in meiner Hand,
dass meine Hand groß ist, groß um des Planes willen.
Dass Gott, wohnend in meiner Hand,
den geheimen Plan kennt,
den Plan von dem, was er tun will für die Welt
durch meine Hand.

TOYOHIKO KAGAWA, 1888–1960,
CHRISTLICHER SOZIALREFORMER, JAPAN

Willst du meine brüchige schwarze Barke steuern
über die Gischt des dunklen, weiten Ozeans?

Willst du, Herr, in mein Boot kommen,
in dem auf See mein Wille sonst irrte?

Denn du bist es, der festlegt,
wann das Leben eines Menschen endet, dem Regen gleich.

Gott, gewähre mir deine Hilfe,
der du über das aufschäumende Meer kommst.

CORMAC, GEST. 903, ZUGESCHRIEBEN,
IRLAND

Herr, gib acht auf uns,
denn das Meer ist so groß,
und unser Boot ist so klein.

BRETONISCHES FISCHERGEBET

Begegnungen

Ein Fremder kam zu mir am gestrigen Tag.
Ich füllte Nahrung in die Futterkrippe
und Wasser in die Tränke.
Musik ließ ich erklingen,
und im geheiligten Namen der Dreieinigkeit
segnete er mich und mein Haus,
mein Vieh und meine Lieben.
Da hörte ich die Lerche sagen in ihrem Lied:
Oft, oft, oft
geht Christus in fremder Gestalt.

IRISCHER RUNENSPRUCH
VON DER GASTFREUNDSCHAFT

Zur Geburt eines Kindes

Ho! Ihr Sonne, Mond und Sterne,
alle ihr, die ihr euch in den Himmeln bewegt,
bitte hört mich:
In eure Mitte ist ein neues Leben gekommen,
nehmt es auf, bitte, macht seinen Weg eben,
so dass es erreichen möge
den Rand der ersten Anhöhe.

Ho! Ihr Winde, Wolken, Regen, Nebel,
alle ihr, die ihr euch in der Luft bewegt,
bitte hört mich:
In eure Mitte ist ein neues Leben gekommen,
nehmt es auf, bitte, macht seinen Weg eben,
so dass es erreichen möge
den Rand der zweiten Anhöhe.

Ho! Ihr Hügel, Täler, Flüsse, Seen, Bäume, Gräser,
alle ihr von der Erde, bitte hört mich:
In eure Mitte ist ein neues Leben gekommen,

nehmt es auf, bitte, macht seinen Weg eben,
so dass es erreichen möge
den Rand der dritten Anhöhe.

Ho! Ihr Vögel, groß und klein,
die ihr fliegt in der Luft;
Ho! Ihr Tiere, groß und klein,
die ihr wohnt in den Wäldern;
Ho! Ihr Insekten,
die ihr kriecht zwischen den Gräsern
und euch in den Boden grabt, bitte hört mich:
In eure Mitte ist ein neues Leben gekommen,
nehmt es auf, bitte, macht seinen Weg eben,
so dass es erreichen möge
den Rand der vierten Anhöhe.

Ho! Alle ihr von den Himmeln,
alle ihr von der Luft,
alle ihr von der Erde, bitte hört mich:
In eure Mitte ist ein neues Leben gekommen,
nehmt es auf, nehmt es alle auf, bitte,
macht seinen Weg eben,
dann wird es wandeln über die vier Anhöhen hinaus.

GEBET EINES SCHAMANEN DER OMAHA-INDIANER

Wenn ein Kind geboren wurde, netzte die irische Hebamme die
Stirn des Kleinen mit drei Wassertröpfchen im Namen des Vaters, im Namen des Sohnes und im Namen des heiligen Geistes. Das wurde die baisteadh ban-ghlùin, die Kniefrauentaufe,
genannt. Während dieser Handlung sprach sie:

Ein Tröpfchen vom Vater
auf dein Stirnchen, Geliebtes!

Ein Tröpfchen vom Sohne
auf dein Stirnchen, Geliebtes.

Ein Tröpfchen vom Geist
auf dein Stirnchen, Geliebtes.

Ein Schutz dir gegen Feen,
ein Schirm dir vor den Feinden.

Ein Schutz dir gegen Zwerge,
ein Schild dir vor Gespenstern.

Den Dreien dich zu erhalten,
dir ein Schild, ein sichrer Kreis.

Den Dreien dich zu bewahren,
mit Gnaden dich zu füllen.

Ein Tröpfchen von den dreien,
mit Gnaden dich zu netzen …

IRISCH

Dann gab die Hebamme das Neugeborene der Kinderfrau zum
Baden und diese ließ dem Kleinen eine Handvoll Wasser über
den Körper rinnen. Dabei sprach sie:

Ein Wellchen deiner Gestalt,
ein Wellchen deiner Stimme,
ein Wellchen deiner sanften Rede.

Ein Wellchen für dein Glück,
ein Wellchen für dein Gut,
ein Wellchen für dein Wohlsein.

Ein Wellchen für deine Kehle,
ein Wellchen für deinen Griff,
ein Wellchen für deine Herzensgüte,
neun Wellchen für deine Herzensgüte.

IRISCH

Meine Mutter die Erde,
der Himmel, die Sonne, der Mond.
Ihr alle zusammen mein Vater.
Ich bin das Leben.

Ich bin die Quelle des Glücks.
Alles ist in Frieden.
Alles ruht in Schönheit.
Alles ist eins mit allen.
Alles ist Glück.

Spruch über einem neugeborenen Kind
Navajo-Indianer

Der Häuptling erhebt das Kind,
hält es der Sonne entgegen und spricht:

Dir, o Schöpfer, dir, dem Mächtigen,
opfere ich diese neue Pflanze –
neue Frucht des alten Baumes,
dir, dem Schöpfer, dir, dem Mächtigen! …
Du bist der Herr. Wir sind die Kinder.

Wir sind keine Tiere.
Wir werden nicht geboren wie die Tiere.
Wenn wir zur Welt kommen,
schaut uns der Schöpfer an,
und wir schauen ihn an –
mit dem Angesicht ihm zugewandt.

Gabun-Pygmäen, Zentralafrika

Du hast es mir geschenkt, das Kind

Mein Gott, du hast es mir geschenkt,
du willst, dass ich mit ihm spiele,
dass ich es auf dem Rücken trage,
dass ich es nähre.

Mein Gott,
trüge ich Gold auf meinem Rücken, es wäre nichts!
Kleidete ich mich in teuerste Stoffe, sie stünden mir nicht.
Schmückte ich mich mit edelsten Perlen,
sie verblassten wie Mondlicht.

Mein Gott, du hast es mir geschenkt,
du willst, dass ich mit ihm spiele,
dass ich es auf dem Rücken trage, dass ich es nähre.
So schreite ich zum Markt, froh und leichten Fußes –
das Kind auf dem Rücken.

Mein Gott, du hast es mir geschenkt,
dir danke ich!

NACH EINEM WIEGENLIED AUS ZENTRALAFRIKA

Indianisches Wiegenlied

Die Erde ist deine Mutter,
sie umfängt dich.
Der Himmel ist dein Vater,
er beschützt dich.
Schlafe,
schlafe.

Regenbogen ist deine Schwester,
sie liebt dich.
Die Winde sind deine Brüder,
sie singen für dich.
Schlafe,
schlafe.

Wir sind immer beieinander.
Wir sind immer beieinander.
Es gab niemals eine Zeit,
als es nicht so war.

LESLIE M. SILKO, *1948, PUEBLO-INDIANER

Sei ruhig, mein Kind,
denn ich habe dich bei Gott gefunden.
Er hat dich mir gegeben, ihn will ich anbeten,
wenn ich ihm begegne.

Ich will eine schöne Matte ausbreiten auf dem Boden
und dich darauf betten.
Ja, Gott ist gut;
er gibt die Kühe, und er gibt die Kinder.
Ich will ihm ein Feuer anzünden.

Sei ruhig, mein Schatz, du unersetzbarer.
Du bist nicht zu ersetzen
wie ein irdener Krug oder eine Schüssel.
Sei ruhig, Liebes, Zartes,
sei ruhig! Sei ruhig, mein Kind;
nicht alle Frauen sind so glücklich, ein Kind zu haben.
Hätten alle ein Kind, wären wir alle gleich.

Sei ruhig, Same meiner Liebe.
Nicht jeder ist so glücklich, diese Liebe zu kennen.
Der Hass ist so weit entfernt von dir wie der Mond;
die Liebe zu dir ist ganz nah,
so nah wie ihre Quelle: meine Seele.

Ja, Gott ist gut –
er gibt die Kühe, und er gibt die Kinder.

Wiegenlied aus Urundi

Gesättigten Leibes
und erfrischt von den süßen Wassern der kalten Quellen
sangen wir die Lieder des Sommers
und rühmten die Mutter Erde und ihre Heilkraft.

Wir wussten, unsere Kinder werden stark.
Sie liefen dem Regenbogen nach.
Sie aßen Nüsse, jagten Elche
und wurden immer größer.

Wir hörten den Ruf der Eule in der Nacht,
wenn sie zu uns sprach. Wir fingen Krähen.
Wir tanzten und wir beteten um Schutz
vor den kalten Winden durch die Hügel unserer Ahnen.

Ja, wir hatten satt zu essen.
Wir waren glücklich wie Neugeborene.
Wir sangen die alten heiligen Gesänge,
die der große Geist uns gelehrt hatte in alter Zeit.

Als er das Leben aussäte über der Erde,
gab er jedem von uns seinen Namen
und segnete uns vom Himmel her
für alle Zeit.

INDIANISCH, NORDAMERIKA

Gott beschütze dich in der engen Schlucht,
Christus helfe dir auf dem Weg bergauf,
sein Geist umhülle dich am steilen Abhang.
Wenn du unterwegs bist im Tal oder auf dem Hügel
oder am Absturz, Christus beschütze deinen Weg.
Wenn du unterwegs bist in der engen Schlucht,
wenn du bergauf steigst oder in der Ebene schreitest,
Christus beschütze deinen Weg.
Wenn du durch das Hochland streifst, stadteinwärts gehst,
das ausgedehnte, weite Moor durchquerst,
wenn du abwärts wanderst,
Gottes Sohn behüte deinen Fuß bei jedem Schritt,
damit du sicher nach Hause kommst.

IRISCH

Brief an einen jungen Indianer:

Denk an den Himmel, unter dem du geboren wurdest;
vergiss nicht die Geschichte eines jeden Sterns.
Denk an den Mond, vergiss nicht, wer er ist.

Denk an die Geburt der Sonne in der Morgendämmerung,
das ist der mächtigste Augenblick.
Denk an den Sonnenuntergang,
wenn alles der Nacht weicht.

Denk an deine Geburt,
wie deine Mutter sich mühte,
dir Gestalt und Atem zu geben.
Du bist ein Zeuge ihres Lebens
und des Lebens ihrer Mutter und deren Mutter.
Denk auch an deinen Vater, auch er ist dein Leben.

Denk an die Erde, deren Haut du bist,
rote Erde, schwarze Erde, gelbe Erde,
weiße Erde, braune Erde. Wir sind Erde.
Denk an die Pflanzen, die Bäume, die Tiere,
die auch alle ihre Sippen haben, ihre Familien,
ihre Geschichten.
Sprich mit ihnen, hör ihnen zu, sie sind lebende Dichtung.

Denk an den Wind, denk an seine Stimme,
er kennt den Ursprung dieses Universums.
Denk daran, dass du alle Menschen bist
und dass alle Menschen du sind.
Denk daran, dass du dieses Universum bist
und dass dieses Universum du ist.

Denk daran, dass alles in Bewegung ist,
wächst, du ist.
Denk daran, dass daraus Sprache entsteht.
Denk daran, dass Sprache ein Tanz ist,
dass Leben ein Tanz ist.
Denk daran.

JOY HARJO, CREE-INDIANERIN

Danke dem großen Geist
für all seine Gaben.
Ehre die Alten; wenn du dies tust,
ehrst du die Weisheit und das Leben.
Ehre das Leben in all seinen Formen,
dadurch wird dein eigenes Leben gestärkt.
Ehre die Frauen; wenn du sie achtest,
ehrst du das Geschenk des Lebens und der Liebe.
Stehe zu deinen Versprechen; wenn du dein Wort hältst,
bleibst du dir und den anderen treu.
Sei freundlich und gütig und bereit zu teilen.
Sei friedfertig; durch Friedfertigkeit
werden alle den großen Frieden finden.
Sei tapfer; durch deinen Mut
wird die Stärke aller wachsen.
Sei maßvoll in allem; beobachte gut, höre zu
und wäge ab; dann wirst du besonnen handeln.

OJIBWAY, INDIANISCH

Ich sah, wie der Bäcker ein Herz aus Brot machte,
groß, heiß, duftend. Da dachte ich:
»Wenn ich ein Herz aus Brot hätte,
wie viele Kinder könnten davon essen!
Ich gäbe euch gern, meine hungrigen Freunde,
von meinem Herzen aus Brot.«
Es ist nicht genug, zu einem Kind, das weint,
zu sagen: »Du Armes!«
Wenn mein Herz aus Brot wäre,
wie viele Kinder könnten satt werden davon.

Ihr, die ihr mächtig seid,
was hindert euch daran,
warum macht ihr nicht Bomben aus Brot?
Wenn der Krieg vorbei ist, nimmt jeder Soldat
einen Korb voll goldener Bomben nach Hause,

duftend, krustig.
Aber das ist ein Traum,
und meine hungrigen Freunde weinen noch immer.
Ach, wäre mein Herz doch aus Brot.

ANNA SOLDI, ITALIEN, 11 JAHRE
DAS GEDICHT WURDE VON DER UNESCO VERÖFFENTLICHT, 20. JH.

Von verhassten Staats- und Ideologiegrenzen und ihrer Enge
handelt das folgende Gedicht:

Psalm

Wie undicht sind doch die Grenzen menschlicher Staaten!
Wie viele Wolken schwimmen straflos darüber hinweg,
wie viel vom Sand der Wüsten rieselt von Land zu Land,
wie viele Bergsteine rollen auf fremden Besitz
in frechem Gehüpf!

Muss ich hier Vogel für Vogel aufzählen, wie er fliegt
oder wie er sich setzt soeben
auf den gesenkten Schlagbaum?
Und wäre es gar ein Spatz –
schon ist sein Schwänzchen drüben,
sein Schnabel aber noch hüben.
Und obendrein – wie er zappelt!

Von ungezählten Insekten erwähne ich nur die Ameise,
die zwischen dem linken und rechten Schuh
des Grenzschutzpostens auf dessen Frage: woher, wohin?
sich zu keiner Antwort bequemt.

Oh, diese ganze Ordnungswidrigkeit auf einmal
auf allen Kontinenten!
Schmuggelt da nicht vom anderen Ufer die Rainweide
das hunderttausendste Blatt über den Fluss?
Wer sonst als der Tintenfisch, langarmig, dreist,
verletzt die heilige Zone der Hoheitsgewässer?

Kann überhaupt von Ordnung gesprochen werden,
wo man nicht einmal die Sterne ausbreiten kann,
damit man weiß, wem welcher leuchtet?

Und dann das tadelnswerte Sich-Breitmachen
dieses Nebels!
Das Stauben der Steppe in alle Weite,
als wäre sie nicht in der Mitte geteilt!

Und das Widerhallen der Stimmen
auf willigen Wellen der Luft:
Des Lock-Gepiepses und des bedeutsamen Glucksens!

Nur was menschlich ist, kann wahrhaft fremd sein.
Der Rest ist Mischwald, Maulwurfsarbeit, Wind.

Wislawa Szymborska, *1923, polnische Dichterin

Wenn wir lernen wollen,
alle Menschen anzusehen als gleich,
dann sollten wir nur das erstreben,
was auch die anderen bekommen.
Wenn also alle Menschen Milch haben,
sollten auch wir Milch bekommen.
Wir müssten also zu Gott sprechen:
O Gott, wenn du willst, dass ich Milch bekomme,
dann gib sie zuvor dem Rest der Welt.

Mahatma Gandhi, 1869–1948

Gott, gestalte und vermehre.
Lass gedeihen, dass es reiche für alle,
für den Hungernden und den Verwaisten,
für den Begehrenden, für den Bittenden,
für den, der es stiehlt, für den, der dankt,
und für den, der undankbar davongeht.

Russisches Gebet zur Aussaat

Ich will sein wie das Wasser, Gott,
das die Flüsse herabkommt,
das im Urwald fließt, die Felder feuchtet
und überallhin Leben bringt.

Ich will sein wie das Wasser, Gott,
das von allem Schmutz reinigt,
das in allen Menschen die Hoffnung schafft
auf Heil und Neuwerden.

Ich will sein wie das Wasser, Gott,
das die unzähligen Boote trägt
mit den Menschen und ihren Lasten,
auf ihrer Fahrt durch ihr Leben.

Ich will sein wie das Wasser, Gott,
das uns zusammenführt von Insel zu Insel,
das die Herzen unserer Familien eint,
so dass uns Freud und Leid verbinden.

Ich will sein wie das Wasser auf unseren Reisfeldern,
das den Gräben folgt, die man ihm wies,
um deinen Auftrag zu erfüllen:
den Menschen zu helfen, glücklich zu sein.

Ich will sein wie das Wasser, Gott,
es ist verbunden mit allen Meeren und lehrt uns,
in allen Menschen Brüder und Schwestern zu sehen,
Kinder des einen Vaters.

Aus Thailand

Leicht ist, den Frieden zu bewahren,
leicht ist, das Unglück zu vermeiden,
wenn es noch nicht begonnen hat.
Tritt ihm entgegen, ehe es geschieht.
Bring die Dinge in Ordnung, ehe Verwirrung einkehrt.

Ein Baum, den dein Arm nicht umspannt,
entwächst einem zarten Keimblatt.
Die neunstufige Hochterrasse
gründet auf einem Erdhaufen.
Tausend Meilen einer Reise
beginnen mit einem Schritt.

TAO TE CHING LXIV

Möge der Segen des Lichts bei dir sein,
Licht außen und Licht innen.
Möge das gesegnete Sonnenlicht dich bescheinen
und dein Herz wärmen, bis es wie ein großes Feuer glüht,
so dass der Fremde kommt, um sich daran zu erwärmen,
und ebenso ein Freund.
Möge das Licht aus deinen beiden Augen strahlen
wie Kerzen, die in zwei Fenstern eines Hauses stehen
und einen Wanderer, wegen des Sturmes draußen,
einladen hereinzukommen.

Und möge der Segen des Regens über dir sein,
der sanfte, süße Regen.
Möge er auf dich herabfallen,
so dass all die kleinen Blumen aufblühen und duften.
Möge er deinen Geist hell und rein waschen
und dort manch einen See hinterlassen,
in dem das Blau des Himmels sich spiegelt
und manchmal ein Stern.
Und möge der Segen der Erde bei dir sein,
der großen werten Erde.

Mögest du immer einen freundlichen Gruß für die haben,
denen du auf deinen Wegen begegnest.
Möge die Erde weich unter deinem Haupt sein,
wenn du auf ihr ausruhst,
und möge sie zuletzt leicht auf dir ruhen,
wenn du unter ihr liegst,

und möge deine Seele lebendig werden
auf ihrem Wege zu Gott.

Irisch

Sabbat

Heute ist
die Haut der Erde
zart

das Messer schläft
das Feuer schläft

Am Scheitel der Mutter
der Friedensengel
bewacht das Haus

Weißbrot und Wein
Gast
unser König

Wir singen
den siebenten Tag
wir rühmen
die Ruh

Rose Ausländer, 1901–1988

Abend und Nacht

Die Nacht, die Göttin, zieht herauf,
aus vielen Augen blickt sie her,
mit vollem Schmucke angetan.

Die Göttin füllt, die ewige,
die Höhn und Tiefen weit und breit,
vertreibt mit Glanz die Finsternis.

Du kamst zu uns, nun suchen wir
des Lagers Ruhestätte auf,
wie Vögel zu dem Neste ziehn.

Zur Ruhe geht das ganze Dorf,
zur Ruh, was läuft, zur Ruh, was fliegt,
zur Ruhe selbst der gierige Aar.

Den Wolf, die Wölfin halte fern,
halt ab den Dieb, o düstre Nacht,
und bring uns heil zum Morgen hin.

Die Herden trieb ich für dich ein,
dir sollen sie zu eigen sein.
So nimm sie hin, du Himmelskind!

AN DIE GÖTTIN DER NACHT, RIGVEDA, 2000 V. CHR.

Mein Lied will dich feiern, o Nacht,
du Mutter von Göttern und Menschen,
du aller Wesen Ursprung.

Du ruhst, blauglänzend.
Du spendest uns Schlaf, du nimmst unsere Sorgen.
Du lösest die Mühe, du wachst im Dunkel.

Du leuchtest in der Finsternis.
Du spielst im wirbelnden Tanz der Gestirne
und sendest Licht vom Himmel zur Erde.

Selige Göttin Nacht, höre mein Wort!
Komm und vertreibe die Bilder der Angst,
die aus dem Dunkel uns drohen.

ALTGRIECHISCH

Das ist meines Herzens Freude und Wonne,
dich mit fröhlichem Munde zu rühmen.
Wenn ich mich zu Bette lege, so denke ich an dich.
Wenn ich wach liege, sinne ich deinem Geheimnis nach.
Denn du bist mein Helfer,
in deinem Schutz bin ich glücklich.
Meine Seele hängt an dir, und deine Hand ist mein Halt.

AUS DER BIBEL, PSALM 63

Ich lege mich nieder mit Gott,
möge Gott sich mit mir niederlegen.
Seine rechte Hand sei unter meinem Kopf.
Seine beiden Hände mögen mich umfangen.
Er behüte mich vom Scheitel bis zur Sohle.

IRISCH

Gott, du bist mein Vater,
du bist meine Mutter.

Jetzt werde ich schlafen
unter deinen Füßen, unter deinen Händen,
du Herr der Berge und der Täler,
du Herr der Bäume und aller Schlinggewächse.

Morgen ist wieder ein Tag.
Morgen kommt wieder das Sonnenlicht.
Ich weiß nicht, was dann sein wird.
Mutter und Vater wissen es auch nicht.

Nur du, Gott, siehst mich.
Du behütest mich auf jedem Weg,
in jeder Dunkelheit, vor jedem Hindernis,
du mein Herr, du Herr der Berge und Täler.

Du weißt, was ich heute gesagt habe,
ob es gut war oder böse,
ob es zu wenig war oder zu viel.
Aber du vergibst mir alle meine Schuld.

ABENDGEBET DER SIOUX-INDIANER

Meine »Wohltäter« von jedem Augenblick,
ich rufe sie mir alle zurück in mein Gebet
vor dem Einschlafen.
Wie viele Leute sind heute gutherzig meiner Armseligkeit
zu Hilfe gekommen, meiner Ungerechtigkeit,
meiner Ohnmacht!
Die Leute, die mir Gutes getan, sind ja zahlreicher als jene,
die mir Böses getan haben.
Und dann haben noch die meisten von denen,
die mir geschadet,
es getan, ohne Böses zu wollen,
und ihre am meisten verletzende Gabe
ist mir vielleicht nützlich gewesen
wie ein Tropfen bitterer Arznei.
Für sie alle singe ich meine Laudes am Abend,
meine Litaneien des Dankes.
Und wenn meine Rechnungen erledigt,
alle Dinge in Ordnung sind, schlafe ich darüber ein
und vereinige in meinen mit so Wenigem gefüllten Händen
die Güte Gottes mit dem Dank des Menschen.

MARIE NOËL, 1883–1967,
FRANZÖSISCHE DICHTERIN

Wenn auf Uist, einer Hebrideninsel, die Frau am Samstag-
abend mit dem Weben aufhört, bindet sie sorgfältig ihren
Webstuhl zusammen und hängt das Kreuz oder Kruzifix über
die Lade. Dies geschieht, um arglistige Zwerge oder die Toten-
fee fernzuhalten und alle bösen Geister davon abzuhalten, den
Faden zu verwirren und den Webstuhl in Unordnung zu bringen.

Segne, o Herr der guten Mächte,
meinen Webstuhl und jedes Ding in meiner Nähe.
Segne mich in all meinem Tun,
mach du mich sicher, solange ich lebe.
Gegen jeden arglistigen Zwerg und jede böse Fee,
gegen jeden bösen Wunsch und aus jedem Leid
hilf du mir, o hilfreiches Wesen,
solange ich im Lande der Lebenden weile.

Behüte die vier Pfosten meines Webstuhls,
bis ich meine Arbeit am Montag wieder aufnehme,
die Tritte, die Lade und das Schiffchen,
den Kamm, die Kette und die Kammräder,
den Zeugbaum und den Kettenbaum,
die Säume und den Faden der Stränge.
Jedes Gewebe, schwarz, weiß und hell,
rotbraun, graubraun, kariert und rot.
Gib deinen Segen überall, auf jedes Schiffchen,
das unter dem Faden durchschießt.

So wird mein Webstuhl unversehrt sein,
bis ich am Montag aufstehe;
Maria die schöne wird mir ihre Liebe schenken.
und es wird kein Hemmnis geben, das ich nicht überwinde.

Von den Hebriden

Bald naht die Nacht –
jeder Tag ist der erste.
Jeder Tag ist ein Leben.

Jeden Morgen
sollen wir die Schale unseres Lebens hinhalten,
um aufzunehmen, zu tragen und zurückzugeben.
Leer hinreichen –
denn was vorher war, soll sich nur spiegeln
in ihrer Klarheit, in ihrer Form und ihrer Weite.

Dag Hammarskjöld, 1905–1961

Du wunderbare Nacht! Du weise Nacht!
Du weißt die Antwort auf der Seele Fragen,
Da du den Himmel vor mir aufgeschlagen,
Ein schwarzes Riesenbuch mit Silberlettern.
Welch seltsam ferne Hand mag es durchblättern?
Wer ahnt das Haupt, das seine Schrift erdacht?

Drei strahlend klare Worte kann ich lesen:
O *Schlaf,* der du die Herzen heilst von Pein,
Ein Arzt, der alle Kranken lässt genesen;
Dich, *Liebe,* krönt die Nacht mit Mondenschein,
Dir macht die Schenke sie zum Heiligtume;
Traum! Wurzellose Paradiesesblume,
Die immer neu vor uns sich kann entfalten
Und deren süßen Duft wir in uns saugen,
Doch die wir nie in Händen noch gehalten
Und nie geschaut mit unsern ird'schen Augen.

Gib Schlaf und einen Traum von Liebe mir,
Du Herr der Welt! – O nein, du bist viel mehr! –
Du Herr der tausend Welten, die wir kennen,
Du Herr der tausend, die wir noch nicht nennen,
Herr, über Menschendenken groß und hehr,
Der Wunder aller, die auf Erden hier,

Froh eignen Könnens, Menschengeist entdeckt,
Weil deine Hand sie gnädig ihm enthüllet,
Die Hand, die uns mit finstrem Unheil schreckt
Und uns zugleich den Freudenbecher füllet.

GERTRUD KOLMAR, 1854–1943,
JÜDISCHE DICHTERIN

Ich habe zu danken für den Tag.
Niemand starb mir hinweg von meinen Lieben,
niemand kränkte mich, die Sonne schien,
meine Schwermut und mein Kopfweh waren erträglich,
die Arbeit hatte sich nicht gesperrt,
die Liebe ist nicht ausgelöscht,
und die Menschen taten mir Gutes.
Sie brauchten mich.

Nun ist es Abend.
Bleib du am Tor sitzen in der Nacht.
Bewache den Schlaf aller Kinder,
der weißen, schwarzen, gelben.
Die Einsamen besuche du,
den Kranken schenke selige Träume,
den Sterbenden gib Einsicht in dein Geheimnis.

Und werde du deiner Welt nicht müde.
Gib uns das Beispiel der Treue,
damit wir den Mut behalten, dir treu zu sein,
dir und unseren Gefährten und allen Menschen,
bis zum nächsten Morgen – dann sehen wir weiter.

LUISE RINSER, *1911

V

Das innere Gespräch

Für den inneren Weg, den ein Mensch gehen kann und soll, schlagen die Religionen Richtungen und Markierungen vor, die in vielem bemerkenswert unterschiedlich, in vielem aber auch bemerkenswert ähnlich sind.

So zeigt der Buddhismus den »achtfachen Pfad«:

Erkenne die vier edlen Wahrheiten.
Lebe im Wohlwollen zu allen Lebewesen. Entsage.
Vermeide Lüge und Geschwätz. Achte auf deine Rede.
Tu nichts gegen die sittliche Ordnung.
Vermeide Berufe, die andere Wesen schädigen.
Tue, was heilsam ist.
Lebe achtsam. Achtsam auf dich selbst und alle Dinge.
Lebe gesammelt. Dein Ziel sei die Versenkung.

BUDDHISTISCH

Der Weg, den das Zen vorschlägt, lässt sich in neun Sätzen zeigen:

Sei gegenwärtig. Nimm wahr, was ist und was vorgeht.
Sei einfach.
Wende dich dem Alltäglichen zu. Dem Kleinen.
Freue dich. Genieße. Lass dir den Mut nicht nehmen.
Schaue tief in die Natur der Dinge.
Handle, aber tue es aus der Haltung eines Menschen,
der nicht handelt.
Handle sanft.
Handle in Übereinstimmung mit der Wirklichkeit.
Handle in Freiheit. Lass los.
Habe Sinn für das Paradoxe.
Denke mit dem Herzen.
Denke weiblich. Denke empfangend.

ZEN

Will man den Weg schildern, den Jesus beschreibt, so mag man zu acht Sätzen kommen:

Nimm deine Armut wahr. Lass los, was dich bindet.
Spanne dich aus nach dem, was kommt.
Und bleibe geduldig.
Übernimm, was dir an Leid zugeteilt ist. Vertraue.
Spanne alle Kräfte an und schaffe Gerechtigkeit.
Sei barmherzig. Urteile über niemanden.
Liebe alle Menschen.
Diene dem Frieden. Sei eindeutig.
Lass dich verfolgen. Meide die Gewalt.
Bitte Gott um das reine Herz. Du wirst Gott schauen.

CHRISTLICH

Daraus zwingende Methoden machen zu wollen, wäre verfehlt. Innere Wege sind immer Wege Einzelner. Wohl aber lassen sich auf solche Weise Wege abzeichnen, die ein achtsamer Mensch versuchen kann.

Immer aber wird deutlich sein müssen, dass, was wir finden wollen, sich von uns finden lassen muss. Was wir gewinnen wollen, muss uns zugedacht sein. Wem wir begegnen wollen, der muss uns auf unserem Weg entgegen kommen. Im Grunde ist, religiös gesprochen, alles Finden Gottes davon abhängig, ob Gott uns sucht. Das ist ein fundamentales Lebensgesetz, das von keiner noch so angestrengten Suche aufgehoben werden kann.

Dennoch bemühen wir uns, obwohl wir wissen, dass nichts von unserer Bemühung abhängt. Wir üben uns im Schweigen, in der Sammlung, im Verstehen, in der Bescheidung, auch wenn wir wissen, dass kein letztes Gelingen von unserer Bemühung abhängt.

Wenn wir nun den Angeboten fremder Glaubensweisen begegnen, so, meine ich, tun wir gut, alles ernst zu nehmen. Es als finsteres Heidentum zu diffamieren, ist zwar eine alte Übung unter Christen. Das Fremde könnte uns aber auch bereichern. Es könnte uns Wege zeigen, die wir durchaus in unsere christliche Tradition einverwandeln könnten.

Triff das Ziel!
Hell leuchtend und doch geheimnisvoll
lebt der Geist im Verborgenen.
Alles, was schwingt, atmet, sich auftut, sich schließt,
lebt im Geist.
Du findest ihn jenseits allen Wissens,
jenseits aller Dinge.

Es ist der ewige, glühende Geist.
Er ist der letzte Ursprung,
in dem die Welt und alle Wesen verborgen sind.
Er lebt, er spricht und denkt,
er ist Wirklichkeit, ewige Wirklichkeit.
Dieses Ziel triff! Triff es, mein Sohn.

Nimm den Bogen des heiligen Wissens,
lege den Pfeil deiner Frömmigkeit auf,
spanne die Sehne der Konzentration.
Und so: Triff das Ziel!

Der Bogen ist »Om«.
Du selbst bist der Pfeil,
das große Selbst, das größer ist als du,
ist das Ziel. Ziele genau! Triff die Mitte.
Dringe ein.

Lass alle Schulmeinungen hinter dir!
Denk daran: Om hat viele Gestalten.
Es steht im Mittelpunkt,
wo sich die Wege wie Speichen in der Nabe treffen.
Möge sein Segen dich aus der Dunkelheit führen.

Upanischaden, Mundaka, hinduistisch

Du, der eine Gott, vollendest alles.
Wir aber erkennen, dass jeder,
der in dieser Welt einen Beruf ausübt,
sein Handwerk auch verstehen muss.
So müssen denn auch alle, die in dir leben wollen,
diese Kunst erlernen und beherrschen.
Wenn doch schon Gerber, Schneider und Spielmann
das Wissen und Können ihres Tuns erwerben müssen,
um wie viel mehr muss sich dann der bemühen,
der dich lieben, Herr,
und dein Nachfolger sein will!

RAIMUNDUS LULLUS, 1235–1315
KATALANISCHER DICHTER UND THEOLOGE

Ins Schweigen gehen

Viele Anleitungen zum spirituellen Leben setzen mit der Aufforderung ein, zu schweigen, nicht mehr zu reden, nicht mehr
auf Äußeres zu hören, die Dinge loszulassen, sich selbst
zurückzunehmen und einsam zu sein. Der Sinn dieses Schweigens ist der, den Raum für die Stille zu öffnen und zu hören,
was ankommen will, wenn nichts mehr zu hören ist: das innere
Wort; und – schweigend – Antwort zu sein.

Der du alles weißt,
hilf dem, der vor dir schweigt.
Gib ihm, der in der Wüste dürstet, Wasser.
Der laute Mensch wird die Quelle nicht finden,
aber du zeigst sie dem Schweigenden.
Wenn er schweigend weiterzieht, wird sie ihm offen sein,
und sie wird ihn erfrischen.

ALTÄGYPTISCH

Quarrtsiluni

Majuaq war eine greise Eskimofrau. Knud Rasmussen, der
Forscher, hatte sie gebeten, ihm aus der Geschichte ihres
Stammes zu erzählen. Die alte Majuaq schüttelte den Kopf
und sagte: »Da muss ich erst nachdenken, denn wir Alten
haben einen Brauch, der Quarrtsiluni heißt.«

»Was ist Quarrtsiluni?«

»Das werde ich dir jetzt erzählen, aber mehr bekommst du
heute auch nicht zu hören.«

Und Majuaq erzählte mit großen Handbewegungen: »In alten Tagen feierten wir jeden Herbst das große Fest zu Ehren
der Seele des Wals, und diese Feste mussten stets mit neuen

Liedern eröffnet werden; alte Lieder durften nie gesungen werden, wenn Männer und Frauen tanzten, um den großen Fangtieren zu huldigen. Und da hatten wir den Brauch, dass in jener Zeit, in der die Männer ihre Worte zu diesen Hymnen suchten, alle Lampen ausgelöscht werden mussten. Es sollte dunkel und still im Festhaus sein.

Nichts durfte stören, nichts zerstreuen. In tiefem Schweigen saßen sie in der Dunkelheit und dachten nach, alle Männer, sowohl die alten wie die jungen, ja sogar die kleinsten Knäblein, wenn sie nur eben so groß waren, dass sie sprechen konnten. Diese Stille war es, die wir Quarrtsiluni nannten. Sie bedeutet, dass man auf etwas wartet, das aufbrechen soll.

Denn unsere Vorväter hatten den Glauben, dass die Gesänge in der Stille geboren werden. Dann entstehen sie im Gemüt der Menschen und steigen herauf wie Blasen aus der Tiefe des Meeres, die Luft suchen, um aufzubrechen. So entstehen die heiligen Gesänge.«

ESKIMO-FRAU

Zunächst wird es um die Disziplin der Gedankentätigkeit und der Sinneswahrnehmungen gehen, um die »Konzentration«.

Wehe über die Gedanken in meinem Kopf!
Wie sie mir davoneilen!
Sie werden mich verklagen am Tag des Gerichts.

Wenn ich die Psalmen lese, so schweifen sie ab
auf unrechte Wege. Sie wirbeln durcheinander,
sie toben, sie streiten vor Gottes reinen Augen.

Durch wogende Menschenmengen eilen sie,
durch Kreise spielender Mädchen,
durch Wälder und Städte wie ein Wirbelwind.

Der Erinnerung verloren, streifen sie nah und weit,
von manchem großen Auftrag listig abgedrängt
schleichen sie heim.

Ohne Schiff gleiten sie über die See,
mit einem Schwung
fahren sie von der Erde zum Himmel auf.
Es ist ein törichtes Wettrennen nah und fern,
nach schwindelndem Lauf kehren sie zu mir zurück.

Versucht man gleich, sie zu binden
oder ihnen Ketten an die Füße zu legen –
sie reißen sich los und eilen davon,
unaufhaltsam, ohne Rast und Ruh.

Weder Schwertes Schneide noch Peitschenhieb
halten sie zurück. Schlüpfrig wie der Schwanz des Aals
entgleiten sie meinem Griff.

AUS EINER MITTELALTERLICHEN GEBETSANLEITUNG

Du kannst die Wahrheit nur ganz verstehen,
wenn sie dir aus einem Geheimnis zukommt,
das mit keinem Wort zu fassen ist.

Der Zugang zu ihm heißt:
»Das Tor zur Stille jenseits aller Tätigkeit.«

Reinige deinen Geist von dem Gestrüpp
des bloßen Denkens in deinem Kopf,
das die Dinge von einander trennen will.
Wer die Wahrheit sucht mit Hilfe seines Kopfdenkens
oder der Gelehrsamkeit,
wird sich nur immer weiter von ihr entfernen.

ZENMEISTER HUANG PO, † 850 N. CHR., CHINA

Herr, ich habe es satt,
den Hals zu verdrehen
und jedem Trugbild nachzugaffen.
Ich drehe mich nicht mehr um.
Geradeaus sehe ich und schweige.
Ich gönne meinem Nacken Ruhe.

Denn mein Nacken ist müde,
müde vom ewigen Drehen und Wenden.
Mache mich zu einem Menschen, der geradeaus geht,
dass ich nur auf den Weg schaue, den du zeigst.

Meine Ohren sind müde
vom Lärm der Züge und Autos,
müde vom Nachhall der Worte,
vom Kopfweh kommender Tage,
sehr, sehr müde
und beinahe ertötet
vom klingenden, betäubenden Lärm.

Ich habe es satt, gereizt zu werden,
gereizt von den vielen Dingen draußen
und von der Selbstsucht drinnen.
Herr, steh du mir vor der Seele,
dass deine große Liebe mich führt
und ich die bleibende Freude finde.

JOHN MBITI, KENIA, 20. JH.

Das Schweigen ist für das Wort wie ein Netz,
das unter dem Seiltänzer ausgespannt ist.

MAX PICARD, 1888–1965, ARZT

Wer Gott kennt, dessen Zunge verstummt.

MOHAMMED, 570–632

Ich sitze hier vor dir, Herr,
aufrecht und entspannt, mit geradem Rückgrat.
Ich lasse mein Gewicht senkrecht
durch meinen Körper hinuntersinken
auf den Boden, auf dem ich sitze.

Ich halte meinen Geist fest in meinem Körper.
Ich widerstehe seinem Drang,
aus dem Fenster zu entweichen,
an irgendeinem Ort zu sein, nur nicht hier,
in der Zeit nach vorn und hinten auszuweichen,
um der Gegenwart zu entkommen.
Sanft und fest halte ich meinen Geist dort,
wo mein Körper ist: hier in diesem Raum.

In diesem gegenwärtigen Augenblick
lasse ich alle meine Pläne, Sorgen und Ängste los.
Ich lege sie jetzt in deine Hände, Herr.
Ich lockere den Griff, mit dem ich sie halte,
und lasse sie dir.
Für den Augenblick überlasse ich sie dir.
Ich warte auf dich – erwartungsvoll.
Du kommst auf mich zu,
und ich lasse mich von dir tragen.

Ich beginne die Reise nach innen.
Ich reise in mich hinein,
zum innersten Kern meines Seins, wo du wohnst.
An diesem tiefsten Punkt meines Wesens
bist du immer schon vor mir da,
schaffst, belebst, stärkst ohne Unterlass
meine ganze Person.

Und nun öffne ich meine Augen,
um dich in der Welt
der Dinge und Menschen zu schauen.
Ich nehme die Verantwortung
für meine Zukunft wieder auf mich.

Ich nehme meine Pläne, meine Sorgen,
meine Ängste wieder auf.
Ich ergreife aufs neue den Pflug,
aber nun weiß ich, dass deine Hand über der meinen liegt
und ihn mit der meinen ergreift.
Mit neuer Kraft trete ich die Reise nach außen
wieder an, nicht mehr allein,
sondern mit meinem Schöpfer zusammen.

DAG HAMMARSKJÖLD, 1905–1961

Frei von Absichten und von Geschäftigkeit
möge meine Seele sich im Schweigen sammeln
und sich versenken
in die Betrachtung des göttlichen Wesens.

Mein Leib soll stillhalten in dieser Stunde.
Es gibt nichts zu kämpfen.
Der Friede Gottes senke sich herab auf alles nah und fern.
Stille lasse sich herab auf Erde, Luft und Meer,
wie der Himmel selbst der Friede ist.

Möge meine zur Ruhe gekommene Seele erfahren,
wie der göttliche Geist sich ausbreitet
und wie die Himmel überall ihm Raum geben.
Möge der Friede Gottes meine Seele erlösen,
möge er mich mit seinem Licht erfüllen.

PLOTIN, 204–270 N. CHR.

Herr, lass schweigen, was du nicht selbst in mir redest,
lass still stehen, was du nicht selbst bewegst,
nimm die Stelle ganz ein, die jetzt ich bin,
und tue in mir und durch mich, was dir gefällt.

Lass dieses Ich untergehen
und sei du allein alles in allem.

Führe so mich ganz aus mir selbst
und aus dem Meinen heraus in dich,
o mein Gott, mein Ursprung und mein Ziel.

So bin ich nicht mehr im Schein, sondern im Wesen,
von allem Übel erlöst und frei
und ehre und verherrliche dich allein.

GERHARD TERSTEEGEN, 1697–1769

Wenn Wasser sich in Ruhe befindet,
ist es so klar, dass es den Bart eines Mannes widerspiegelt.
Es verhält sich völlig waagerecht.
Auch der Zimmermann benutzt es,
um die Waagerechte zu bestimmen.
Wie nun das Wasser klar ist, wenn es in Ruhe ist,
so der Menschengeist!
Wenn der Geist des Weisen ruht,
wird er zum Spiegel des Alls,
der alles, was darin liegt, wiedergibt.

LAO-TSE, 4. JH. V. CHR.,
BEGRÜNDER DES PHILOSOPHISCHEN TAOISMUS

Doktor Oreschtschenkow kehrte ins Wohnzimmer zurück
und ließ sich in einem Schaukelstuhl nieder.
Er musste sich jetzt oft ausruhen.
Nicht nur sein Körper brauchte die Ruhe,
um Kräfte zu sammeln,
seit dem Tode seiner Frau
verlangte sein Inneres danach,
sich schweigend zu versenken,
losgelöst von allen äußeren Geräuschen,
Gesprächen, geschäftigen Gedanken,
sogar von allem, was ihn zum Arzt machte.

In solchen Augenblicken schien ihm der Sinn des Daseins
– seiner eigenen langen Vergangenheit und kurzen Zukunft,
seiner verstorbenen Frau, seiner jungen Enkelin,
der Menschen überhaupt – nicht in dem zu liegen,
womit sie sich hauptsächlich beschäftigen,
wofür sie sich interessieren
und wodurch sie berühmt werden,
sondern nur darin, ob es ihnen gelänge,
ungetrübt, unerschüttert und unentstellt
das Bild der Ewigkeit in sich zu bewahren,
das jedem gegeben ist
wie das Bild des Mondes in einem ruhevollen Teich.

ALEXANDER SOLSCHENIZYN, *1918

Es war einmal ein Mann,
der sah seinen eigenen Schatten.
Dieser Schatten verstimmte ihn so sehr,
und er war über die Schritte, die er ging, so unglücklich,
dass er beschloss, sie hinter sich zu lassen.
Er sagte: Ich will ihnen davonlaufen.

So stand er auf und lief.
Aber immer, wenn er seinen Fuß aufsetzte,
hatte er wieder einen Schritt getan.
Sein Schatten aber folgte ihm mühelos.

Er sagte: Schneller muss ich laufen.
Und er lief schneller und immer schneller,
und lief so lange, bis er tot zu Boden sank und starb.

Wäre er in den Schatten eines Baumes getreten,
so wäre sein Schatten verschwunden.
Hätte er sich auf die Erde gesetzt,
hätte er keine Schritte mehr tun müssen.
Aber darauf kam er nicht.

DSCHUANG DSI, 369–286 v. CHR., CHINA

Was nützt es uns, zum Mond reisen zu können,
wenn es uns nicht gelingt,
den Abgrund zu überwinden, der uns von uns selbst trennt?
Dies ist die wichtigste aller Entdeckungsreisen;
ohne sie sind alle anderen nicht nur nutzlos,
sondern zerstörerisch.

THOMAS MERTON, 1915–1968

Man muss dem Inneren
die entspannte Ruhe zugestehen,
auch wenn man überzeugt ist,
die Zeit im Nichtstun zu verlieren.
Das einzige,
was man in diesem Zustand tun kann, ist dies:
Man soll das Innere frei lassen
von Wahrnehmungen und Gedanken,
Meditationen und Erwägungen
und sich ausschließlich hingeben
an ein liebevolles und friedvolles
Innewerden Gottes.

JOHANNES VOM KREUZ, 1542–1591, SPANISCHER KARMELITER

Sich selbst erkennen, wie man in Wahrheit ist,
das ist mehr wert als alle Wissenschaft.
Wenn du dich selbst erkennst, bist du vor Gott besser,
als wenn du, ohne dich selbst zu kennen,
die Bewegungen des Himmels,
aller Planeten und Sterne, die Kraft aller Kräuter,
das Wesen aller Menschen und Tiere verstündest
und wenn du dazu noch die Kunst aller derer hättest,
die im Himmel und auf der Erde sind.
Es war nie ein Weg in die Welt hinaus so gut,
dass es für einen Menschen nicht besser gewesen wäre,
zu sich selbst zu kommen.

EINE DEUTSCHE THEOLOGIE, 16. JH.

In dir sein, Gott, das ist alles.

Das ist das Ganze, das Vollkommene, das Heilende.
Die leiblichen Augen schließen,
die Augen des Herzens öffnen
und eintauchen in deine Gegenwart.

Ich hole mich aus aller Zerstreutheit zusammen
und vertraue mich dir an.
Ich lege mich in dich hinein
wie in eine große Hand.

Ich brauche nicht zu reden, damit du mich hörst.
Ich brauche nicht aufzuzählen, was mir fehlt,
ich brauche dir nicht zu sagen, was in dieser Welt geschieht
und wozu wir deine Hilfe brauchen.

Ich will nicht den Menschen entfliehen
oder ihnen ausweichen.
Den Lärm und die Unrast will ich nicht hassen.
Ich möchte sie in mein Schweigen aufnehmen
und für dich bereit sein.

Stellvertretend möchte ich schweigen
für die Eiligen, die Zerstreuten, die Lärmenden.
Stellvertretend für alle, die keine Zeit haben.
Mit allen Sinnen und Gedanken warte ich,
bis du da bist.

In dir sein, Gott, das ist alles, was ich mir erbitte.
Damit habe ich alles erbeten,
was ich brauche für Zeit und Ewigkeit.

Jörg Zink, *1922

Leerheit
Ist die ungeborene Natur der Dinge.

Sogyal Rinpoche, Tibet, Buddhist

Wenn die Pforten der Wahrnehmung gereinigt wären,
erschiene alles, wie es ist: unendlich.

WILLIAM BLAKE, 1757–1827,
ENGLISCHER MALER UND MYSTIKER

Zuletzt findet die Bemühung in der Stille des Ausgangspunktes
ihre Erfüllung:

Das Denken des Vollendeten ist Stille.
Stille ist sein Wort.
Stille ist sein Wirken.
Stille immer und überall.

Denn er sah die Wahrheit.
Er ist nicht mehr gebunden.
Er hat das Gleichgewicht gefunden
des letzten Friedens.

AUS DEM DHAMMAPADA,
DEM WICHTIGSTEN WERK DES BUDDHISMUS

Horchen auf eine leise Stimme

Als mein Gebet immer andächtiger und innerlicher wurde,
da hatte ich immer weniger und weniger zu sagen.
Zuletzt wurde ich ganz still.

Ich wurde, was womöglich
ein noch größerer Gegensatz zum Reden ist,
ich wurde ein Hörer.

Ich meinte erst, Beten sei Reden.
Ich lernte aber,
dass Beten nicht nur Schweigen ist, sondern Hören.

Beten heißt nicht sich selbst reden hören,
beten heißt still werden und still sein
und warten, bis der Betende Gott hört.

NACH SÖREN KIERKEGAARD, 1813–1855,
DÄNISCHER THEOLOGE UND PHILOSOPH

Einer der erstaunlichsten Texte der alten Welt stammt aus dem
Land der Sumerer, aus dem 2. Jahrtausend v. Chr. Er richtet sich
an den Mondgott Sin von Ur, der Stadt, aus der Abraham
stammte. Später rühmte die ganze Bibel das »Wort« als die
schöpferische Kraft Gottes, als das Verbindungsglied zwischen
Gott und Mensch und als den eigentlichen Halt des menschlichen Daseins. Es ist ihr grundlegend, dass das Dasein etwas an
sich habe von einem »Wort«. Wo Gott nicht spreche, könne
Wahrheit nicht erkannt werden, der Mensch weder sich selbst
noch den Sinn und die Richtung seines Daseins verstehen. Nun
spricht dieser sumerische Hymnus eben von dieser zentralen
Bedeutung und Funktion des »Worts«, sozusagen als vorbibli-
scher Wegbereiter des biblischen Glaubens:

Barmherziger, gnädiger Vater!
Deine Hand bewahr das Leben des Landes!
Du bist groß wie der ferne Himmel

und wie das weite Meer.
Dir geben wir Ehre.

Wenn dein Wort im Himmel erschallt,
werfen die Geister des Himmels sich nieder.
Wenn es auf Erden ergeht,
küssen die Geister der Tiefe den Boden.

Wenn dein Wort als Sturmwind dahinfährt,
gedeihen Speise und Trank.
Wenn es sich niederlässt auf der Erde,
so wächst das Grün.
Dein Wort macht die Herden in den Ställen fruchtbar,
durch dein Wort breitet das Leben sich aus.

Durch dein Wort entsteht Gerechtigkeit
und kommt Wahrheit in die Rede des Menschen.
Der ferne Himmel spricht dein Wort
und die verborgene Erde, die niemand durchschaut.
Dein Wort ist verborgen, wer versteht es?
Nichts ist ihm gleich!

SUMERISCH, 2. JT. V. CHR.

Schweigen möchte ich, Gott,
und auf dich warten.

Schweigen möchte ich, damit ich verstehe,
was in deiner Welt geschieht.

Schweigen möchte ich,
damit ich den Dingen nahe bin,
allen deinen Geschöpfen, und ihre Stimmen höre.

Ich möchte schweigen,
damit ich unter den vielen Stimmen die deine erkenne.

Ich möchte schweigen und darüber staunen,
dass du für mich ein Wort hast.

Ich bin nicht wert, dass du zu mir kommst,
aber sprich nur ein Wort, so wird meine Seele gesund.

Jörg Zink, *1922

Ich bekenne, dass auch zu mir das Wort gekommen ist.
Obwohl es öfter bei mir eingekehrt ist,
habe ich einige Male sein Eintreten gar nicht bemerkt.
Ich spürte, dass es da war.
Zuweilen konnte ich auch sein Kommen vorausspüren,
aber unmittelbar spüren konnte ich niemals
sein Kommen, auch nicht sein Weggehen.
Auf welchem Weg also ist es gekommen?
Ich bin in die höchsten Höhen meines Wesens
hinaufgestiegen –
und das Wort war oberhalb von allem.
Ich bin in die tiefsten Keller meines Wesens
hinabgestiegen –
und es fand sich unterhalb von allem.
Wenn ich nach draußen schaute,
so erfuhr ich, dass es weiter außen war als alles,
was außerhalb von mir ist.
Wenn ich in mein Inneres schaute,
dass es weiter innen war als alles, was in mir ist.
Und ich erkannte, wie wahr es ist,
was ich gelesen habe:
»In ihm leben wir, bewegen wir uns und sind wir.«

Bernhard von Clairvaux, 1090–1153

Unser Herr ging in den Tempel
und warf hinaus, die dort kauften und verkauften.

Was ist mit diesem Tempel gemeint?
Er ist die Seele des Menschen, die Gott allein füllen will.

Wenn nun niemand mehr in ihr ist als Jesus,
so beginnt er im Tempel der Seele zu reden.

Redet aber dort jemand anders, so schweigt Jesus,
denn die Seele hat fremde Gäste.

Soll Jesus reden, so muss er allein sein,
und die Seele muss schweigen, will sie ihn hören.

MEISTER ECKHART, 1260–1328

Wer auf das Reden Gottes hört,
findet Wahrheit, Erkenntnis
und das Gleichgewicht der Seele.
Wer das Reden Gottes vernimmt, wird rein,
als hätte er sich gewaschen an allen heiligen Orten.
Wer das Wort aus Gott hört,
findet in die Tiefe seiner selbst.
Ewig selig sind die Hörenden.

NANAK, 1469–1538,
BEGRÜNDER DER RELIGION DER SIKHS

… In die Mulde meiner Stummheit
leg ein Wort
und zieh Wälder groß zu beiden Seiten,
dass mein Mund
ganz im Schatten liegt. …

INGEBORG BACHMANN, 1926–1973

Bete nicht,
wie du sonst sprichst mit Worten.
Denn nicht du bist es, der betet,
Gott selbst tut es in dir.
Gott betet, und du stehst, versenkt in ihn.

Auch die Versenkung schenkt dir Gott,
und er ist es, der dein Gebet erhört.

RUMI, 1207–1273

Gott,
ohne dein Wort hat die Seele kein Ohr –
ohne dein Ohr hat die Seele kein Wort.

RUMI, 1207–1273

Die großen Worte
verbrennen wie Zunder
vor deinem Wort.

Die Totenvögel
stellen ihre Klagen ein.
Sperrstunde für den Rummelplatz
galaktischer Verschwörer.
Funkstille.

Aus den Regalen stürzen die Philosophien
und schlagen noch ein letztes Mal
mit Buchdeckeln nach dir.

Dann fällt, wenn alles
vorüber ist, in die Stille
dein Wort.

MANFRED ACH, *1946

Ich zeuge für Erfahrung, appelliere an Erfahrung.
Ich sage zu dem, der mich hört: Es ist deine Erfahrung!
Besinne dich auf sie,
und worauf du dich nicht besinnen kannst,
wage, es als Erfahrung zu erlangen!

Ich habe keine Lehre. Ich zeige nur etwas.
Ich zeige Wirklichkeit. Ich zeige etwas an der Wirklichkeit,
was nicht oder zu wenig gesehen worden ist.
Ich nehme den, der mir zuhört, an der Hand
und führe ihn zum Fenster.
Ich stoße das Fenster auf und zeige hinaus.

MARTIN BUBER, 1878–1965,
IN EINEM RECHENSCHAFTSBERICHT ÜBER SEINE LEBENSARBEIT

Wenn ein Mensch den Mund öffnet, um zu beten, so kann er es
tun, weil er auf drei erstaunlichen Voraussetzungen aufbaut,
ob er es weiß oder nicht.
Die erste ist, dass es etwas gibt wie Mitteilung zwischen den
Lebewesen, nicht nur zwischen Menschen. Dass aus dem
großen Schweigen etwas entstehen kann wie ein Wort und
dass dieses Wort sich an ein hörendes Wesen richtet als Lie-
beswort, als Gesang, als offenbarendes Sprechen, als Kultspra-
che, als Segen. Aus dem Schweigen, der großen Sigé, sagt die
christliche Gnosis, wird das Wort geboren.
Die zweite ist, dass es ein Ohr gibt, das nicht nur die Sprache
anderer Wesen oder anderer Menschen zu hören vermag, sondern auch das leise, in ihm selbst ergehende Wort, das Wort, in
dem eine Macht, älter als er selbst, ihn anspricht. Alle Religionen kennen es, und sie sprechen davon, es gelte, dieses innere
Wort zu hören.
Eine dritte Voraussetzung ist, dass es ein Wort gibt, das Menschen einander über lange Zeiträume weitergegeben haben,
weil es sich als Ausdruck jenes inneren Sprechens für das gemeinsame Leben als gültig erwiesen hat. Alles religiöse Leben
baut auf einer Überlieferung auf, so auf dem altindischen Veda, dem buddhistischen Tripitakam, dem zoroastrischen Aves-
ta, der jüdischen Tora, dem christlichen Evangelium, den sieben Werken des Manichäismus, dem Koran der Moslems, dem
Granth der Sikhs oder der Ginza der Mandäer.
Alles Beten aber beginnt mit dem Hören, dem inneren wie dem
äußeren, auf das durch lange Zeiträume überlieferte, nachge-

sprochene Wort, und immer wird Wahrheit erfahren durch den prüfenden Vergleich zwischen beiden. Dabei wird aber gelten, was Paulus 2. Korinther 3,6 sagt, dass der bloße Buchstabe kein Leben gibt, dass er vielmehr sein Leben gewinnen muss dadurch, dass ihm der Geist in zwei Gestalten begegnet: in der Unmittelbarkeit, in der der einzelne hörende Mensch ihn empfängt, und in der Gemeinschaft und ihrer langen, gemeinsamen, prägenden Geschichte.

Wahrheit erweist sich nicht durch ein inneres Wort allein – diese Erkenntnis kann den einzelnen Gottsucher enttäuschen –, aber sie erweist sich auch nicht allein durch das äußere Wort – diese Tatsache mag den Vertreter einer organisierten Religion befremden. Was wir Spiritualität nennen, Frömmigkeit, oder auch da und dort »Mystik«, nämlich das Leben in Gott, gewinnt seine Wahrheit, seine Evidenz durch die Einheit von innerem und äußerem Wort.

Gott spricht:
Das Wort, das dir gilt,
ist nicht im Himmel,
so dass du sagen müsstest:
Wer will für uns in den Himmel fahren
und es uns holen, damit wir es hören und tun?
Es ist auch nicht jenseits des Meeres,
so dass du sagen müsstest:
Wer will für uns übers Meer fahren
und es uns holen, damit wir es hören und tun?
Denn das Wort ist ganz nahe bei dir,
in deinem Mund und in deinem Herzen.

AUS DER BIBEL, 5. MOSE 30,12–14

Das Wort

»Am Anfang
war das Wort
und das Wort
war bei Gott!«

Und Gott gab uns
das Wort
und wir wohnen
im Wort.

Und das Wort ist
unser Traum
und der Traum ist
unser Leben.

ROSE AUSLÄNDER, 1907–1988

Ars longa

Der Atem
in einer Vogelkehle,
der Atem der Luft
in den Zweigen.

Das Wort
wie der Wind selbst
sein heiliger Atem
geht es aus und ein.

Immer findet der Atem
Zweige,
Wolken,
Vogelkehlen.

Immer das Wort,
das heilige Wort,
einen Mund.

HILDE DOMIN, *1912

Eine Antwort versuchen

Wer den Versuch macht zu beten, geht – ob er darüber nachdenkt oder nicht – von der Vermutung aus, die Bibel habe auf
irgendeine Weise Recht, wenn sie sagt, im Anfang der Welt sei ein
Wort am Werk gewesen. Der Hintergrund der Dinge also sei nicht
das Schweigen, nicht die Stummheit, nicht die Taubheit, sondern
ein auf vielen Ebenen ergehendes Hin und Her von Wort und Antwort, Rede und Gegenrede. Er geht also davon aus, dass dem Dasein
etwas »Worthaftes« eigne, und wartet darauf, dass er solche Wort-
haftigkeit erfahren werde.

Wer den Versuch macht zu beten, glaubt also, dass er angeredet
ist und befähigt, Antwort zu geben, und dass er mit seinem Ursprung
Verbindung hat, dass dieser Ursprung eine Stimme hat oder eine
Stimme ist. Dass also das Dasein – sprich Gott – ihm zugewandt ist.
Wer betet, vertraut darauf, dass er gehört wird, sobald er spricht, ob
nun seine Wünsche sich erfüllen oder nicht. Wer betet, liefert sich
aus, und zwar einem zunächst Unbekannten. Er weiß sich abhängig
und steht zu seiner Abhängigkeit. Er weiß, dass er sich nicht selbst
erschafft, wohl aber sich empfängt. Und er kann erfahren, dass er
frei ist für ein eigenes Wort und wichtig für den, der ihn hört.

Im Schweigen empfängt er die Gabe der Hörsamkeit. Der Anfang
geschieht so, dass er die Antwort in der Gestalt der Nähe Gottes findet. Wenn er antwortet, wird es ihm nicht primär um seine Ängste
oder seine Wünsche gehen, sondern um seine Antwort auf die Erfahrung der Nähe und der Spürbarkeit, der Hörbarkeit Gottes. Und
es wird ihm darum gehen, dass sein Dasein ein Ausdruck seiner
Dankbarkeit wird für die erlösende und gütige Kraft dieser Nähe
und um das beglückte oder gelassene Sein in ihr. Erst danach wird er
selbst Worte machen, wenn er will. Er wird sagen können, was ihm
fehlt oder was ihn bedrängt, und seine Beziehung zu Gott kann
dann in einem immerwährenden, leisen Gespräch bestehen. Und
schließlich wird dann Beten auch heißen, wie Luther sagt: »Gott die
Not vorlegen, vortragen, vorhalten, vorbringen, vorzeigen, anzeigen,
in den Schoß schütten.«

Er wird mit seinem Dasein einverstanden sein oder es ändern wollen. Er kann rühmen und danken, er kann klagen und anklagen. Und immer liegt darin die stille Zustimmung, dass das Leben, das zerklüftete, hell-dunkle, immer auch mit Leid und Schmerz verbundene, zuletzt gut sei, sofern nämlich das Gebet Antwort ist auf ein gehörtes Wort.

O Gott,
die süßeste Gabe im Herzen ist das Vertrauen zu dir.
Die schönsten Worte auf meiner Zunge
sind mein Preislied.
Die liebsten Zeiten sind mir, da ich dich finde.

Yahya ibn Muadh, gestorben 871, persischer Mystiker

In der Wohnung Gottes verabscheut man Geschrei.
Bete du mit liebendem Herzen!
Die Worte des Herzens bleiben im Verborgenen.

Aus der Lehre des Anii, altägyptisch

Wenn du betest,
so geh in die hinterste Kammer deines Hauses,
schließ die Tür zu und bete zu deinem Vater,
der im Verborgenen gegenwärtig ist.
Dein Vater sieht in das Verborgene
und wird dich hören.

Jesus Christus, Matthäus 6,6

Wie groß ist doch die Macht des Gebets!
Man könnte es einer Königin vergleichen,
die immer freien Zutritt zum König hat
und alles erlangt, worum sie bittet.
Es ist durchaus nicht nötig, ein schönes,

für den entsprechenden Fall formuliertes Gebet
aus einem Buch zu lesen,
um Erhörung zu finden.
Träfe das zu, wie wäre ich zu bedauern!
Ich könnte sie nicht alle beten,
und weil ich nicht weiß, welches ich auswählen soll,
mache ich es wie Kinder, die nicht lesen können:
Ich sage Gott ganz einfach, was ich ihm sagen will,
ohne schöne Worte zu machen, und er versteht mich.
Für mich ist das Gebet ein einfacher Blick zum Himmel,
ein Ruf der Dankbarkeit und der Liebe,
aus der Mitte der Mühsal wie aus der Mitte der Freude.
Es ist etwas Großes,
das mir die Seele weitet und mich mit Jesus vereint.

THERESE VON LISIEUX, 1873–1897

Man fragte einen kranken Menschen,
warum er Gott nicht um Gesundheit bäte.
Da sagte der Mensch, das tue er ungern aus drei Gründen:
Der eine sei, Gott würde nicht leiden, dass er krank sei,
es sei denn zu seinem Besten.
Der zweite: Er wolle nicht, dass Gott tut,
was der Mensch will.
Die Liebe aber mache bereit zu leiden.
Wer nicht liebt, wolle nicht leiden.
Der dritte: Ich will den reichen, liebenden Gott
nicht um solche Kleinigkeiten bitten.
Gesetzt, ich käme zum Papst nach hundert
oder zweihundert Meilen, und sagte zu ihm:
O Herr, heiliger Vater, ich bin wohl zweihundert Meilen
schweren Weges mit großen Kosten gekommen,
nun bitte ich euch um eine Bohne.
Ich wäre ein Tor. Die Wahrheit ist,
dass alles Gut, alles Geschaffene Gott gegenüber
geringer ist als eine Bohne.

Darum will ich auch nicht darum beten,
dass ich gesund werde.

MEISTER ECKHART, 1260–1328

Gib mir, ich bitte dich,
allmächtiger und allerbarmender Gott,
die Kraft, die deine Gnade verleiht.

Denn ich möchte glühend ersehnen,
weise erforschen und vollkommen erfüllen,
was dir gefällt.

Gib mir zu allem, was du von mir forderst,
die Einsicht, den Willen und das Vermögen,
es so zu vollbringen, wie ich soll.

Mache meinen Weg zu dir gerade,
sicher und eindeutig bis zum Ende,
mache mein Herz fest und aufrecht.

Erfülle mich mit Verstand, dich zu erkennen,
mit Eifer, dich zu suchen,
und mit Weisheit, dass ich dich finde.

Und mache mich treu und verlässlich,
dass ich am Ende
in deinen Armen mein Ziel finde.

THOMAS VON AQUIN, 1224–1274

Gott, ich bin die Rebe.
Komm und sei die Ulme,
die der Ranke den Halt gibt!

Ich bin der Efeu.
Damit ich nicht am feuchten Boden liege,
sei du, Zeder, mein Stamm.

Ich bin ein Vogel.
Damit ich mich in den Himmel erhebe,
sei du mein Flügel.

Ich bin das Rosenbeet.
Dass mich das Unkraut nicht ersticke,
sei meine Rose.

Ich bin der Ost.
Erhebe dich aus meiner Nacht,
geh in mir auf, du Sonne.

Ich bin die Nacht.
Damit ich mich nicht vor mir selbst ängste –
sei du mein Stern!

RUMI, 1207–1273

In deiner Hand ist mein Schicksal, Gott.
Dass ich überstehe, macht deine Kraft.
Du hast gesagt:
»Solange ihr in der Welt seid, habt ihr Angst.
Ich aber habe, was Angst macht, überwunden.«
So will ich klein denken von mir,
hinüberdenken über meine Mühe und mein Elend
und groß denken von dir.

JÖRG ZINK, *1922

Du, der über uns ist,
du, der einer von uns ist,
du, der ist – auch in uns – gib,

dass alle dich sehen – auch in mir,
dass ich den Weg bereite für dich,
dass ich danke für alles, was mir widerfuhr.
Dass ich dabei nicht vergesse der anderen Not.
Behalte mich in deiner Liebe,
so wie du willst, dass andere bleiben in der meinen.

Möchte sich alles in diesem meinem Wesen
zu deiner Ehre wenden
und möchte ich nie verzweifeln.
Denn ich bin unter deiner Hand,
und alle Kraft und Güte sind in dir.

Gib mir einen reinen Sinn – dass ich dich erblicke,
einen demütigen Sinn – dass ich dich höre,
einen liebenden Sinn – dass ich dir diene,
einen glaubenden Sinn, dass ich in dir bleibe.

DAG HAMMARSKJÖLD, 1905–1961

Unsere Urgroßeltern sprachen niemals über das Beten,
aber jeder Tag ihres Lebens war ein Gebet.
Sie wussten,
dass alles auf der Welt ein Geschenk des Schöpfers war,
auch jeder Schluck Wasser, den sie tranken,
und die Luft, die sie atmeten.
Diese Geschenke waren von solchem Wert,
dass niemand sie zurückerstatten konnte.
Deshalb war jeder Schritt, den sie gingen,
wie ein Dankgebet.
Wenn sie aßen, lobten sie den Schöpfer damit.
Auch wenn die Zeiten hart waren,
sagten sie Dank für alles Lebendige rings um sie.
Für sie war alles mit Leben erfüllt,
Menschen, Tiere, Bäume, das Gras und sogar die Steine.
Allem hatte der Schöpfer das Leben gegeben.

Auch heute bete ich nicht nur mit Worten,
sondern mit jedem Atemzug.
Wenn mein Herz schlägt, sagt es Dank –
wie eine Trommel, die geschlagen wird,
um die Schöpfung zu preisen.

JOSEPH BRUCHAC, *1942

Es ist im Grunde selbstverständlich: Ist Gott das Du, das uns Menschen anredet, und ist er es, der uns unser Geschick zuteilt, so kann es nicht ausbleiben, dass wir, die von diesem Geschick betroffen sind, uns bittend an Gott wenden, und sei es zunächst mit der Bitte um die einfachsten Dinge des täglichen Überlebens. Das Bittgebet ist so der selbstverständliche Ausdruck eines Glaubens, wie ihn Jesus Christus gezeigt hat, aber es muss achtsam geschehen.

Bittet, so wird euch gegeben.
Sucht ihn, so werdet ihr ihn finden.
Klopft an, so wird er die Tür öffnen.
Wer bittet, empfängt, wer sucht, findet,
wer anklopft, dem wird geöffnet.

Wer von euch wird sein Kind mit einem Stein abspeisen,
wenn es ihn um Brot bittet?
Oder mit einer Schlange, wenn es um einen Fisch bat?
Wenn aber ihr mit eurem engen Herzen
euren Kindern zu geben wisst, was sie brauchen,
sollte dann nicht euer himmlischer Vater
denen Gutes geben, die ihn bitten?

JESUS IN MATTHÄUS 7,7–10

Es ist bemerkenswert, dass das Vaterunser ein einziges Bittgebet ist. Ebenso selbstverständlich aber muss sein, dass ein Bittender nicht ein Fordernder sein kann, sondern bereit sein wird, mit dem vielleicht ganz anderen Willen Gottes ins Einvernehmen zu gelangen.
So ist das Bittgebet sinnvoll auch, wenn es naiv geschieht, einfach und so, wie man unter Menschen bitten würde:

Wir bitten um Segen von dir!

Schwebe über unseren Stirnen, über unseren Häuptern.
Sieh auf uns freundlich.

Erwecke unter uns die, die vergessen,
was wir wissen, oder die schlafen.

In einem schlechten Jahr sei Mitleid,
in einem bedrängten sei du die Güte.

Dunkle Geister treibe fern von uns,
helle Geister führe uns näher.

Den Furchtsamen gib Mut,
den Beschämten sei ihr wahres Antlitz!

Über uns sei wie eine Decke,
unter uns wie ein aus Pelzen gebreitetes Bett.

GEBET DER BURJATEN, SÜDSIBIRIEN

O Tsuigoa, Vater der Väter!
Du unser Vater!
Lass es aus der Donnerwolke regnen,
dass unsere Herden und wir selbst leben.
Schwach sind wir vor Durst, vor Hunger.
Gib uns die Früchte des Feldes zu essen.
So wollen wir dich preisen
und dir zurückgeben von deinen Gaben.
Du Vater der Väter, Tsuigoa.

VON DEN KHOIKHOI, EINEM BANTUSTAMM

Mein Vater,
Hüter der ehrwürdigen Pfeife!
All ihr guten Dinge der Schöpfung,
Licht der Dämmerung, linde Lüfte,
Holz, Erde, Tiere – hört gut zu!
All ihr Wesen der Erde und des Wassers!

Möge dieses Volk lange leben und zahlreich sein.
Mögen unsere Jungen und Mädchen,

Kinder, Männer und Frauen stark werden
und zunehmen an Kraft.

Gott, du Schöpfer,
wir bitten dich um Segen für unser Mahl.
Wir erbitten ihn für uns alle.
Vor allem bitten wir dich,
dass die Liebe wachse in unserem Herzen
und wir glücklich leben in Frieden und Eintracht.

NORDAMERIKANISCHE INDIANER

Ein wahrer Diener seines Herrn ist,
wer seinen Herrn nicht vergisst
über dem, was er von ihm empfangen will.
Nur der geht den Weg Gottes wirklich,
der von Gott nur ihn selbst erbittet.
Blickst du nur auf die Gaben
und nicht auf den Geber selbst,
dann fesselt dich nicht seine Liebe,
sondern nur dein eigener Sinn.
Wenn sich dein Mund zum Gebet nur öffnet
aus Verlangen nach seiner Gabe,
dann wird das Geheimnis seiner Liebe sich dir nicht öffnen.

SADI MUSLIHUDDIN, GEST. 1292, PERSISCHER DICHTER

Du Starker, gib mir Kraft.
Gib Rat mir, dem Ratlosen.
Nichts hatte ich am Anfang,
du gabst mir, was ich habe, und dein ist, was ich bin.
An deinem Stern hast du entzündet mein Licht,
halte nun den Wind ferne, der es löschen will.

Hoch ist das Joch der Berge, der Wildbach voll Gefahr.
Nimm du den Zaum fest in die Hand
und halte mich im Sattel wach.

Lass über dem Abgrund glücken meinen Schritt
auf dem schmalen Weg
und lass überm Strom die Brücken nicht brechen.

Zutritt und Frieden gabst du mir im Palast des Königs.
Lass mich nun nicht Bettler sein an fremder Tür.
Getrieben von meiner Suche nach dir zog ich aus.
Auf halbem Wege verließ mich meine Kraft.
Komm mir entgegen mit deiner Hilfe!
Mein ist die Mühe, dein Erquickung und Geleit.

Ich bin, wie du mich gestaltet. Ich wuchs, wie du es gabst.
Nun nehme ich Weg und Geschick aus deiner Hand.
Tu mir Gutes auf meiner Reise nach deiner Art,
und tu mir nicht, wie ich selbst nach meiner Art es will!

NIZAMI, 1141–1203, PERSISCHER MYSTIKER UND DICHTER

Du großes Geheimnis,

dessen Stimme ich in den Winden vernehme,
dessen Atem der ganzen Welt Leben gibt,
höre mich!

Ich komme zu dir als dein Kind.
Ich bin klein und schwach.
Ich bedarf deiner Kraft und deiner Weisheit.

Lass mich in Schönheit leben und gib,
dass meine Augen immer
den purpurnen Sonnenuntergang schauen,

Hilf mir, dass meine Hände alle die Geschöpfe achten,
die du gemacht hast,
und meine Ohren deine Stimme hören.

Weisheit gib mir, dass ich die Lehren erkenne,
die du in jeden Baum und jeden Felsen,
jede Pflanze und jedes Tier gelegt hast.

Mache mich stark,
nicht, damit ich stärker bin als meine Brüder,
sondern damit ich den Kampf in mir selbst bestehe.

Mache mich fähig,
dir in die Augen zu schauen
und mit reinen Händen vor dir zu stehen,

so dass, wenn das Leben vergeht,
wie die Sonne abends verlischt,
wie der fahle Mond vergeht
und das Rascheln des Windes verklingt,
meine Seele frei und vertrauend zu dir kommt.

GEBET DER SIOUX

Jesus!
Wir stehen hier alle in einem Glauben.
Wir strecken die Hand aus, dich anzurufen.
Wir richten unser Auge auf dich, auf deine Gestalt.
Wir öffnen den Mund und rufen dich an.

Du bist ganz Leben, du bist der Glanz des Kommenden,
komm nun und bringe Heil, du Bringer der Freiheit,
du Helfer der Zarten und Überwinder der Angreifenden,
Erlöser der Gebundenen und Arzt der Verletzten,
Erwecker der Schlafenden,
der du die Toten zum Leben bringst.
Komm und bringe Heil, du Vater,
der uns Schutz und festes Vertrauen gibt.

Wir preisen deinen Namen, der ganz Licht ist,
deine Größe, die ganz Freiheit ist.
Du bist es in Ewigkeit.

AUS EINEM MANICHÄISCHEN HYMNUS AN JESUS

In diesem Zusammenhang steht die Erfahrung, die aus vielen
Quellen spricht, es sei Gott, es sei sein Geist selbst, der das
wahrhaftige Beten in uns bewirkt.

Unserer Schwachheit hilft der Geist auf.
Der Geist Gottes.
Wir wissen ja nicht einmal,
wie wir beten können so,
dass es vor Gott recht ist.
Aber der Geist tritt für uns ein.
Er bringt in wortlosem Seufzen vor Gott,
was wir sagen wollen.
Und Gott, der die Herzen kennt,
versteht, was der Geist vorbringt.

AUS DER BIBEL, PAULUS, RÖMER 8,26–27

Oft wird auch gesagt, schon die Tatsache, dass der Mensch
eine Bitte ausspreche, sei ein Zeichen dafür, dass Gott höre,
denn schon die Bitte werde von Gott gewirkt:

Gott sprach zu mir: Dein Gebet ist meine Sache.
Hätte ich es nicht schon erhört,
so hätte ich es nicht in dir gesprochen
und nicht bewirkt, dass es meine Erhörung suchte.

NIFFARI, GEST. 965, IRAKISCHER MYSTIKER

Ob ich Antwort bekam auf meine Gebete?

Da kann ich mich glücklich schätzen.
Ich habe niemals erlebt,
dass Gott mir nicht geantwortet hätte.
Ich habe ihn am tiefsten erfahren,
wenn es um mich her sehr dunkel war,
während meiner Leidenszeit im Gefängnis,
als es um mich nicht gut stand.

Ich kann mich an keinen Augenblick
in meinem Leben erinnern,
in dem ich das Gefühl gehabt hätte,
dass Gott mich verlassen habe.

MAHATMA GANDHI, 1869–1948

Und am Ende werden Resignation, Zuversicht und Einvernehmen mit dem, was Gott will, diese schlichte und schöne Form
finden:

Glaube ist ein Baum.
Er wächst in der Wüste.
Glaube lebt in der Hoffnung,
vergeblich zuweilen,
dass Gott den Regen schickt.
Glaube ist zärtliches Vertrauen,
vergeblich zuweilen.

MÍCHAEL FRANCIS DEI-ANANG, *1909, GHANA

In dir sein, Gott, das ist alles.
Das ist das Ganze, das Vollkommene, das Heilende.
Die leiblichen Augen schließen,
die Augen des Herzens öffnen
und eintauchen in deine Gegenwart.

Ich hole mich aus aller Zerstreutheit zusammen
und vertraue mich dir an.
Ich lege mich in dich hinein wie in eine große Hand.

Ich brauche nicht zu reden, damit du mich hörst.
Ich brauche nicht aufzuzählen, was mir fehlt,
ich brauche dich nicht zu erinnern
oder dir zu sagen, was in dieser Welt geschieht
und wozu wir deine Hilfe brauchen.

Den Lärm und die Unrast will ich nicht hassen.
Ich möchte sie in mein Schweigen aufnehmen
und für dich bereit sein.

Stellvertretend möchte ich schweigen
für die Eiligen, die Zerstreuten, die Lärmenden.
Mit allen Sinnen und Gedanken warte ich,
bis du da bist.

In dir sein, Gott, das ist alles, was ich mir erbitte.
Damit habe ich alles erbeten,
was ich brauche für Zeit und Ewigkeit.

JÖRG ZINK, * 1922

Das Licht

Es hat mich begleitet,
beinahe jeden Tag.
Es zeigte mir das Meer und die Tiere,
den Schnee auf den Bergen
und im Waldschatten den Farn.
Ich habe mich für das Licht
nicht bedankt.
Es wies auf die Gegenstände
und lehrte mich sprechen.
Es lehrte mich lesen und schreiben
nach der Natur.
Ich habe mich für das Licht
nicht bedankt.
Einmal zog es sich zurück,
und ich konnte im Spiegel
meine Augen nicht finden.
Aber dann kehrte es wieder,
und ich habe mich
flüsternd bedankt.

RAINER MALKOWSKI, *1939

niederkniend vor dir
finde ich keine worte kein du kein amen
niederkniend knie ich öffne ich meine gedanken
schließe ich auge und mund
öffne das herz innenwärts
öffne das ohr deiner unhörbaren stimme
deiner unüberhörbaren stimme
niederkniend vor dir danke ich bitte ich
was soll ich erbitten du weißt es
ich weiß es nicht
was soll ich dir danken du weißt es
alles den gott den spulwurm die nacht
und die andern
kenn ich ihr leiden mein leiden
und die verbindungen dessen was du uns schickst
was soll ich erbitten für sie
wenn du wartest
wenn du es siehst und wartest
bis sie erwachen bis sie sterben können
wenn du warten lässt auf dich
wenn du unsere wünsche erfüllst wunder streust
unsere wünsche erfüllst zur falschen zeit
unsere wünsche wünsche lässt
was soll ich erbitten für mich o höre
erbitten für uns o höre die einzige bitte
dass ich kein ich
dass du kein du
o höre in mir die einzige bitte
niederkniend vor dir bete ich bewege ich die lippen nicht
bete ich unsicher mein ungebet

Ernst Eggimann, *1936

Denke Gott so inständig,
dass du dich selbst ganz vergisst,
dass du aufgehst in dem, den du rufst.
In ihm aber ist nicht mehr der Rufer
und auch nicht mehr der Ruf.

RUMI, 1207–1273

Geringer werden

Immer wieder, an immer wieder einer anderen Stelle, erfährt der, der den spirituellen Weg gehen will, einen seltsamen, tiefen Bruch. Zunächst ist das Streben eines Menschen auf vitale Kraft, auf Wachstum, auf Gewinn gerichtet. Der Energiestrom, der sich in der Form des Begehrens und Verlangens elementar auf die Welt richtet und die Stärkung und Durchsetzung des eigenen Ich will, will Gelingen, Schönheit, Wohlbefinden. Die eigene Stabilität, die eigene Dynamik begegnen einer begehrenswerten Welt. Auf jedem wirklich spirituellen Weg indessen kommt der Augenblick, in dem ein Bruch erfahren wird zwischen der notwendigen Selbstbehauptung des Menschen und dem neu erkannten Lebenssinn. Das unmittelbar Begehrenswerte am Dasein verliert seine Anziehungskraft. Was bisher glücklich zu machen schien, verliert seine Faszination, und zwar nicht deshalb, weil das Begehren müde geworden wäre, sondern weil es sich auf anderes richtet. Die seelische Energie wendet sich, sie räumt bislang aufgebaute Positionen. Geschieht dieses Räumen von Positionen freilich als ein bloßes Wegflüchten, so kann es auch in die Ausweglosigkeit führen, in die Schwermut oder die Verzweiflung. Es öffnet aber, wenn es die Energie dieser Erfahrung aufnimmt, einen neuen Raum für die Seele. Der Rückzug wird schöpferisch. Er wird zu einem Weg, der in Freiheit gegangen werden kann. Er führt in einen Wandlungsprozess, oft den Vorgang einer Wiedergeburt. Er weitet sich zu einem Leben in einer wirklichen, von allem bloßen Schein freien, numinosen Welt. Er weitet sich zugleich hinab in die Tiefe der eigenen Seele. Die eigene Stimme, mit der wir uns unserer Umwelt gegenüber bemerkbar zu machen und zu empfehlen pflegen, wird unwichtig. An ihre Stelle tritt die Stille.

An dieser Stelle kann uns vielleicht auch aufgehen, was Paulus eigentlich meint, wenn er sagt: Ich habe erkannt, dass durch Selbstbehauptung oder Lebensleistung kein Leben gelingen wird, dass mit ihm niemand ins Einvernehmen mit Gott gelangt. Ich weiß nun, dass im Grunde in mir selbst nicht das »Ich« lebt, das ich bisher gehütet habe, sondern Christus, die Erscheinung Gottes. Ich erkenne, dass an die Stelle meiner selbst die Gnade Gottes, seine Güte und seine Barmherzigkeit getreten und nun die bestimmende Kraft in meinem Dasein geworden ist. Dabei aber gewinnt das Dasein insgesamt etwas, das ich nicht bewirken, ja nicht einmal wollen kann, das mich aber beglückt und erfüllt: seine Gnadenhaftigkeit.

Eine der Folgen kann sein, dass bisher selbstverständliche Beziehungen zu Menschen in Gefahr geraten. Das selbstverständliche Einwohnen in den Regeln einer Gesellschaft wird fragwürdig. Ein Mensch, der dies erfährt, wird sich herausgefordert sehen durch das, was ist und wie es ist. Es ist kein Zufall, dass die großen Mystiker fast allesamt in den Widerstand gegen die bestehenden religiösen und sozialen Verhältnisse traten, dass sie wenig Beifall ernteten, sondern als Zerstörer dessen galten, was für normal gehalten wird. Der Weg, der nach dem Bruch noch gegangen werden kann, wird der Weg in die Unabhängigkeit von allen Meinungen sein.

Es ist aber kein Weg der Feindschaft gegen das Bestehende, sondern des gütigen Wirkens. Es ist der Weg, den die Liebe aus sich selbst heraus immer gehen wird. Liebe ist immer die Kraft, sich geringer zu wissen als der Gegenstand der Liebe. Wer liebt, dient dem, was er liebt, der opfert sich dem, was er liebt. Der Liebende wird, wenn er denn wirklich liebt, vorziehen, selbst nicht zu sein, wenn er damit bewirken kann, dass bestehen bleibt, was er liebt, oder dass der oder die lebt, den oder die er liebt. Wer das Dasein, die Welt, die Menschen, die Kreatur oder was immer liebt, wird sein eigenes Leben geringer einschätzen als alles, was er liebt, er wird Chancen, die ihm Wichtigkeit oder Erfolg verschaffen könnten, unergriffen neben oder hinter sich lassen.

An ihrem entscheidenden Punkt wird die mystische Erfahrung immer eine Erfahrung Gottes sein. Gott, der die Macht hat, wandelt sich in den Liebenden. Er wird als der Verlässliche erfahren, der die Gewissheit gibt, es sei der Weg in die Wahrheit, wenn der Mensch sich selber verlässt. In dem Maß aber, in dem ein Mensch sich selbst unwichtig wird, kann etwas wie Sorglosigkeit beginnen. Vertrauen, so sagen viele der alten Weisen, entsteht damit, dass ein Mensch sich selbst nicht größer und wichtiger nehmen will als er tatsächlich ist. Er wächst in dem Maß, in dem er sein falsches Ich aus dem Weg räumt, weil er erkannt hat, dass er es nicht braucht.

So wandelt sich am Ende auch das Gebet. Das Bitten im Gebet wird ein Bitten sein um das Geleit Gottes auf diesem risikoreichen, notwendigen Weg. Es wird ein Bitten sein nicht um das eigene Überleben, sondern um das Heil und das Leben für die Menschen und die Welt. Es wird um das Einverständnis und das Einvernehmen gehen zwischen Gott und dem eigenen Menschen, zwischen seinem Willen und dem eigenen. Davon wird noch weiter zureden sein.

Vor allem ändert sich auf diesem Weg das Bild des Todes. Der Tod wandelt das Gesicht des Feindes, des Zerstörers, des Vernichters, gegen den es zu kämpfen gilt, in das Bild eines einfachen Durchgangs auf unserem Weg. Dieser Weg führt an ein sinnvolles Ziel, er führt in Freiheit, Lebendigkeit und Klarheit. Und es ist gut, wenn diese Wandlung des Feindbildes »Tod« spätestens in der zweiten Lebenshälfte beginnt, wenn ein Mensch ohne blockierende Angst und ohne krampfhafte Sicherungsmaßnahmen auf sein Ende zugehen will.

All dies muss bedacht werden, wenn wir die vielen Texte lesen oder hören, die im Christentum sowohl als auch in fremden Religionen zum »Entwerden« gedacht werden, zur Aufgabe des »Ich«. Denn überall geht es, wenn von dem Aufgeben des »Ich« geredet wird, um das Gewinnen eines zuversichtlichen, eines geborgenen Lebens.

Mein Herz, o Gott,
will nicht Ansehen, nicht Macht.
Ich schaue nicht nach Ruhm aus
und nicht nach Reichtum.
Ich gehe nicht mit großen Plänen um
und nicht mit Träumen über große Dinge.
Sie sind zu wunderbar für meinen Geist.
Ich taste dein Geheimnis nicht an.

Mein Herz ist still,
und Frieden ist in meiner Seele.
Wie ein gestilltes Kind bin ich,
das bei seiner Mutter schläft.

Wie ein gesättigtes Kind,
so ist meine Seele still in mir.

Ich vertraue allein dir,
heute und in Ewigkeit.

AUS DER BIBEL, PSALM 131

Dieses mein Ich stellt sich,
o Gott,
zwischen dich und mich.

Entferne, o Gott,
in deiner Gnade dieses Ich
aus unserer Mitte.

HALLADSCH, 858–922

Wie lang noch wird ein Ich sein und ein Du
zwischen dir und mir?
Nimm mein Ich weg zwischen uns,
dass ich ganz in dich eingehe
und zu nichts werde.

Ich habe mich mit Strenge bemüht,
und du hast mich zu dir gezogen.
Du hast nicht gewollt, dass meine Mühe vergeblich sei.
Aber nicht die Bemühung ist es, die mir Not ist,
nicht die Kenntnis des Koran oder die Wissenschaft.
Lass du mich an deinem Geheimnis teilhaben.
Hole mich zu dir.

Noch fürchte ich dich, zugleich aber liebe ich dich.
Wie erst werde ich dich lieben,
wenn du dich mir zuwendest
und mein Herz frei sein wird von aller Furcht!

ABU YAZID AL-BISTAMI, 803–875, PERSISCHER SUFI

Was soll der Mensch anders sein,
als dass er einen leeren Raum abgibt,
den die Kraft Christi erfüllen
und ganz einnehmen soll?

JOHANN ALBRECHT BENGEL, 1687–1752

Wer höchste Ehre erlangen will,
muss sieben Dinge sieben anderen vorziehen:

Armut dem Reichtum, Hunger der Sättigung,
Niederes dem Hohen, Demütigung der Ehre,
Bescheidenheit dem Stolz, Traurigkeit der Freude,
den Tod dem Leben.

AUS DEM FRÜHEN SUFISMUS

Gib alles hin,
denn alles ist dein.

HADWIG, CA. 15. JH., FLÄMISCHE MYSTIKERIN

Der Grund, warum ich große Übel erfahre,
ist der, dass ich ein Ich habe.
Wenn ich mein Ich aufgebe,
welches Übel kann mich dann noch treffen?

LAOTSE, 4. JH. V. CHR.

Der Mond leuchtet in mir, die Sonne auch,
aber meine blinden Augen können sie nicht sehen.

Die angeschlagene Trommel der Ewigkeit
ertönt in mir. Aber meine tauben Ohren hören sie nicht.

Solange ich noch schaue nach Ich und Mein,
ist alles nichts, was ich tue.

Wenn alle Liebe zu Ich und Mein tot ist,
dann tut Gott sein Werk in mir.

KABIR, 1440–1518,
HINDUISTISCHER MYSTIKER

Ich sah den Herrn der erhabenen Macht im Traum.
Da sagte ich: »Wie ist der Weg zu dir?«
Er antwortete: »Verlass dich selbst und komm!«

ABU YAZID AL-BISTAMI, 803–875,
PERSISCHER MYSTIKER

Eines der wichtigsten Worte in der spirituellen Überlieferung
ist das vom »Entwerden«.

Entwerden
meint den Rückweg des Menschen zu dem Zustand,
in dem er war, als er noch nicht war.

ZUNAID, GEST. 910, BAGDAD

Wo gelangt denn der hin,
der in Gott hineinhofft,
wenn nicht in sein eigenes Nichts?
Wohin sollte der entschwinden,
wenn nicht dorthin, woher er kam?
Er kam ja aus Gott
und dem eigenen Nichts.
Darum kehrt zu Gott zurück,
wer ins Nichts zurückkehrt.

MARTIN LUTHER, 1483–1546

Es ist wichtig, sich bewusst zu sein,
dass das Prinzip der Ichlosigkeit nicht bedeutet,
es würde ein Ego geben,
welches die Buddhisten dann beseitigen.
Es bedeutet vielmehr,
dass von Anfang an niemals ein Ego existiert hat.
Diese Erkenntnis wird »Ichlosigkeit« genannt.

SOGYAL RINPOCHE, TIBETISCHER BUDDHISMUS

Ein Lied will ich singen,
ein Lied vom Loslassen und von der Freiheit.

Wenn ich von Sorge frei sein will,
muss ich mich lassen.
Was mir dann Schmerz bereitet, schmerzt mich nicht.
Ich bin dann arm so gut wie reich.
Wer loslässt, was er ist, der muss nicht sorgen.

Wie fand ich in die Freiheit von mir selbst?
Die Tiefe Gottes hört' ich in mir sprechen.
So konnte ich auch selbst nicht schweigen.
Ich musste von der Freiheit künden.
Wer loslässt, was er ist, der muss nicht sorgen.

Da aber stürzt' ich in den Abgrund Gottes.
Ich war nichts mehr. Entsetzen fasst' mich.
Doch immer tiefer kam ich, bis zu meinem Ursprung.
Nicht altern musst ich mehr, ich durfte jungen.
Wer loslässt, was er ist, der muss nicht sorgen.

Wer so entworden ist, lebt auch im Finstern,
ist reich in ihm, nichts kann ihm fehlen.
Mich hat das Feuer Gottes ganz verbrannt,
ich bin erstorben.
Ich lasse, was ich bin, und muss nicht sorgen.

JOHANNES TAULER, 1300–1361

Du sollst eines wissen:
Wärest du nur frei von geschöpflichen Bildern,
so könntest du Gott ohne Unterlass besitzen;
denn er könnte sich weder im Himmel
noch auf Erden zurückhalten,
er würde in dich kommen und deine Seele erfüllen,
falls er sie leer fände.

Wende es, wie du willst.
Solange die Geschöpfe in dir sind,
musst du Gottes leer sein und seiner entbehren.
In dem Maße, in dem du das Deine verlässt,
in dem Maße – glaub es – geht Gott in dich ein.

Johannes Tauler, 1300–1361

Dreißig Speichen treffen eine Nabe,
weil dort nichts ist, kannst du im Wagen fahren.

Ton macht man weich, formt ein Gefäß daraus;
weil innen nichts ist, kannst du es gebrauchen.

Wer baut, fügt Tür und Fenster in die Wand;
weil dort nichts ist, kannst du das Haus bewohnen.

Darum: Was ist, kann wahr und recht sein.
Was nicht ist, macht das Ding zum Leben tauglich.

Tao te ching

Über den Kern des Gegensatzes zwischen Konfuzianismus und
Taoismus redet die folgende Geschichte:

Konfuzius fragte einmal Laotse nach dem Sinn der überlie-
ferten Riten. Laotse antwortete: »Die Knochen derer, von
denen du sprichst, sind längst zu Staub zerfallen, übrig sind
nur ihre Worte. Ein guter Kaufmann aber verbirgt seine

Reichtümer, als wäre er mittellos. Lege also deine hochfahrende Miene ab, deine Begierden, deine Eitelkeit und deine Selbstsicherheit, alle die Dinge, die nichts taugen. Das ist alles, was ich dir zu sagen habe.«

Konfuzius zog sich zurück und sagte zu seinen Schülern: »Die Tiere, die laufen, kann man mit dem Netz fangen, die schwimmen, mit der Reuse, die fliegen, sind mit dem Pfeil zu treffen. Allein der Drache lässt sich nicht fassen. Er schwingt sich auf dem Wind und den Wolken zum Himmel. Heute habe ich Laotse gesehen. Er ist wie ein Drache.«

TAOISTISCH

Machen wir einmal ein Experiment:
Nimm eine Münze in die Hand und stelle dir vor,
sie sei etwas, an dem du sehr hängst.
Halte sie fest in der Faust,
dann streck die Arme aus, die Handflächen nach unten.
Wenn du den Griff jetzt lösest,
verlierst du, was du umklammerst.
Darum hältst du fest.

Du kannst aber auch loslassen und dennoch behalten.
Dreh die Hand um. Wenn du jetzt die Faust öffnest,
bleibt die Münze einfach auf deiner Handfläche liegen.
Du lässt los und behältst trotzdem.
Du kannst also Vergänglichkeit akzeptieren
und doch das Leben genießen – nämlich ohne Greifen.

SOGYAL RINPOCHE, TIBETISCHER BUDDHISMUS

Still sitzen, nichts tun.
Der Frühling kommt,
und das Gras wächst von allein.

ZEN-SPRICHWORT

Von seinen Lippen kam ein Ruf,
wie einer Mutter treue Bitt'.
Es war ihm ernst, sein ganzes Herz sprach mit.
Doch erst, als er sein starkes Ich verlor,
sprach Gottes Mund in ihm sein Wort in Gottes Ohr.
Denn das Gebet entsteht in Gott allein,
und sein wird endlich auch die Antwort, die Erfüllung sein.

RUMI, 1207–1273

Für mich kann es keine Ferne mehr geben von dir.
Ich weiß, deine Nähe und deine Ferne sind für dich eins.
Wenn ich verlassen bin,
ist noch die Verlassenheit deine Gegenwart.
Und was könnte auch als Verlassenheit gelten,
da doch die Liebe sich finden lässt?

HALLADSCH, 858–922

O Herr der Welten,
Herr in der Höhe und in der Tiefe,
ich hebe meine Hände auf zu dir.
Du hast mir mein Gebet in den Mund gelegt,
du hörst es.
Du schenkst den Wunsch zu leben,
in deiner Güte liegt zuletzt die Erfüllung.
Du bist der Anfang, du bist das Ende.
Wir schweigen in dir.
Wir sind ein Nichts in dir.

RUMI, 1207–1273

Ich weiß nicht, wer – oder was – die Frage stellte.
Ich weiß nicht, wann sie gestellt wurde.
Ich weiß nicht, wann ich antwortete.
Aber einmal antwortete ich Ja zu jemandem –
oder zu etwas.

Von dieser Stunde her rührt die Gewissheit,
dass das Dasein sinnvoll ist und dass darum mein Leben,
in Unterwerfung, ein Ziel hat.
Seit dieser Stunde habe ich gewusst, was das heißt,
»nicht hinter sich zu schauen«,
nicht »für den anderen Tag zu sorgen«.

Ich bin durch das Labyrinth des Lebens geleitet worden
durch den Ariadnefaden dieser Antwort.
So habe ich eine Zeit und einen Ort erreicht,
an dem ich wusste,
dass mein Weg zu einem Triumph führt, der Untergang,
und zu einem Untergang, der Triumph ist.
Dass der Preis für den Einsatz des Lebens Schmähung
und dass die tiefste Erniedrigung jene Erlösung bedeutet,
die dem Menschen zugesagt ist.
Seitdem hat das Wort »Mut« seinen Sinn verloren,
da mir ja nichts genommen werden kann.

DAG HAMMARSKJÖLD, 1905–1961

Gott, der Herr, verlässt uns nicht,
wenn ich mein Herz mit ihm teile,
so dass ich nichts bin und alles bin,
so dass ich nichts habe und alles habe,
dass ich nichts werde und doch alles werde.

HANNS DIETER HÜSCH, *1925

Werde still.
Geh den Weg des Schweigens,
bis du nicht mehr bist.
Wenn du nicht mehr bist,
wirst du ganz Rühmung sein,
ganz Anbetung.

RUMI, 1207–1273

VI

Dunkelheit um Gott
und die Seele

Unzählige Menschen leben bedrückt von der Erfahrung, dass Gott dunkel oder dass es um Gott her dunkel sei, unabhängig von der Zeit, in der sie leben, unabhängig von ihrem Glauben oder Unglauben, von ihrer Schuld oder ihrem Schicksal. Die Wege, die zu gehen sind, bis es um Gott licht wird, sind oft sehr lang. Dass Gott »Licht ist und in ihm keine Finsternis«, wie Johannes sagt, ist oft auch mit großer Mühe und Anstrengung kaum zu glauben. Und es ist nur natürlich, wenn dabei auch der eigne Mensch dunkel wird und das Licht, das in ihm sein sollte und von ihm ausgehen, kaum mehr wahrnehmbar.

Viele andere leben im Widerstand gegen Gott, im Unfrieden mit ihm, in den Vorwürfen und Anklagen gegen Gott, und wissen sich dabei selbst schuldig oder nicht-schuldig. Diesen Widerstand aufgeben oder überwinden zu wollen, kann ein langes Leben des Kampfs und der Niederlagen füllen. Denn niemand kann ernsthaft sagen wollen, Klage zu Gott oder Anklage gegen Gott hätten nicht ihr Recht.

Schuld und Versagen

Was wir Schuld, was wir Versagen nennen, ist tödliche Wirklichkeit. Es meint zwar vordergründig Verfehlungen gegen das gemeinsame Leben einer Gemeinschaft oder eines Menschen gegen sich selbst, es bezeichnet aber im Kern das Ganze unseres Daseins und das Ganze unseres Wesens. Was durch uns geschieht, prägt uns. Es verletzt uns. Es nimmt uns Würde und Lebendigkeit. Nichts können wir zurückholen, nichts nachbessern, nichts ungeschehen machen. Was wir tun, steht danach fest. Es macht uns aus. Und nichts können wir dafür geben, dass es nicht geschehen wäre. Es drückt einen tiefen, meist kaum bewussten Unglauben aus, und in allem wird nicht das Leben, sondern der Tod konkret.

Ich weiß, es stößt auf Widerstand, wenn ich das scheinbar so überholte Wort »Sünde« gebrauche, aber es gibt für diesen fundamentalen Zusammenhang zwischen Vertrauenslosigkeit und Einzelverfehlung kein genaueres Wort. Es hängt zusammen mit »sondern« oder mit »Sund«, einem trennenden Meeresarm, und bedeutet Abgetrenntsein von allem, was das Leben lebendig macht: vom Ganzen der Schöpfung, von anderen Menschen, von sich selbst, vom eigenen Auftrag, und vor allem von Gott. Jede Einzelschuld aber wächst als »Frucht« auf dem Boden, der bis in die Wurzel krank ist und der ich selbst bin. So Jesus.

Dieser Schuld Gott und den Menschen gegenüber wird sich der Mensch in der Geschichte der Religionen schon sehr früh bewusst, früher als die Dokumente einer Religion es formulieren. Da er nun mit dem Zorn seines Gottes oder seiner Göttin rechnet, versucht er, sie zu »beruhigen«. So lesen wir in der sumerischen Literatur der frühen Jahrtausende immer wieder ein »Herzberuhigungslied« für eine Göttin oder einen Gott.

Möge sich der Zorn im Herzen meines Herrn
mir gegenüber beruhigen,
möge sich der Gott, den ich kenne oder nicht kenne,
mir gegenüber beruhigen,
möge sich die Göttin, die ich kenne oder nicht kenne,
mir gegenüber beruhigen.

O mein Gott, meine Göttin,
meine Übertretungen sind zahlreich
und groß sind meine Sünden.

Die Übertretung, die ich begangen habe,
kenne ich wirklich nicht.
Das Verbotene, das ich gegessen habe,
kenne ich wirklich nicht.
Den verbotenen Weg, auf den ich meinen Fuß gesetzt habe,
kenne ich wirklich nicht.

Der Herr sah mit Zorn im Herzen auf mich,
die Göttin, die zornig auf mich war, machte mich krank.
Der Gott, den ich kenne oder nicht kenne,
hat mich bedrückt,
die Göttin, die ich kenne oder nicht kenne,
hat mich leiden lassen.

Obwohl ich ständig nach Hilfe ausschaue,
nimmt mich niemand bei der Hand,
wenn ich weine, tritt mir niemand zur Seite.
Ich stoße Klagen aus, aber niemand hört mich,
ich bin unruhig, bedrückt, ich kann nicht sehen.

O mein Gott, barmherziger, an dich richte ich die Bitte:
wende dich mir zu!
Ich küsse die Füße meiner Göttin.
Bis wann, o meine Göttin, die ich kenne oder nicht kenne,
wird sich dein feindliches Herz beruhigen?

Die Sünde, die ich getan habe, wende zum Guten.
Die Übertretung, die ich begangen habe,

lass den Wind wegtragen.
Nimm meine Sünden hinweg, und ich will dein Lob singen.

Möge dein Herz, wie das Herz einer wahrhaftigen Mutter
und eines wahrhaftigen Vaters,
mir gegenüber beruhigt sein.

Sumerisch, 2. Jt. v. Chr.

> Dass Gott sieht, ist immer schon deutlich gewesen. Dass er
> sieht, was ich tue, ist daran das Beklemmende. Aus der Er-
> kenntnis, dass Gott sieht, erwächst das Bewusstsein von
> Schuld. Der folgende Hymnus besingt Schamasch, den Son-
> nengott, der in Syrien und im Zweistromland verehrt wurde,
> der nah ist, der alles weiß und alles richtet.

Schamasch, du steigst über die Berge,
du überschaust die Erde.

Du Hirte der Unteren, Hirte der Oberen,
Schamasch, bewahre das Licht im All.
Du überwanderst weithin gespannte Meere.
Dein Glanz dringt in die tiefsten Wasser,
die Ungeheuer des Meeres erblicken dein Licht.
Wenn du aufgehst, versammeln sich die Götter,
dich zu grüßen.
Du kennst ihre Pläne, du siehst, was sie tun.
Die ganze Menschheit verneigt sich vor dir,
Schamasch, nach deinem Licht sehnt sich das All.

Du deckst die Pläne der Schurken auf,
den ungerechten Richter schlägst du in Fesseln,
du bestrafst den Bestechlichen
und den Übeltäter.

Du, Schamasch, hörst und siehst das Gebet,
die Huldigung, das Niederknien, das heilige Flüstern.
Der schwache Mensch ruft aus tiefstem Herzen nach dir,

der Elende, der Traurige, der Arme.
Der fern ist von den Seinen auf einsamem Wege,
dessen Stadt in der Ferne liegt, ruft dich an.
Der Hirt begegnet dir im Schrecken der Steppe,
der Viehhüter in Drangsalen und Gefahr.

Schamasch, an dich wenden sich, die in Furcht reisen,
der Kaufherr, der Händler, der den Beutel trägt.
Auch der Fischer mit seinem Netz ruft dich an,
der Jäger, der Bogenschütze, der das Wild erlegt,
der Vogelfänger mit dem Fangnetz sucht dich.
Der herumschleichende Dieb ist dir feindlich,
der Plünderer an der Straße ist gesehen von dir.

Du Erleuchter des Dunklen, Vertreiber der Finsternis,
du gibst der weiten Erde das Licht.

DAS LIED STAMMT AUS DER BIBLIOTHEK DES ASSYRISCH-
BABYLONISCHEN KÖNIGS ASSURBANIPAL, 669–627 V. CHR.,
GEHT ABER AUF ÄLTERE TRADITIONEN ZURÜCK

Dieser Gedanke an die Nähe Gottes kann bedrängen in seiner
Gefährlichkeit. So singen die Veden über den indischen Schöpfergott, von dem auch das Recht kommt und das sittliche Gesetz:

Ein Lied über Varuna,
den Gott, der alles weiß,
den großen Schauenden unter den Göttern!

Wer sich zu verbergen meint, Varuna kennt ihn.
Es mag einer gehen, stehen oder umherschleichen,
es mag einer sich fortstehlen in sein Versteck,
es mögen zwei zusammensitzen und sich beraten –
Varuna weiß es.

Er ist nah auf der Erde und im Himmel,
er breitet sich über beide Weltmeere.

und ist verborgen in einem kleinen Teich.
Wer über den Himmel fliehen wollte,
käme von ihm nicht frei.
Denn er blickt durch alles hindurch
im Himmel und auf Erden und jenseits von beiden.
Die Tage aber, die wir Menschen leben, alle
hat er gezählt.

ATHARVAVEDA IV,
NACH DEM 2. JH. V. CHR., INDISCH

Zeitlich nahe dem Hymnus an Varuna steht ein Lied der Bibel,
das ähnlich spricht:

Gott, du siehst mich. Du kennst mich.
Ich sitze oder stehe auf, so weißt du es,
du verstehst meine Gedanken von ferne.
Ich gehe oder liege, so bist du um mich
und siehst alle meine Wege.
Kein Wort ist auf meiner Zunge,
das du, Gott, nicht wüsstest.
Von allen Seiten umgibst du mich
und hältst deine Hand über mir.
Das ist zu wunderbar, zu unbegreiflich,
zu hoch für meine Gedanken.

Wohin soll ich gehen vor deinem Geist?
Wohin fliehen vor deinem Angesicht?
Steige ich zum Himmel, so bist du da,
verberge ich mich im Tode, so bist du auch dort.
Nehme ich Flügel der Morgenröte
und bleibe am äußersten Meer,
so wird deine Hand mich finden
und deine Rechte mich fassen.
Spreche ich: Dunkel möge mich decken
und Nacht statt Licht um mich sein,

so ist auch Finsternis nicht finster für dich,
die Nacht leuchtet wie der Tag.

Du warst mir schon nahe,
als ich, den Menschen verborgen,
gebildet wurde und meine Gestalt fand.
Alle meine Tage und Jahre sahst du.
In deinem Buch standen sie alle,
als noch keiner begonnen hatte.

Erforsche mich, Gott, und erkenne mein Herz,
damit ich nicht, ohne es zu wissen,
auf dem Wege des Unheils bin.
Leite mich, dass ich mein Ziel finde,
jetzt und in Ewigkeit.

AUS DER BIBEL, PSALM 139

Umgekehrt verrät das Gebet des Toten zu dem Totenrichter
Osiris in der altägyptischen Religion durch die Betonung alles
dessen, was der Tote sich nicht habe zuschulden kommen lassen, das in einer tieferen Schicht lebende Bewusstsein einer
verborgenen Verschuldung:

Ich habe nicht Unrecht getan gegen die Menschen.
Ich weiß von nichts Bösem, das ich getan hätte.
Ich habe nicht getan, was der Gott verabscheut.

Ich habe keinen Diener bei seinem Herrn schlechtgemacht.
Ich habe niemanden hungern lassen.
Ich habe niemandem Leid zugefügt.
Ich habe nicht getötet.
Ich habe nicht zu töten befohlen.
Ich habe keinen Ehebruch begangen.
Ich habe das Kornmaß weder größer noch kleiner gemacht.
Ich habe dem Säugling die Milch
nicht vom Munde genommen.
Ich bin rein. Ich bin rein. Ich bin rein. Ich bin rein …

Ich habe den Gott befriedigt mit dem, was er liebt:
Ich habe dem Hungernden Brot gegeben
und dem Dürstenden Wasser,
dem Nackten Kleider und dem,
der kein Schiff hatte, eine Fähre.
Ich bin reinen Mundes und reiner Hände.
Wer mich sieht, ruft mir zu: Willkommen!

PAPYRUS DES NEBSENI, UM 1400 V. CHR.

Der Versuch, Schuld auf magischem Wege beseitigen zu wollen, ist in allen Religionen verbreitet.

Vor einem Opferfeuer

Du Holz, das ich ins Feuer werfe,
du verzehrst die Sünde gegen Gott;
du verzehrst die Sünde gegen die Menschen;
du verzehrst die Sünde gegen die Vorväter;
du verzehrst die Sünde gegen mich selbst;
du verzehrst jede andere Sünde.
Alle Sünden, die mir bewusst, und alle Sünden,
die mir unbewusst sind, verzehrst du.

YAJUR-VEDA, INDISCH

Kein Glaube ist auf Erden,
unter dem nicht Unglaube verborgen wäre.
Kein Gehorsam,
unter dem verborgen nicht Auflehnung wäre,
größer als der Gehorsam.
Kein Sichweihen dem Dienst Gottes, so völlig, so ganz,
unter dem nicht verborgen ein Aufgeben wäre der Ehrfucht.
Keine Behauptung, zu lieben,
der nicht schlechtes Verhalten widerspräche.
Aber Gott, der Erhabene,
richtet seine Diener nach ihrem Tun.

HALLADSCH, 858–922

Als einige Leute Ali lobten, antwortete der:
Gott, du kennst mich besser als ich mich selber.
Ich kenne mich besser als diese Leute mich kennen.
O Gott, mache mich besser als was sie denken,
und vergib mir, was sie nicht wissen.

ISLAMISCH

Ich habe meine sexuellen Bedürfnisse gezähmt,
und jetzt merke ich, dass in mir viel Zorn ist.
Ich habe den Zorn überwunden und sehe,
dass ich voller Habsucht bin.
Ich habe die Habsucht mit viel Mühe hinter mir gelassen
und schwelle jetzt vor Stolz auf mich selbst.
Auch wenn der Geist ganz mit der Welt brechen will,
klammert er sich immer wieder an irgendetwas.

KABIR, 1440–1518, HINDU-MYSTIKER UND DICHTER

Gott hat sein Gesetz gegeben.
Ich aber bin ein irdischer Mensch
und meinem bösen Drang ausgeliefert.
Denn was ich tue, verstehe ich selbst nicht.
Ich tue ja nicht, was ich eigentlich will,
sondern was mir selbst zuwider ist.
So bin ich es im Grunde nicht, der handelt,
es ist die dunkle Macht in mir.

In mir, der doch das Gute tun will,
kommt immerfort das Böse zustande.
Ich stimme dem Willen Gottes
zwar aus ganzem Herzen zu,
aber dort, wo ich handle,
ist ein anderer Wille am Werk als in meinen Gedanken.
Ich unglücklicher Mensch,
wer wird mich befreien aus dieser tödlichen Verstrickung?

AUS DER BIBEL, PAULUS IN RÖMER 7, 14–24

Nichts ist so niedrig, nichts so kläglich auf Erden,
als ich mich fühle ohne dich.
Wie hoch geht mein Streben!
Wie schwach ist die Kraft, die dich um Erbarmen bittet!
Reiche mir den Glauben, den ich ersehne,
den ganz und voll zu finden eigene Schuld mir wehrt.
Die Gabe aller Gaben, groß und selten scheint sie mir,
und um so größer, als ohne sie
kein Friede, kein Genügen in der Welt.

MICHELANGELO BUONARROTI, 1475–1564

Meine Füße sind schmutzig geworden
auf den Straßen der Sünde.
Ich strecke meine Hände aus nach Gott:
Wer wäscht mir die Füße?
Komm, Herr Jesus! Meine Füße sind voll Schmutz;
komm und tu noch einmal Sklavendienst an mir;
schütte Wasser in deine Schüssel,
komm und wasche mir die Füße!
Ich weiß: Meine Rede ist kühn;
aber ich fürchte das Wort, das du sagtest:
»Wasche ich dir nicht die Füße, hast du kein Teil an mir.«

ORIGENES, CA. 185 – CA. 254

Die Einsicht in die Schuldhaftigkeit des eigenen Lebens muss
uns hindern, dem anderen Menschen irgendeine Schuld vorzu-
werfen.

Blickt nicht auf die Fehler anderer oder darauf,
was andere getan oder nicht getan haben.
Beobachtet vielmehr, was ihr selbst getan
oder nicht getan habt.

BUDDHA IN DHAMMAPADA 4.7

Sie sagten zu Jesus:
»Meister, die Frau wurde auf frischer Tat
beim Ehebruch ertappt.
Das Gesetz des Moses weist uns an,
solche zu steinigen. Was sagst du?«
Er sprach zu ihnen:
»Wer unter euch ohne Sünde ist,
der werfe den ersten Stein.«

Aus der Bibel, Johannes 8, 4–7

Was starrst du auf den Splitter im Auge deines Bruders
und bemerkst nicht den Balken in deinem eigenen Auge?
Wie kannst du zu deinem Bruder sagen: »Halt still, Bruder!
Ich will den Splitter aus deinem Auge ziehen!«,
und übersiehst den Balken im eigenen Auge?
Du Heuchler! Zieh erst den Balken aus deinem Auge,
dann erst sieh zu,
wie du den Splitter aus deines Bruders Auge ziehst.

Jesus in Lukas 6,41–42

Die Fehler anderer sind leichter für dich zu erkennen
als deine eigenen.
Die Fehler anderer siehst du leicht,
denn sie liegen vor deinen Augen,
während die eigenen Fehler in dir verborgen sind.

Gautama Buddha in Udanavarga 27.1

Wenn dir jemand hinterbringt,
der oder jener habe gehässig über dich gesprochen,
so versündige dich nicht, sondern sage dir:
Er kannte wohl die anderen Fehler nicht, die mir anhaften,
sonst hätte er nicht nur diese angeführt.

Epiktet, 50–140 n. Chr.

Du bist, was du warst;
du wirst sein, was du tust.

Buddha, 560–480 v. Chr.

> Der entscheidende Abstand zwischen Buddhismus und Christentum liegt an dieser Stelle. »Du wirst sein, was du tust«, sagt Buddha. »Was du tust, kann vergeben werden«, sagt die Bibel. Deine Schuld wird dein künftiges Leben bestimmen, sagt Buddha. Deine Schuld kann von dir genommen werden, dir wird ein neues Anfangen gewährt, neue Unschuld, neue Reinheit, sagt die Bibel. Schuld und Schicksal hängen untrennbar zusammen, sagt Buddha. Schuld und Schicksal können getrennt werden, sagt die Bibel.

Ich verurteile dich nicht.
Geh und tu, was du getan hast, nicht mehr.

Jesus zur Ehebrecherin in Johannes 8,11

Wenn ihr betet,
dann verzeiht jedem, gegen den ihr etwas habt,
damit auch euer Vater im Himmel wegräumt,
was an Schuld zwischen euch und ihm steht.

Jesus in Markus 11,25–26

Wenn es je meine Art war, Schmerzen zu bereiten,
wenn je meine Worte leer und hohl klangen,
wenn je ich weiches Fleisch berührte
und meine Hand war kalt,
wenn je mein Herz Lügen sprach und zu klopfen aufhörte –
verzeiht mir

nicht wegen meiner eigennützigen Schwäche,
nicht wegen meines Stolzes, der bestätigt sein will,
nicht wegen meiner Haltung, die sich nicht beugen mag,

nicht wegen meines Herzens, das vor langer Zeit brach –
verzeiht mir

um des Sonnenscheins willen, der unsere Seelen wärmte,
um des Duftes der Blumen willen, die wir pflückten,
um des Mondlichtes willen,
das auf unbewegten Körpern glänzt,
um der tausend plätschernden Flüsse willen,
die wir überquerten,
verzeiht mir.

Duke Redbird, Ojibwa

Rabbi Bunam sprach:
Die große Schuld des Menschen
sind nicht die Sünden, die er begeht –
die Versuchung ist groß und seine Kraft ist klein.
Die große Schuld des Menschen ist,
dass er jederzeit umkehren kann und es nicht tut.

Aus dem Chassidismus

Das Wort »Gnade« meint die Vorstellung nicht nur von der
freundlichen Zuwendung Gottes, sondern auch von einem
Rechtsakt, in dem Gott eine Strafe erlässt, wie ein Staatsober-
haupt einen »Gnadenakt« vollzieht.

Gott,
ich kann dich nur preisen,
weil du mich dazu befähigt hast.
Ich kann dich nur rühmen,
weil du es willst.
Ich kann dich nur heiligen,
weil du mir die Kraft gibst.
Ich kann dich nur bekennen,
weil du mich stark machst.

Ich kann auf nichts anderes blicken
als auf deine Barmherzigkeit

und kann mich an nichts klammern,
als an deine Gnade.

ALI IBN ABI TALIB, 600–661

Es gibt keine kleine Sünde,
wenn seine Gerechtigkeit dir gegenübersteht,
und keine große,
wenn seine Gnade dir vor Augen ist.

IBN ATA ALLAH, † 1309, MOSLEM

Mich, den Geringsten
hast du beachtet wie ein kostbares Ding …
Mich Hund,
mich, Geringeren als einen Hund,
hast du voll Liebe zu deinem Eigentum gemacht.

MANIKKA VASHAGAR, 8. JH., INDIEN

Dass die Bitte um Vergebung Gottes Initiative sei, wird immer
wieder gesagt:

Die Sünden der Verbrecher weht er davon
wie Laub im Winde.
Schon die Bitte um Vergebung haucht er selbst
den Übeltätern ins Ohr.

RUMI, 1207–1273

Dir wenden wir uns zu,
du, näher uns als wir uns selbst.
Du schenkst uns das Gebet.
Du sprichst es selbst in uns.
Wie wüchse sonst aus Staub
ein Rosenbeet?

RUMI, 1207–1273

Lieder der Klage

Seinen besonders starken Ausdruck fand das Gebet von jeher in der Klage, mit der ein Mensch sein Leid vor der Gottheit ausbreitete.

Klage eines Priesters
über die Zerstörung seines Ischtar-Heiligtums:

Als die Schwachen sich erhoben gegen die Starken,
wurde ich ihr Opfer, wurde ich schwach.
Wie eine Flut, getrieben von unheilvollem Wind,
so trieb es mich ins Unheil.
Mein Herz ist auf der Flucht wie ein Vogel des Himmels.
Gleich einer Taube wehklage ich Tag und Nacht.
Verwüstet ist meine Seele, ich weine bitterlich.
Voll Weh und Leid ist mein Herz.
Ins Elend bin ich geraten,
als hätte ich meinem Gott
und meiner Göttin nicht gedient.
Krankheit, Verderben, Verwüstung haben mich befallen.
Drangsal, Unmut, Zorn erfüllen mich.

O Ischtar, meine Herrin! Ich erlebe finstere Tage!
Monate, Jahre der Verfolgung!
Eine Regierung erlebe ich, o meine Herrin,
die Verwirrung stiftet und Empörung auslöst.
Vernichtet ist mein Tempel, vernichtet mein Heiligtum.
Dein Antlitz hat sich anderswohin gewendet.
Meine Kraft ist gebrochen, meine Macht am Ende.

Auf dich aber schaue ich, meine Herrin,
auf dich hin bleiben meine Ohren gerichtet.

BABYLONISCH, 1. JT. V. CHR.

Dir, Gott, und den Menschen,
den Toten und den Lebendigen tat ich Gutes.
Warum verfolgen mich Krankheit, Herzeleid,
Auszehrung und Verderben?
Im Lande ist Streit und Aufruhr,
im Haus wilde Zwietracht.
Böse Reden richten sich gegen mich, immer und überall.
Tiefe Bekümmernis der Seele und Schmerzen des Leibes
beugen mich nieder.
Unter Weh und Ach verbringe ich meine Tage.
Der Tod hält mich in seinen Fäusten, Elend ist mein Los.
Mein Herz jagt in seiner Angst,
im Jammer klage ich Tag und Nacht.
Ich kann nicht mehr. Ich bin so müde.

O Gott, gib das alles doch dem,
der dich nicht fürchtet.
Ich möchte Licht schauen, dein Licht!
Wann, o Gott, wirst du es mir schenken?

ASSURBANIPAL, KÖNIG VON ASSYRIEN UND BABYLON,
REGIERTE VON 668–626 V. CHR.

Meine Augen fließen über von Tränen
unaufhörlich Tag und Nacht,
denn mein Volk ist unheilbar wund
und völlig zerschlagen.

Geh ich hinaus aufs Feld,
so sehe ich vom Schwert Erschlagene,
komme ich in die Stadt,
so finde ich vor Hunger Gestorbene.

Hast du denn, Gott, Juda verworfen?
Warum hast du uns so geschlagen,
dass uns niemand heilen kann?
Wir hofften, es solle Friede werden,

aber es kommt nichts Gutes.
Wir hofften, wir sollten heil werden,
aber ringsum ist Schrecken.

AUS DER BIBEL, JEREMIA 14,17–19

Gott der Erde, mein Herr,
ich rufe zu dir bei Tag, ich rufe zu dir in der Nacht;
wenn der Mond dort aufgeht,
verliere mich nicht aus deinem Blick,
halte die Gefahr von mir, Gott, mein Herr!
Lass deinen Wurm auf der Erde nicht zugrunde gehen!
Wie wir einen Wurm auf der Erde
durch einen Tritt töten können,
so kannst du, wenn du willst,
uns auf der Erde durch einen Tritt vernichten.

Ein einziger schlechter Mensch
hat alle Menschen aus ihrer Wohnung vertrieben;
die Mütter und die Kinder hat er
wie eine Herde Truthühner zerstreut;
der mörderische Feind riss das schöngelockte Kind
aus dem Arm seiner Mutter und erwürgte es.
Dies alles hast du geschehen lassen,
warum hast du es getan?
Du allein weißt es. –

Du hast uns die Saat wachsen lassen
und sie unserem Auge gezeigt;
der hungrige Mann schaut sie an mit seinen Augen
und ist getröstet. Wenn aber das Getreide blüht,
schickst du Raupen und Heuschrecken hinein,
Heuschrecken und Tauben!
Alles kommt aus deiner Hand, du lässt es so geschehen;
warum du das tust, weißt allein du.

GEBET DER GALLA, BANTU (OSTAFRIKA), 20. JH.

O Allah, sei mir gnädig!
Ich habe niemand als dich, dir zu klagen,
ich habe niemand als dich, dir zu sagen:

Ruhlos grämt sich mein Herz,
wie die zitternden Wellen des Meeres.
Du lässt mich treiben von Ufer zu Ufer.

Du lässt mich weinen
wie einen Irren, der am Wegrand weint –
wie Stumme träumen,
die ihren Traum nicht sagen können –
so geht es mir.

VOLKSLIED AUS OSTBENGALEN, ISLAMISCHE TRADITION

Mein Leben ist Leid. Es ist Nacht.
Es ist Einsamkeit.
Es ist Verzweiflung und Müdigkeit.
Hoffnung ohne Erfüllung. Ich liebe es nicht.

Ich möchte es von mir werfen
wie einen wertlosen Gegenstand.
Ich bin allein.
Die Freude trägt das Gesicht der Toten.
Herr, lass mich zu dir kommen,
denn ich bin müde.
Müde aller Erkenntnis. Müde aller Worte.
Müde aller Pläne. Müde aller Hoffnungen.
Müde meiner Freunde. Müde meiner selbst.
Müde von allem Weinen.
Müde von allem Enttäuschtsein.
Müde von aller Zerrissenheit.

Herr, lass mich nach Hause.
Das Leben braucht mich nicht.
Ich möchte nur ausruhen bei dir.

HILDEGARD SENNLAUB

Du, so haben wir nicht gewettet.
Ich liebe den Mischa und mehr nicht.
Mehr nicht, verdammt, und bist du nicht für die Liebe?
Jetzt sitze ich da, zehnte Woche,
es wächst einfach, ohne mich zu fragen.
Ein Klumpen Gewebe, Zellen, glasige Knopfaugen.
Ich habe es nicht gewollt.
Ich will es nicht haben.

Der Mischa weiß plötzlich von nichts.
Wie er das sagt: Dein Problem!
und aus dem Fenster guckt.
Und meine Arbeitsstelle?
Meine Wohnung, anderthalb Zimmer Altbau vierter Stock?
Weißt du, wie ich mich fühle, weißt du es wirklich?
Mit wem soll ich reden?
Die haben alle selbst ihren Stein um den Hals.

Jetzt rede ich mit dir,
angeblich mein Vater im Himmel, Retter in der Not.
Du hörst dir den Monolog an und gibst keine Antwort.
Unheimlich stumm bist du, weißt du das?
So rede doch. Sag mir, was ich tun soll.
Ich bin dein Kind, wie es so schön heißt.
Und mein Kind ist dein Kind. Es lebt, und ich lebe.
Erbarme dich unser, habe ich gelernt.
Rate mir, hilf mir. Erbarme dich unser!

Rosemarie Harbert

Vater, komm herab aus dem Himmel,
ich habe alle Gebete vergessen,
die Großmutter mich lehrte.
Die Arme, jetzt ruht sie in Frieden
und braucht nicht mehr zu waschen und zu putzen,
sich nicht mehr
den ganzen Tag um die Wäsche zu kümmern,

sie braucht nicht mehr zu wachen bei Nacht,
nicht mehr zu beten,
dich um Dinge zu bitten, sanft dich zu schelten.

Aus dem Himmel komm herab.
Wenn du dort bist, dann komm,
an dieser Straßenecke verhungere ich,
ich weiß nicht mehr, warum ich zur Welt kam,
ich betrachte meine Hände, die verschmähten,
es gibt keine Arbeit, es gibt keine.

Komm einen Augenblick, sieh,
was aus mir geworden ist,
diese zerrissenen Schuhe,
diese Beklemmung, diesen leeren Magen,
diese Stadt ohne Brot für meine Zähne,
dieses Fieber, das in meinen Knochen wühlt,
dieses Schlafen unter dem Regen,
geschlagen von Kälte, verfolgt.
Ich sage dir, ich verstehe das nicht.
Vater, komm herab, berühre meine Seele,
sieh mein Herz an.

Ich habe nicht gestohlen,
ich habe nicht gemordet, ich war ein Kind,
und doch schlagen sie mich und schlagen mich,
ich sage: ich versteh das nicht.
Vater, komm herab, wenn du dort bist,
ich suche Geduld in mir und finde sie nicht,
und so werde ich meine Verzweiflung
beim Schopfe packen
und sie wetzen, um loszuschlagen,
ich werde schreien mit Blut in der Kehle,
denn ich kann nicht mehr, ich habe Nieren,
und ich bin ein Mensch.

Komm herab, was haben sie
aus deinem Geschöpf gemacht, Vater?

Ein wütendes Tier,
das die Steine der Straße verschlingt.

<small>Nach Juan Gelmann, *1930, Argentinien</small>

Der Vater mit dem kranken Kind unterwegs

Die Frau hat mich angestoßen, hat schon geweint:
»Das Kind hat jetzt ganz hohes Fieber. Es brennt.
Es atmet kaum noch.«
Da bin ich aufgesprungen.
Ich habe es unter die Jacke genommen
und bin über die anderen Kinder weggestiegen.

Draußen regnete es.
Der Regen kam schon durch das Stroh
und durch die Pappe rein.
Ich habe Angst,
die ganze Lehmhütte schwimmt noch mal weg.
Da bin ich mit dem Kind losgerannt.
Das war warm und trocken unter der Jacke.
Aber es war so heiß. Es brannte.
Es atmete kaum.

Da standen die Halbstarken
unten zwischen den Hütten,
wo sie Schnaps machen.
Die wollten Geld. Oder Blut.
Da habe ich denen das Kind gezeigt;
sie ließen mich laufen.

Ich bin dann durch die Stadt gelaufen
zu dem großen Krankenhaus.
Da war aber schon alles voll.
Da lagen sie im Flur und bluteten und starben.
Aber Ärzte waren keine da,
und die Schwestern tranken Tee.
Erst später kam eine, die sagte:

»Jetzt wird nichts mehr gemacht. Es ist Feierabend.
Bis morgen früh.«
Aber das war zu spät für das Kind.
Das atmete kaum noch.
Das sagten die Frauen auch, die dabeistanden.

Da bin ich zu dem Privatkrankenhaus gerannt.
Da waren Schwestern und auch ein Arzt.
Die sagten aber:
»Fünfzig Schillinge auf den Tisch,
sonst sehen wir uns das Kind nicht an.«
Aber wo soll ich fünfzig Schillinge herkriegen?
Die machten nichts.
Ich blieb mit dem Kind sitzen.

Das Kind starb. Der Nachtwächter sah zu.
Der sagte:
»Wenn du mir später mal
eine Flasche Bier vorbeibringst,
dann brauchst du das Kind nicht mehr
mit nach Hause zu nehmen,
dann mach ich das hier.«
Lieber, guter Gott.
Da hab ich das Kind dagelassen.
Aber jetzt ist es bei dir, lieber, guter Gott.
Da ist es besser als bei den Menschen.

AUS AFRIKA, 20. JH.

Wakan Tanka, der du Träume gibst,
erleuchte meinen Weg in diesem dunklen Gefängnis,
bring den stillen Frieden,
damit ich das Lied meines Inneren hören kann,
das Wind-Lied,
damit ich den Schlag meines Herzens hören kann,
den Schlag des Regens,
damit ich meinen Körper fühlen kann,

der eins ist mit der Erde,
und das warme Feuer in meinem Blut.

So bin ich in meinem Haus,
und meine Heimat ist um mich herum.

Wakan Tanka, der du Träume gibst,
sprich in der Dunkelheit,
komm, wenn es Morgen wird!

ROBERT C. WHITE, IM SAN-FRANCISCO-GEFÄNGNIS, INDIANISCH

Kaddisch

Rot schreit der Mohn auf Polens grünen Feldern.
In Polens schwarzen Wäldern lauert Tod.
Verwest die gelben Garben.
Die sie gesät, sie starben.
Die bleichen Mütter darben.
Die Kinder weinen: Brot.

Vom Nest verscheucht, die kleinen Vögel schweigen.
Die Bäume klagen mit erhobnen Zweigen.
Und wenn sie flüsternd sich zur Weichsel neigen,
gen Osten wehend ihren trüben Psalm
in bärtger Juden betender Gebärde,
dann bebt die weite, blutgetränkte Erde,
und Steine weinen.

Wer wird in diesem Jahr den Schofar blasen
den stummen Betern unterm fahlen Rasen,
den Hunderttausend, die kein Grabstein nennt
und die nur Gott allein bei Namen kennt?
Saß er doch wahrlich strenge zu Gericht,
sie alle aus dem Lebensbuch zu streichen.
Herr, mög der Bäume Beten dich erreichen.
Wir zünden heute unser letztes Licht.

MASCHA KALÉKO, 1912–1975

Winter im Konzentrationslager

In einer Baracke hausen wir alle,
da hat uns der Wirbel zusammengeweht.
Da dröhnen die Tritte mit hölzernem Halle,
so dass man das eigene Wort nicht versteht.

Da stehen die Bäume wie tote Gespenster
und strecken zum Himmel ihr wirres Geäst,
da sickert der Regen durch klappernde Fenster,
da surrt ein Gedröhn wie im Hornissen-Nest.

Da stöhnen die Kranken, da keifen die Alten,
da stampfen die Stiefel durch wässrigen Kot.
Da lässt sich vor Kälte der Löffel nicht halten,
da packt uns das Fieber – da streift uns der Tod –

da kauert das Heimweh bei Nacht in der Ecke,
da frieren im Auge die Tränen zu Eis.
Da glühen die Bilder aus finstrem Verstecke
und sengen das Herz, das von Glück nichts mehr weiß.

Fern rauschen die Wälder, fern locken die Seen,
die Sonne verschwendet ihr mütterlich Licht.
Die Sterne erzählen von Kommen und Gehen,
sie blinken hernieder und sehen uns nicht.

In einer Baracke hausen wir alle,
da nährt uns das Brot, das den Hunger nicht stillt.
Da würgt uns das Schicksal mit eiserner Kralle,
bis dass uns das Blut aus dem Herzen quillt.

Wir blicken zum Himmel, wir heben die Hände,
wir stöhnen ins Kissen ein einziges Wort:
»O Vater der Gnade, ein Ende, ein Ende!
Uns schreckt keine Zukunft – nur fort – nur fort!«

Gerty Spies
Das Gedicht entstand zwischen 1942 und 1945 im
Konzentrationslager Theresienstadt.

In Warschau

Was suchst du auf den Trümmern der Kathedrale
Des Heiligen Jan
An diesem warmen Tag im Frühling, Poet?

Was denkst du hier, wo der Wind
Von der Weichsel wehend
Den roten Ruinenstaub fortbläst?

Du hattest geschworen, nie mehr
Klagelieder zu singen.
Du hattest geschworen, nie mehr
An die großen Wunden deines Volkes zu rühren,
Sie nicht zu einer Reliquie zu machen,
Zu einem verfluchten Heiligtum, das die Nachkommen
Jahrhunderte lang noch verfolgt.

Doch das Weinen Antigones,
Die ihren Bruder sucht,
Ist wahrlich über das Maß
Des Erträglichen. Das Herz aber
Ist ein Stein, in dem
Die dunkle Liebe zum Land des äußersten Unglücks
Verschlossen ist wie ein Insekt.

So lieben wollte ich nicht,
Es war nicht meine Absicht.
So mitleiden wollte ich nicht,
Es war nicht meine Absicht.
Meine Feder ist leichter
Als die eines Kolibri. Diese Bürde
Übersteigt meine Kraft.

Wie soll ich leben in diesem Land,
Wo mein Fuß an die Knochen
Der nicht begrabenen Verwandten stößt?
Ich höre Stimmen, ich sehe Lächeln. Ich kann nichts
Schreiben, weil gleich fünf Hände

Nach meiner Feder greifen
Und ihre Geschichte zu schreiben befehlen,
Die ihres Lebens und die ihres Todes.
Bin ich denn dafür geschaffen,
Klagelieder zu singen?
Ich möchte Feste beschreiben,
Lustige Haine, in die mich
Shakespeare geführt hat. Lasst doch
Den Dichtern die Augenblicke der Freude,
Sonst geht eure Welt zugrunde.

Es ist Wahn, ohne ein Lächeln zu leben,
Zwei Worte zu wiederholen,
Die euch, ihr Toten, gelten,
Euch, die ihr teilhaben solltet
Am Frohsinn der Taten, Gedanken
Des Körpers, des Lieds und der Feste.
Zwei herübergerettete Worte:
Gerechtigkeit und Wahrheit.

Czeslaw Milosz, *1911
Das Gedicht entstand 1945 in Krakau.

litanei 72

Den es nicht gibt
ICH BETE IHN AN
der nicht vater ist und mutter
ICH BETE IHN AN
der nicht freund ist nicht geliebte
ICH BETE IHN AN
nicht genosse nicht weggefährte
ICH BETE IHN AN

Der nicht nacht ist und tag nicht
Weder wasser noch sonne
nicht straße nicht schlucht nicht gebirge
ICH BETE IHN AN

der nicht stern und mond ist
weder meergrund noch sonnenblume
der du nichts bist von alledem nichts
ICH BETE DICH AN …

FREMDER –
der sich in der stadt einnistet
WAGNIS –
das keine sicherheit verspricht
OPFER –
das mich selber verlangt
WUNDE –
die zu bluten nicht aufhört
ICH BETE DICH AN

Glaube
hoffnung und liebe
ICH BETE DICH AN

Blendlicht und tintenfinsternis
ICH BETE DICH AN

KURT MARTIN MAGIERA, 1928–1975

Herr Cogito sucht Rat

So viele bücher wörterbücher
bauchige lexika
und niemand weiß rat

man hat die sonne erforscht
den mond die sterne
und mich verloren

meine seele
verweigert den trost
die kenntnis …

– ich suche dich rabbi

– er ist nicht hier
sagen die chassidim
– sondern im reiche scheol

– schön war sein tod
sagen die chassidim
– sehr schön
als wär er
aus einer ecke
in die andre gegangen

ganz schwarz
in der hand
die flammende Thora

– ich suche dich rabbi
– hinter welchem firmament
hast du dein kluges ohr versteckt

– rabbi mein herz tut weh
– ich habe sorgen

vielleicht könnte rabbi Nachman
mir raten
aber wie soll ich ihn finden
in so viel asche

ZBIGNIEW HERBERT, *1924,
POLNISCHER DICHTER

Unser täglich Brot

Es ist früh, wie jeden Morgen,
Kinder streiten sich mit Hunden
um Mülltonnen.
Alles wird durchgewühlt,
'rein und 'raus,
Speisereste aus dem Müll,
sie teilen sich mit Hunden

das verfaulte Brot aus dem Müll.
Eine Hundewelt ohne Herz.
Das ist die Art und Weise,
die Gott gefunden hat, das Gebet
dieser armen hungrigen Kinder:
»Unser tägliches Brot gib uns heute«
aufzunehmen.

An diesem Tag, nein, in dieser Woche
war das Brot auf unserem Tisch
nicht mehr das alte.
Bitter war das Brot,
voller Lästerungen der Armen,
die für Gott Bitten sind.
Und erst dann wurde es süß und gut,
als es geteilt wurde
mit den hungernden Kindern und Hunden.

LEONARDO BOFF, *1938, BRASILIEN

Mensch,
lass deine Seele ihr Ohr jedem Schmerzensschrei öffnen,
wie die Lotosblume ihr Herz
der morgendlichen Sonne hinneigt.

Lass nicht den heißen Sonnenstrahl
eine schmerzende Träne trocknen,
ehe du selbst sie fortgewischt von des Leidenden Auge.

Lass jede brennende Träne fallen in dein eigenes Herz.
Lass sie bleiben und trockne sie nicht,
bis der Schmerz des anderen, der sie schuf, verlöscht.

METTA SUTRA DER THERA VEDA

Die dunkle Seite der Schöpfung darf man weder
theologisch moderieren noch politisch entsorgen.
Sie gehört zu jenen Fragen, die weder beantwortbar sind
noch unbeantwortet bleiben dürfen.

HEINZ ZAHRNT, *1915

Schreie der Anklage

Aber die Klage wandelt sich immer wieder auch in die Anklage gegen Gott. Das Vertraute zerbricht, ein Mensch kündigt Gott den Glauben auf. Schicksale von Einzelnen oder ganzen Völkern werden zum Gegenstand von Protest und Vorwurf. Und nicht zuletzt die Bibel gibt dem Raum, Recht und Legitimität. Das Buch Hiob steht für alle Anklagen und Vorwürfe, die ein Mensch je Gott gegenüber zu formulieren vermöchte.

Gilgameschs Schmährede gegen die Göttin Ischtar:

Ein Ofen bist du, der nicht wärmt bei Kälte,
ein gegen Zug und Wind untauglich Tor.
Bist Erdpech, das besudelt den, der nach ihm fasst,
ein Wasserschlauch, der seinen Träger nässt,
ein Kalkstein, der die Mauerfugen sprengt,
ein Schuh, der seines Trägers Füße beißt.

Dem Tammuz, dem Geliebten deiner Jugend,
hast Tränen du für jedes Jahr bestimmt.
Du liebtest auch den farbenfrohen Vogel,
doch schlugst du ihn, zerbrachest ihm die Flügel.
Nun singt er im Gebüsch und ruft: Mein Flügel!

Auch liebtest du den kampferprobten Hengst,
der doch nur Peitsche, Hieb und Stich empfängt.
So muss er jagen sieben Doppelstunden,
das aufgewühlte, schmutzige Wasser trinken,
dass drob Silili, seine Mutter, weint.

Dann liebtest du den Hirten bei den Schafen,
Brotkuchen opfert er dir ohne Rast,
er schlachtete dir Zicklein jeden Tag.
Du schlugst ihn, machtest ihn zum Wolf,

nun scheuchen ihn die eigenen Hütejungen,
und seine Hunde beißen ihn ins Bein...

AUS DEM GILGAMESCHEPOS, CA. 2000 V. CHR.,
ZWEISTROMLAND

Das weiß ich!
So ist es!
Kein Mensch ist im Recht gegen Gott!
Hätte Gott Lust, mit ihm zu streiten,
so wüsste er auf tausend Fragen kein Wort.
Weise und mächtig ist Gott,
wer könnte ihm trotzen und bliebe heil?
Unversehens versetzt er Berge
und stürzt sie um in seinem Zorn.
Er erschüttert die Erde im untersten Grund,
ins Wanken bringt er ihre Pfeiler.
Er spricht zur Sonne, so geht sie nicht auf,
er versiegelt die Sterne, so bleiben sie dunkel.

Wie sollte denn ich ihm entgehen?
Wie sollte ich Worte finden vor ihm?
Hätte ich recht, ich fände kein Ohr
und müsste um Gnade anflehen meinen Feind!
Er würde im Wettersturm nach mir greifen
und meine Wunden vermehren ohne Grund.
Geht es um Macht und Gewalt – er hat sie!
Geht es um Recht – wer lädt ihn vor?
Wäre ich gerecht, so verdammte mein eigener Mund mich,
wäre ich schuldlos, er spräche mich schuldig.

Unschuldig bin ich! Ja, ich verachte mein Leben,
werfe es weg, fremd bin ich mir selbst.
Alles ist einerlei, und ich sage:
Unschuldige – Schuldige, er bringt sie um.
Wenn seine Geißel plötzlich zuschlägt,
so lacht er der Angst des Unschuldigen.

Deine Hände haben mich kunstvoll bereitet,
nun aber wendest du dich, mich zu zerschlagen.
Leben gabst du mir, Liebe mir ins Herz,
und meinen Geist schützte deine behutsame Sorge,
aber im Stillen, in deinem Herzen verborgen –
ich weiß, nur dies war deine Absicht –,
du wolltest Acht haben, wann ich fehlte,
und wolltest meine Schuld rächen.

Lass ab! Lass ab, dass ich mich ein wenig erquicke,
ehe ich hingehe, um niemals wiederzukehren,
hin in das Land der Finsternis
und der Schatten, in das Land,
das so dunkel ist wie die Nacht,
wo finstere Mächte treiben ohne Ordnung,
wo Schwärze ist, tödliche, schweigende Finsternis!

AUS DER BIBEL, HIOB 8–10

Wer Jesus von Nazaret verstehen will,
muss Hiob im Sinn behalten –
beide lebten im Horizont desselben Gottes.

HEINZ ZAHRNT, *1915

Geschieht etwa ein Unglück in der Stadt,
das nicht von Gott ausgeht?

AUS DER BIBEL, AMOS 3,6

Wer kann denn behaupten,
dies alles geschehe, ohne dass Gott es anordnete,
und es komme nicht beides, das Böse und das Gute,
aus dem Munde des Höchsten?

AUS DER BIBEL, KLAGELIEDER 3,37–38

Ich bin der Herr.
Ich mache das Licht und schaffe die Finsternis.
Ich schaffe Frieden und ich verfüge das Unheil.
Alles, was geschieht, ist mein Werk.

Aus der Bibel, Jesaja 45,6–7

Vater unser! Wenn du im Himmel bist
und dein Name heilig ist,
warum geschieht dann nicht dein Wille,
auf der Erde wie im Himmel?

Warum gibst du nicht allen ihr tägliches Brot?
Warum vergibst du uns nicht unsere Fehler,
damit wir unsere Klagen vergessen?
Warum fallen wir noch in die Versuchung, zu hassen?

Wenn du im Himmel bist, unser Vater,
warum befreist du uns nicht von dem Bösen,
damit wir dann sagen: Amen?

Marialzira Perestrello, Brasilien

Lass die heil'gen Parabolen,
lass die frommen Hypothesen –
suche die verdammten Fragen
ohne Umschweif uns zu lösen.

Warum schleppt sich blutend, elend,
unter Kreuzlast der Gerechte,
während glücklich als ein Sieger
trabt auf hohem Ross der Schlechte?

Woran liegt die Schuld? Ist etwa
unser Herr nicht ganz allmächtig?
Oder treibt er selbst den Unfug?
Ach, das wäre niederträchtig.

Also fragen wir beständig,
bis man uns mit einer Handvoll
Erde endlich stopft die Mäuler –
Aber ist das eine Antwort?

<small>HEINRICH HEINE, 1797–1856</small>

Die Frauen fordern Gott ob seines Schweigens heraus
und fragen:
Wo warst du, als wir hungrig waren?
Wo warst du, als wir nach dir schrien,
während unsere Körper von Ehemännern, Polizisten
oder von Soldaten der Kolonialmächte vergewaltigt,
verstümmelt und entstellt wurden?
Hast du unsere Schreie gehört?
Hast du gesehen,
wie unsre Leiber wie die von toten Hunden
weggeschleppt wurden und auf Müllkippen geworfen?

<small>CHUNG HYUN KYUNG, *1956, KOREANISCHE THEOLOGIN,
FÜHREND IN DER ASIATISCHEN FRAUENBEWEGUNG</small>

Weshalb muss ich zu dir reden?
Ich glaube nicht meinen Worten
oder dass du hörst.

Soll dies Staubkorn das wirbelnde Weltall anreden?
Du bist mir wie gar nichts,
wenn du nicht der Barmherzige bist.

Aber du bist nicht barmherzig:
das bezeugt der blinde Wurm,
dein Volk.

Lass Schweigen zwischen uns sein;
lass die Erde ihren Mund schließen;
ich will nicht zu dir sprechen.

<small>AMY BLANK IM JAHR 1975, JÜDIN</small>

Warum ich gott so selten lobe
fragen die freunde mich immer wieder
verdammt bin ich's denn
war der bund nicht zweiseitig
dass er etwas lobenswertes tut oder vorbeischickt
und ich etwas zum loben entdecke

Ein fabelhafter kontrakt
er schickt nichts ich sehe nichts
er war schon immer stumm ich war schon immer blind
das ist die melodie dieser welt

Montags war er stumm
also war ich blind
am abend torkelte eine wolke vorbei
mit goldenem rand
aber ich schickte sie weg
den kopfhörer auf
für die melodie dieser welt

Dann rief wieder einer dieser lustigen freunde an
warum ich denn so selten
er benutzte rund zwölf sprachen für das wort gott
darunter das psychoanalytische das chinesische
die frauensprache das kybernetische
und die rastaferai musik
ich hängte ein

Außerdem hätte ich nichts gegen gott
wenn er sich an seine versprechen hielte

DOROTHEE SÖLLE, *1929

Auschwitz, Warschaugetto, Katyn, Tulle, Hiroshima – alles
im Quadrat, alles hoch vier:
$X^2 + y^3 + z^4$ – nicht Zahlen, sondern die Schicksale, die
scheußlichen, dreckigen und sinnlosen Tode der Einzelnen,
diese Tode und Schreie und Tränen, und all das gemeine

Verrecken, das grässliche Krepieren von Menschen und Tieren ... Und nun, Herr Jesus, komm und sieh's an, komm und
sag, ob du das gesehen, ob du, nun da du's siehst, noch die
Rede wagst von dem »Vater«, deinem und »unserem Vater«?

»Ich habe alles gesehen ..., alles, ich bin im Dunkel gewandelt wie ihr, ohne Antwort auf alles Warum, ich kann es
euch nicht erklären, ich wusste nur, es ›muss‹ sein (Mk
8,31), der Galgen am Ende, es musste ..., es war mir ver-
fügt.« »Und dennoch Vater?« »Der meine, der eure – dennoch! Aber seht, ihr scheint es nicht mehr zu sehen: Aus
dem Antlitz des Vaters blickt euch die Gottheit an, tre-
menda maiestas – die erschreckende Größe und Hoheit –,
vor der ich erschauernd stand, alles Warum mir verstummte ...«

FRIDOLIN STIER, 1902–1981

Gebet nach dem Schlachten

Kopf ab zum Gebet!

Herrgott! Wir alten vermoderten Knochen
sind aus den Kalkgräbern noch einmal hervorgekrochen.
Wir treten zum Beten vor dich und bleiben nicht stumm.
Und fragen dich, Gott:
Warum?

Warum haben wir unser rotes Herzblut dahingegeben?
Bei unserm Kaiser blieben alle sechs am Leben.
Wir haben einmal geglaubt ... Wir waren schön dumm ...!
Uns haben die besoffen gemacht ...
Warum?

Einer hat noch sechs Monate im Lazarett geschrien.
Erst das Dörrgemüse und zwei Stabsärzte erledigten ihn.
Einer wurde blind und nahm heimlich Opium.

Drei von uns haben zusammen nur einen Arm ...
Warum?

Wir haben Glauben, Krieg, Leben und alles verloren.
Uns trieben sie hinein wie im Kino die Gladiatoren.
Wir hatten das allerbeste Publikum.
Das starb aber nicht mit ...
Warum? Warum?

Herrgott!
Wenn du wirklich der bist, als den wir dich lernten:
Steig herunter von deinem Himmel, dem besternten!
Fahr hernieder oder schick deinen Sohn!
Reiß ab die Fahnen, die Helme, die Ordensdekoration!
Verkünde den Staaten der Erde, wie wir gelitten,
wie uns Hunger, Läuse, Schrapnells und Lügen
den Leib zerschnitten!
Feldprediger haben uns in deinem Namen
zu Grabe getragen.
Erkläre, dass sie gelogen haben! Lässt du dir das sagen?
Jag uns zurück in unsre Gräber, aber antworte zuvor!
Soweit wir das noch können, knien wir vor dir –
aber leih uns dein Ohr!
Wenn unser Sterben nicht völlig sinnlos war,
verhüte wie 1914 ein Jahr!
Sag es den Menschen! Treib sie zur Desertion!
Wir stehen vor dir: ein Totenbataillon.
Dies blieb uns: zu dir kommen und beten!
Weggetreten!

KURT TUCHOLSKY, 1890–1935

Ich sage nicht lieber Gott, du, ich kenne keinen, der ein lieber Gott ist, du!

(...) Wann bist du eigentlich lieb, lieber Gott? Warst du lieb,
als du meinen Jungen, der gerade ein Jahr alt war, als du

meinen kleinen Jungen von einer brüllenden Bombe zer-
reißen ließt? Warst du da lieb, als du ihn ermorden ließt, lieber Gott, ja? (...)
Du hast nicht hingehört, als er schrie und als die Bomben
brüllten. Wo warst du da eigentlich, als die Bomben brüllten, lieber Gott? Oder warst du lieb, als von meinem
Spähtrupp elf Mann fehlten? Elf Mann zu wenig, lieber
Gott, und du warst gar nicht da, lieber Gott. Die elf Mann
haben gewiss laut geschrien in dem einsamen Wald, aber du
warst nicht da, einfach nicht da, lieber Gott. Warst du in
Stalingrad lieb, lieber Gott, warst du da lieb, wie? Ja? Wann
warst du denn eigentlich lieb, Gott, wann? Wann hast du
dich jemals um uns gekümmert, Gott?
(...) Ach, du bist alt, Gott, du bist unmodern, du kommst
mit unsern langen Listen von Toten und Ängsten nicht
mehr mit. Wir kennen dich nicht mehr so recht, du bist ein
Märchenbuchliebergott. Heute brauchen wir einen neuen.
Weißt du, einen für unsere Angst und Not. Einen ganz
neuen. Oh, wir haben dich gesucht, Gott, in jeder Ruine, in
jedem Granattrichter, in jeder Nacht. Wir haben dich gerufen. Gott! Wir haben nach dir gebrüllt, geweint, geflucht!
Wo warst du da, lieber Gott? Wo bist du heute Abend? Hast
du dich von uns gewandt? Hast du dich ganz in deine schönen alten Kirchen eingemauert, Gott? Hörst du unser Geschrei nicht durch die zerklirrten Fenster, Gott? Wo bist du?

Wolfgang Borchert, 1921–1947

Vielleicht ...

Aus dem Spalt
in der Wand
des Alls
in das finstere
Verlies
brach plötzlich

o schön!
Ein Schein
und schwand.

Ist vielleicht?
Ist irgendwo?
Vielleicht
ist irgendwo
Tag.

FRIDOLIN STIER, 1902–1981

VII

Helfende Kräfte

Neugeburt und Wandlung

Hiob überwindet den Vorwurf gegen Gott, der ihn anfüllt bis zum Bersten, dadurch, dass er »seine Hand auf den Mund legt«, dass er schweigt. Ich muss gestehen, dass mich die Lösung, die das Buch Hiob findet, noch nie zufrieden gestellt hat. Was ist denn damit beantwortet? Dass Gott sich als der Mächtigere zeigt und Hiob seine Anklage zurückzieht?

Wohl aber ist eine seelische Heilung und Befriedung dort möglich, wo das Dunkle sowohl in Gott als auch im klagenden Menschen angenommen, bejaht und durchlebt wird. Dabei erweist sich, dass das Dunkle, das im Menschen verborgen ist, sich nur offenbart, wo es zu einer Begegnung mit dem Dunklen in Gott kommt, und dass es nur einbezogen werden kann in ein menschliches Gesamtbild und Gesamtschicksal, wo das Dunkle, Rätselvolle, Feindselige in Gott der Begegnung mit dem liebenden, verlässlichen Gott Raum gibt.

Das Heilende also wird nicht darin gefunden werden können, dass ein Mensch sich auf die Dauer bei seinen Vorwürfen aufhält, vielmehr darin, dass ein Durchbruch geschieht zum ganz »Anderen«. Denn nur so wird etwas »anders« werden können im Menschen selbst, und erst durch die Aufnahme des ganzen Lebenszusammenhangs, den wir »Glauben« nennen, wird ein Mensch am Ende authentisch und löst sich aus der Egozentrik, die ihn im Zustand der Entfremdung festhält. Und vielleicht beginnen wir dabei zu verstehen, was mit dem Gedanken der Begnadung letztlich gemeint ist, der in so vielen Religionen eine zentrale Rolle spielt: Dass wir nämlich zurechtkommen mit uns selbst und unseren Anklagen, mit unserem Dasein und allen seinen Schatten, und vor allem mit Gott so, dass wir uns selbst auf die Seite legen und unser ganzes Wesen neu aus Gott empfangen. Dass uns die dunkle Liebe Gottes, die wir auf keine Weise verdienen können, zu dankbaren Menschen macht.

Eines Tages
war ich wieder von dieser tiefen Traurigkeit erfasst.
Ich wusste nichts von meinem Geist
und verstand ihn nicht.
Aber da erhob ich mich zu Gott wie in einem großen Sturm.
Alles, was in mir ist, erhob sich mit meinem Geist,
meine Gedanken, mein Wille, und ließ nicht nach.
Ich kämpfte um die Liebe und Barmherzigkeit Gottes
ohne nachzulassen.
Ich wollte nicht aufhören, ehe er mich gesegnet hätte,
ich wollte verstehen, was er mit mir vorhätte,
und meine Traurigkeit ablegen –
da brach der Geist durch.

Als ich mit meiner ganzen drängenden Kraft
so hart wider Gott und alle höllischen Mächte anstürmte,
so als hätte ich noch viel größere Kraft einzusetzen,
als ich entschlossen war, mein Leben daran zu setzen,
da ist mein Geist durch das Tor der Hölle durchgebrochen,
hindurch bis ins liebende Herz Gottes,
wo die Geburt geschieht, aus der wir leben.
Er ist dort mit einer Liebe aufgenommen worden,
mit der ein Bräutigam seine liebe Braut empfängt.

Alles in mir war ein einziges Triumphieren.
Ich kann es nicht aufschreiben noch aussagen.
Es lässt sich mit nichts vergleichen
als nur mit dem Aufbruch,
in dem mitten im Tode das Leben geboren wird.

Ein großes und starkes Licht sah mein Geist,
und in ihm schaute er durch alles hindurch.
In diesem Licht erkannte er Gott an allen Kreaturen,
auch an Kraut und Gras. Er erkannte, wer Gott sei,
was und wie er sei
und was er sich vornehme in seinem Willen.

JAKOB BÖHME, 1575–1624

Ich, Dschuang Tse, träumte einst,
ich sei ein Schmetterling, ein hin und her flatternder,
mit allen Merkmalen eines Schmetterlings.
Ich wusste nur, dass ich meinen Launen
wie ein Schmetterling folgte,
und war meines Menschenwesens unbewusst.

Plötzlich erwachte ich;
und da lag ich: wieder ich selbst.
Nun weiß ich nicht:
war ich ein Mensch, der träumt, er sei ein Schmetterling,
oder bin ich jetzt ein Schmetterling,
der träumt, er sei ein Mensch?
Zwischen Mensch und Schmetterling ist eine Schranke.
Sie überschreiten wird Wandlung genannt.

Dschuang Dsi, 369–286 v. Chr., China

Ich war ein Stein. Ich starb
und lebte neu auf als Pflanze.
Ich starb als Pflanze und lebte auf als Tier.
Ich starb als Tier und wurde ein Mensch.
Was kann ich fürchten,
wenn ich durch das Sterben nie weniger werde?
Wenn ich aber als Mensch gestorben sein werde,
werde ich als Engel erwachen.
Aber auch den Engel werde ich opfern müssen
und werde sein, was über mein Begreifen geht:
ein Hauch im Atem Gottes.

Rumi, 1207–1273

Wo der Geist des Christus ist, da ist Freiheit.
Wir alle spiegeln mit freiem Angesicht
seine Herrlichkeit, seinen Glanz,
und er wandelt uns mehr und mehr in sein Ebenbild.
Wir gehen von einer Verwandlung in die andere,

immer mehr ins Licht.
Wie auch sollte es anders sein,
da doch Gottes Geist an uns wirkt.

AUS DER BIBEL, PAULUS IN 2. KORINTHER 3,17–18

Ich kann es nie ganz mit Worten sagen.
Das wusste ich nur, dass ich von Licht getragen wurde,
und dass mich ringsum Licht umgab,
und dass ich hingeführt wurde zu einem großen Licht.
Gewaltig war dies Licht und wunderbar.
Nicht einmal Engel, wie ich glaube,
könnten sich gänzlich dies Licht erklären.
Eine neue Wandlung ließ es mich erkennen,
ja, gewandelt hat es mich,
mich neugestaltet, mich befreit und gänzlich mich –
ich fühle es – dem Tod enthoben.

SYMEON, 949–1002

> Dionysius Areopagita, der große Mystiker des 5.Jahrhunderts,
> verdeutlicht in einem anschaulichen Gleichnis den Gedanken,
> das Gebet sei nicht eine Erhebung des Menschen zu Gott, son-
> dern eine Wirkung der Gnade, mit der ihn Gott zu sich her-
> zieht:

Es steht einer in einem Schiff.
Von einem Felsen aus wirft ihm ein anderer ein Tau zu.
Er ergreift es. Nun erlebt er,
dass er nicht den Felsen zu sich her zieht,
sondern dass sein Schiff mit der Kraft dessen,
der auf dem Felsen steht, dem Felsen näherkommt.

DIONYSIUS AREOPAGITA, 5. JH. N. CHR.

> Am Ende aber wird jede Art Einübung nur gelingen, wenn der
> übende Mensch seine Übung zwar durchhält, aber versteht,
> dass sie ein Werk der göttlichen Gnade war.

Von Anfang an habe ich mich geirrt.
Ich meinte, ich dächte seiner.
Aber ich sah: Er hat meiner gedacht,
ehe ich seiner gedachte.

Ich meinte, ich kennte ihn.
Aber ich sah: Er hat mich gekannt,
ehe ich ihn kannte.

Ich meinte, ich liebte ihn.
Aber ich sah: Er hat mich geliebt,
ehe ich ihn liebte.

Zwölf Jahre lang war ich der Schmied meines Wesens.
Ich legte es auf den Herd der Askese,
ließ es aufglühen im Feuer der Selbstkontrolle,
setzte es auf den Amboss der Furcht
und schlug es mit dem Hammer der Ermahnung.
Ich machte so aus ihm einen metallenen Spiegel,
der mir dazu diente,
mich danach fünf Jahre lang zu betrachten,
indem ich mit Taten der Frömmigkeit und der Andacht
den Rost von diesem Spiegel zu lösen suchte.

Dreißig Jahre lang ging ich auf die Suche nach Gott,
und als ich am Ende dieser Zeit die Augen öffnete,
entdeckte ich, dass er es war, der mich suchte.

Abu Yazid al-Bistami, 803–875, Iran

Wenn Gott in dir nur ist, so wird in Höhn und Gründen
der Schöpfung überall sein Wirken dir sich künden.

Dies ist, und dieses nur, die Hälfte der Natur:
Sie lehret dich nicht Gott, doch zeigt dir seine Spur.

Das wesentliche Licht muss in dir sein dein eigen,
wenn sich sein Abglanz soll in tausend Spiegeln zeigen.

Wie aber ist nun Gott in dich hineingekommen?
Hast du ihn auf- und an-, hat er dich eingenommen?

Du hast ihn nicht erdacht noch selbst hervorgebracht;
schlief er vielleicht in dir und wäre nur erwacht?

Du bist die Wiege, die er selbst erkoren;
nicht du gebarest ihn, er hat sich dir geboren.

Er hat, um einzuziehn, die Pforten dir verliehn,
und auch dazu die Macht, selbst auszuschließen ihn.

Er steht und klopfet an, und wenn du aufgetan,
so hast du auch dazu von ihm die Kraft empfahn.

FRIEDRICH RÜCKERT, 1788–1866

Das Schiff, mit dem wir das Meer befahren,
ist die Traurigkeit. Geduld hält es fest, sie ist sein Anker.
Dem Sturm des Leidens sind seine Segel ausgesetzt.
Ins tobende Meer warf man mich.
Ich ertrank. Ich war tot. O Wunder! Ich lebe!
Ich fand jene Perle, die niemand findet,
als meinen Gewinn.

SANAJ, 1048–1141, PERSIEN

Früher dachte ich,
ich würde dir, ehe ich beginne,
dich singend zu loben,
erst meinen ganzen Jammer klagen.

Nun habe ich dich geschaut
und bin ganz und gar verändert,
denn du hast mich
weit über mich selbst hinaus getragen.

MECHTHILD VON MAGDEBURG, 1210–1282

Gesegnet das Zündholz, das sterbend
die Flamme entfacht.
Gesegnet die Flamme, verborgen
in Herzen bewacht.
Gesegnet die Herzen, in Würde
zu Tode gebracht.
Gesegnet das Zündholz, das sterbend
die Flamme entfacht.

HANNA SZENESCH, 1921–1944, JÜDISCHE DICHTERIN

Dein Gebet hat nicht die Macht, dein Schicksal zu ändern,
vielleicht aber kann es dich selbst wandeln!
Und wenn in dir die Wandlung beginnt,
werden sich Welten wandeln.
Du bittest, dein Wunsch möge sich erfüllen.
Ich aber bitte, dein Wunsch möge sich wandeln.

IQBAL, 1873–1938, INDISCHER DICHTER, MOSLEM

Der Sinn meines Lebens war nicht,
volle Frucht zu bringen,
Entfaltung, Blüte, Reife zu sehen;
der Sinn des Lebens war Saat, Saatkorn sein,
eingesenkt werden in den Acker der Zeit
und der Geschichte
und da das Schicksal des Saatkorns erleiden.
Des Weizenkorns, von dem der Herr sagt:
Wenn es nicht vergraben wird
und stirbt und vergeht, bringt es keine Frucht.
Um das eine will ich mich bemühen:
wenigstens als fruchtbares, gesundes Saatgut
in die Erde zu fallen und in Gottes Hand.

ALFRED DELP, 1907–1945

Gott, gib mir die große, mächtige Stille, die die ganze Natur durchströmt. Wenn es dein Wille ist, dass ich leide, dann möge es ein großes, alles verzehrendes Leid sein, nicht die tausend kleinlichen Ängste, die einen Menschen zerbrechen können.

Natürlich wollen sie uns vollständig zerstören. Aber lass es uns mit Würde tragen. In mir ist kein verborgener Dichter, nur ein kleines Stück von Gott, das zu Dichtung heranwachsen könnte. Und ein KZ braucht einen Dichter, jemanden, der das Leben sogar dort als Sänger erfährt und imstande ist, es zu besingen.

Die Frauen und Mädchen im Lager sagten mir oft: »Wir wollen nicht denken, wir wollen nicht fühlen, sonst werden wir bestimmt wahnsinnig.« Nachts, als sie rings um mich schliefen, laut träumend, leise schluchzend, sich umherwerfend, war ich manchmal von unendlicher Zärtlichkeit erfüllt. Ich lag stundenlang wach und ließ mich von den allzuvielen Eindrücken eines viel zu langen Arbeitstages überspülen. Und ich betete: »Lass mich das denkende Herz dieses Barackenlagers sein.« Das will ich jetzt wieder sein. Das denkende Herz des ganzen KZ. Ich bin jetzt so ruhig, und es geht mir bereits wieder besser. Ich fühle meine Kraft zurückkommen. Ich mache keine Pläne und sorge mich nicht um Gefahren. Was immer geschieht, wird zum Guten sein.

ETTY HILLESUM, 1914–1943,
HOLLÄNDISCHE JÜDIN, ERMORDET IN AUSCHWITZ AM 30.11.43

Einwilligung

In den spirituellen Anweisungen rund um die Welt gibt es ein gemeinsames Element, das die Meister des abendländischen Mittelalters die »conformitas voluntatis« nannten: die Angleichung oder Eingleichung des menschlichen Willens an oder in den Willen Gottes, so, dass er mit Gottes Willen »gleichförmig« wird.

Sie meinten damit nicht stumpfen Gehorsam, nicht Verzicht auf Willen, nicht so sehr Vergessen seiner selbst, sondern ein Gewinnen von Kraft. Der Wille behält seine Kraft, und er gewinnt darüber hinaus Kraft durch seine Übereignung an den Willen Gottes. Wer mit dem Willen Gottes eins ist, so sagten sie, wird dabei stärker, leidensfähiger, zuversichtlicher, denn, was ihn leitet, ist nicht sein schwaches Ich mit seinem unsicheren Willen, sondern Gott selbst.

Zugleich wird sich das Dunkel um den menschlichen Drang zur Durchsetzung des eigenen Willens lichten. Der menschliche Wille wird seine Macht abgeben und sich bergen in der Helligkeit des Willens Gottes.

Richte dich auf!
Du bist aus der Knechtschaft befreit.
Schau zum Himmel auf und sprich:

Gebrauche mich, wozu du willst,
ich stimme mit dir überein. Ich bin dein.
Ich widerspreche deinen Beschlüssen nicht.
Wohin du willst, führe mich.
Welches Kleid dir gefällt, das lege mir um.
Willst du, dass ich ein Amt habe oder privat lebe,
ob ich in Frieden wohne oder auf der Flucht bin,
ob ich arm sei oder reich,
für alles werde ich dir Recht geben
und vor allen Menschen dafür einstehen.

EPIKTET, 50–140 N. CHR., GRIECHISCHER PHILOSOPH

Wem alles nach seinem Willen und Wunsch geschieht,
der hat Frieden.
Das aber geschieht nur dem,
dessen Wille mit Gottes Willen völlig eins ist.

Meister Eckhart, 1260–1328

Verlange nicht, dass alles so geschieht,
wie du es wünschest,
sondern wolle, dass alles so geschieht, wie es geschieht,
und es wird dir gut gehen.

Epiktet, 50–140 n. Chr.

Hier ist mein Leben, mein Wille, meine Ehre;
alles ist dein, alles gebe ich dir,
verfahre damit nach deinem Wohlgefallen.

Dein Wille geschehe an mir in aller Weise
und jeder Art, wie du, mein Herr, es willst.
Wenn es unter Leiden geschehen soll,
so gib mir Kraft. Dann mögen sie kommen.
Sind mir Verfolgungen, Krankheiten,
Ehrenkränkungen und Not zugedacht,
hier bin ich;
ich werde mein Gesicht nicht abwenden.
Verfüge über mich, wie du willst.

Teresa von Avila, 1515–1582

Was mir wichtig ist und was ich mir wünsche,
das ist in dieser Welt allein, dass ich dir gehöre,
und für das Jenseits nur, dass ich dir begegne.
Was ich selbst sagen kann, das ist allein:
Tu alles, was du willst!

Rabia, † 801, Basra

Gib, was du willst,
wie viel du willst und wann du willst.
Tu mit mir nach deinem Belieben
und wie es dir am besten gefällt,
so dass man dich erkennt an dem,
was du an mir tust.

Stelle mich hin, wo du willst
und schalte frei mit mir in allen Stücken.
In deiner Hand bin ich.
Drehe und wende mich, wohin du willst.

Ich lebe aus deinem Willen.
Ich bin zu allem bereit.
Ich will nicht mir selbst leben, sondern dir,
und zwar ganz und gar
und so, wie es deiner würdig ist.

THOMAS VON KEMPEN, 1380–1471

O Herr, gütiger Vater,
ich begehre nicht das Deine, sondern dich.
Dich selbst will und suche ich.
Es ist gut so, dass du mir gibst, soviel du willst,
und aus mir machst, was du willst.
Darum will ich unablässig an dich denken
und mein Herz mit deiner Güte stillen.
Ich will weder sein noch nicht sein,
weder leben noch sterben,
weder wissen noch nicht wissen,
weder haben noch entbehren:
Allein was du willst, wieviel du mir geben willst,
darauf will ich täglich warten und dich gleich lieben.

CASPAR SCHWENCKFELD, 1489–1561

Deine Schönheit ist meine Speise,
deine Gegenwart mein Trank.
Gib, dass mein Vertrauen in deinem Willen ruht
und meine Taten im Einklang stehen mit deinem Gebot.

Ich flehe zu dir, dessen Glanz Himmel und Erde erfüllt,
ich möchte meinen Willen dem deinen unterwerfen,
so dass ich keinen Wunsch mehr fühle als den,
dass mir geschieht, was du mir bestimmt hast.

BAHA U'LLAH, 1817–1892

Gib mir, Gott, dass, so wie ich bin,
ich mich deinem Willen füge;
dass ich, krank wie ich bin,
dich verherrliche in meinen Leiden.
Ohne sie kann ich nicht zur Herrlichkeit kommen;
ohne Leiden, mein Erlöser,
hast selbst du nicht zur Herrlichkeit gelangen wollen.

Vereinige also meinen Willen mit dem deinen
und meine Schmerzen mit denen, die du gelitten hast.
Tritt ein in mein Herz und in meine Seele,
meine Leiden darin zu leiden
und in mir weiter das zu dulden,
was dir noch zu leiden bleibt von deiner Passion,
welche du in deinen Gliedern vollendest.

Denn nicht ich soll es sein, der lebt und leidet,
sondern du, der lebt und leidet in mir.
So habe ich einen kleinen Anteil an deinen Leiden,
du schaffst mich ganz in die Herrlichkeit um,
in der du lebst durch alle Ewigkeit.

BLAISE PASCAL, 1623–1662

Ach, nicht, warum ich leide,
will ich wissen,
nur: ob ich dir zu Willen leide.

CHASSIDISCH

Herr, wie du willst, soll mir geschehn,
und wie du willst, so will ich gehn;
hilf deinen Willen nur verstehn!

Herr, wann du willst, dann ist es Zeit;
und wann du willst, bin ich bereit,
heut und in alle Ewigkeit.

Herr, was du willst, das nehm ich hin,
und was du willst, ist mir Gewinn;
genug, dass ich dein Eigen bin.

Herr, weil du's willst, drum ist es gut;
und weil du's willst, drum hab ich Mut.
Mein Herz in deinen Händen ruht.

RUPERT MAYER, 1876–1945

Sage nie von etwas:
Ich habe es verloren! Sondern: Ich habe es zurückgegeben.
Ein Kind ist dir gestorben: Du hast es zurückgegeben.
Deine Frau ist dir gestorben: Sie wurde zurückgegeben.

Dein Grundstück wird dir genommen:
Auch das hast du nur zurückgegeben.
Du sagst: Der ist doch ein Bösewicht, der es mir nahm –
Aber was geht es dich an,
durch wen der, der es dir gab, es zurückfordert?

Solange er es dir überlässt,
behalte es als fremdes Gut wie ein Wanderer die Herberge.

EPIKTET, 50–140 N. CHR.

Dankbarkeit und Bereitschaft.
Du bekamst alles für nichts.
Zaudere nicht, wenn gefordert wird, zu geben,
was doch nichts ist, für alles.

DAG HAMMARSKJÖLD, 1905–1961

Wenn euch das Reich Gottes und die Gerechtigkeit,
die in ihm gilt, das Wichtigste ist und das Ziel eures Tuns,
dann wird euch alles, dessen ihr bedürft, zufallen.

JESUS CHRISTUS IN MATTHÄUS 6,33

Wir dürfen nicht erwarten,
im Federbett in den Himmel zu kommen.
Das ist nicht der Weg, auf dem unser Herr dorthin kam.
Sein Weg führte ihn über große Qual und viel Trübsal.
Der Knecht darf nicht erwarten,
es besser zu haben als sein Meister.

THOMAS MORUS, 1478–1535,
IN LONDON HINGERICHTET

Einwilligung in den Willen Gottes drückt sich oft auch aus als
»Ver-nichtigung« des Ich.

In die Nacht musst du dich hinabwerfen,
in die tiefste Nacht deines Nichts,
wenn dir ein Morgen tagen soll
und hellstes Licht über dir aufgehen.

AL GHASALI, 1059–1111, IRAN

Wenn ein Mensch sein Ich beiseite legt und nur noch vor Gott
steht, gerät er in Verwirrung:

Stelle dir eine jäh abfallende, steile Klippe vor
mit einer vorspringenden Zacke an ihrer Spitze,
und dann stelle dir vor, was ein Mensch empfindet,
der seinen Fuß an den Rand dieses Abgrunds stellt
und, ins Bodenlose hinabblickend, keinen festen Halt sieht.
Das, meine ich, empfindet die Seele,
wenn sie ihren Halt an materiellen Dingen verlässt
und sich hinaussehnt nach dem, was groß und ewig ist.
Sie ist geblendet. Überall gleitet sie ab von dem,
was sich doch nicht fassen lässt,
und Verwirrung greift nach ihr.

GREGOR VON NYSSA, 335–394

Man sollte sich keine Sorgen darüber machen,
ob man fähig sein wird,
nach dem mystischen Tod
wieder ins Leben zurückzukehren;
worüber man sich Sorgen machen sollte, ist,
ob man aus dem Seinszustand »Leben«
hinauszusterben vermag!
Die alten Meister sagten:
»Mutig loslassen am Rande der Klippe.
Wirf dich selbst in den Abgrund
voll Entschlossenheit und Vertrauen.
Erst nach dem Tod beginnen wir zu leben.
Das allein ist die Wahrheit!«

PAICHANG HUAIHAI, 720–814, CHINESISCHER ZENMEISTER

Dem Leiden fühlte ich mich in keiner Weise gewachsen.
Es gab nur eine Möglichkeit der Existenz
und zugleich der Gegenwirkung: das Gebet.
Sobald ich nachts erwachte, ging ich in dieses Dasein über
und verharrte darin, bis ich wieder einschlief.
Heute weiß ich,

dass nur die im Gebet errungenen Gewissheiten
nicht zerbrechen.
Aber diese verpflichten unbedingt.

REINHOLD SCHNEIDER, 1903–1958

Ich lasse mich dir, heiliger Gott, und bitte dich:
Mach ein Ende aller Unrast.

Meinen Willen lasse ich dir.
Ich glaube nicht mehr, dass ich selbst verantworten kann,
was ich tue und was durch mich geschieht.
Führe du mich und zeige mir deinen Willen.

Meine Gedanken lasse ich dir.
Ich glaube nicht mehr, dass ich so klug bin,
mich selbst zu verstehen,
dieses ganze Leben oder die Menschen.
Lehre mich deine Gedanken denken.

Meine Pläne lasse ich dir.
Ich glaube nicht mehr, dass mein Leben seinen Sinn findet
in dem, was ich erreiche von meinen Plänen.
Ich vertraue mich deinem Plan an,
denn du kennst mich.

Meine Sorgen um andere Menschen lasse ich dir.
Ich glaube nicht mehr,
dass ich mit meinen Sorgen irgendetwas bessere.
Das liegt allein bei dir. Wozu soll ich mich sorgen?

Die Angst vor der Übermacht der anderen lasse ich dir.
Du warst wehrlos zwischen den Mächtigen.
Die Mächtigen sind untergegangen. Du lebst.

Meine Furcht vor meinem eigenen Versagen lasse ich dir.
Ich brauche kein erfolgreicher Mensch zu sein,
wenn ich ein gesegneter Mensch sein soll
nach deinem Willen.

Alle ungelösten Fragen, alle Mühe mit mir selbst,
alle verkrampften Hoffnungen lasse ich dir.
Ich gebe es auf, gegen verschlossene Türen zu rennen,
und warte auf dich. Du wirst sie öffnen.

Ich lasse mich dir. Ich gehöre dir, Gott.
Du hast mich in deiner guten Hand. Ich danke dir.

JÖRG ZINK, *1922

Die entblätterte Rose

Sieh, göttlich' Kind, die hingestreute Rose:
Ihr reines Gleichnis ist
das ungeteilte Herz, das schrankenlose,
das immer sich vergisst.

Auf dem Altar blüht Dir in tausend Farben
der frischen Rosen Zier –
Ich träum' von jenen, die entblättert starben,
verweht vor Dir.

Der Rosen Pracht verschönt Dir Deine Feste,
o lieblich' Kind!
Vergessen und verstreut wie arme Reste,
treibt jene still im Wind,

zerfallend, sich verschwendend, nicht zu fassen,
um gar nicht mehr zu sein:
wie sie, o Seligkeit, will ich mich lassen,
o Jesu mein.

Sie darf vielleicht als armer Schmuck Dich grüßen,
nur eine Stunde lang –
dann tritt ein jeder achtlos sie mit Füßen –
mir ist nicht bang:

Mein Leben, Herr, ist Dir zulieb verschwendet,
des Heut und Morgen Zeit –

nach Menschenblick verwelkt und schon beendet
bin ich dem Tod geweiht.

Für Dich zu sterben, Jesus, schönstes Leben,
ist Seligkeit,
entblätternd Deiner Liebe Zeugnis geben
bin ich beglückt, bereit ...

THERESE VON LISIEUX, 1873–1897

Wir begreifen es im Gewimmel der Menschen so schwer.
Wenn wir es erkannt haben, vergessen wir es so leicht:
Was es heißt, Mensch zu sein und zu tun,
was Gott von uns erwartet.
Möchten wir es doch von Lilie und Vogel lernen,
und, wenn wir es vergessen haben, wieder lernen.
Vielleicht nicht auf einmal und vollständig,
so doch etwas davon und nach und nach.
Denn das wäre von Vogel und Lilie zu lernen:
Still sein. Einwilligen. Sich freuen.

NACH SÖREN KIERKEGAARD, 1813–1855,
DÄNISCHER PHILOSOPH

Der Engel in dir
freut sich über dein
Licht
weint über deine Finsternis
Aus seinen Flügeln rauschen
Liebesworte
Gedichte Liebkosungen
Er bewacht
deinen Weg
lenkt deinen Schritt
engelwärts

ROSE AUSLÄNDER, 1907–1988

Gebrochenes Wissen

Es ist deutlich: Sobald wir über Gott nachdenken, überschreiten wir die Grenzen, die unserem Verstand gesetzt sind. Aber auch, wenn wir über unsere eigene Zukunft nach unserem Tod oder wenn wir über die Freiheit unseres Willens oder den Sinn des Leids in dieser Welt uns Gedanken machen, sind wir sofort jenseits dessen, was unser Verstand klären kann.

Wir werden dabei erfahren, dass das Ergebnis, das wir in den Händen behalten, immer von Widersprüchen gezeichnet sein wird. Der Gegenstand unseres Nachdenkens tritt in dem Augenblick in Widersprüche auseinander, in dem wir die Grenzen unseres Erkennens überschreiten, und die Widersprüche lassen sich auf keine Weise auflösen. Die Wirklichkeit aber könnte erst jenseits dieser Widersprüche erkannt werden. Dieses Grundgesetz gilt für alles menschliche Nachdenken.

Ahnen wir also, was Wirklichkeit wirklich ist, so werden wir bemerken, dass sie weder erkannt noch verstanden werden kann. Das Leben ist nun einmal nicht so, dass unser Verstand es verstehen könnte. Zuletzt wird unser Denken immer scheitern, und wir werden im besten Fall wissen, dass wir nichts wissen. In den Reden Jesu erscheinen diese Widersprüche, in den Gedanken des Paulus, im Dhammapada des Buddhismuss, im Tao te king, in den Upanischaden, in den Sprüchen des Zen, und immer ist das Ziel und Ende des menschlichen Nachdenkens der unauflösliche Widerspruch. Es kommt also darauf an, dass ein Mensch mit seinem Nachdenken eine zweite, höhere Ebene betritt, auf der im Angesicht dieser Widersprüche etwas wie Frieden entstehen kann.

Wir werden also schnell dort ankommen, wo es nichts mehr zu sagen gibt, weil es dafür an der Sprache fehlt. Das haben Menschen in allen Religionen erfahren, die griechischen Denker ebenso wie die Weisen des Ostens und die christlichen Frommen.

Sie ahnten aber immer auch, dass die Wahrheit sich in diesen Widersprüchen in einer für unseren Verstand erkennbaren Weise ausspricht. Wir lassen also beide Seiten eines solchen Widerspruchs stehen, weil sie vielleicht beide etwas von Wahrheit aussagen. Wir sprechen heute von »komplementären« Widersprüchen. Damit meinen wir, erst, wer beides sieht, gelange in eine Ahnung von Wahrheit. Das eine gilt, das andere gilt auch.

So sagt Simone Weil:

Widersprüche sind das Kriterium dafür,
ob ein Gedanke von Wirklichkeit spricht.

SIMONE WEIL, 1909–1943

Aber man wird auch bedenken, ob es richtig ist, mit Ludwig Wittgenstein zu sagen:

Worüber man nicht sprechen kann,
darüber muss man schweigen.

LUDWIG WITTGENSTEIN, 1889–1951

Oder, so fügen wir hinzu: Wir werden mit großer Achtsamkeit von der unverständlichen, gespalteten Welt reden und so, dass wir auf Antworten auf unsere Fragen und auf Lösungen unserer Probleme verzichten. Es sei denn, es begegne uns von jenseits der Grenze unserer Erkenntnis ein deutendes, ein erhellendes Wort.

Erkenne alle Dinge als beschaffen wie eine Luftspiegelung,
ein Luftschloss, ein Traum, eine Erscheinung,
ohne Substanz, aber mit Eigenschaften,
die du wahrnehmen kannst.

Erkenne alle Dinge als beschaffen
wie der Mond am klaren Himmel,
der sich in einem reinen See spiegelt,
obwohl er sich nie zum See hinbewegt.

Erkenne alle Dinge als beschaffen wie ein Echo
von Musik, von Klängen, von Stimmen.
Im Echo erklingt keine Melodie.

Erkenne alle Dinge als beschaffen
wie eines Magiers Illusion
von Pferden, Ochsen, Karren und anderen.
Nichts ist so, wie es scheint.

BUDDHA, 560–480 V. CHR.

In den Meditationsanweisungen des Zen-Buddhismus spielt eine große Rolle das sogenannte »Koan«. Das Koan ist ein Meditationswort, das einen unauflöslichen Widerspruch enthält. An ihm wird unser Nachdenken scheitern, solange es sich auf der Ebene des Einfachen und Logischen bewegt. Ein Koan fordert von uns, dass wir uns auf eine andere Ebene des Nachdenkens begeben, dass wir die Mechanismen unseres Nachdenkens loslassen und damit auch unseren Anspruch, Wahrheit erkennen zu können. Es will unser schlichtes Selbstvertrauen brechen und uns stattdessen in die Gelassenheit und in ein Leben ohne Kampf und Krampf führen.

Aber Widersprüche dieser Art beschreiben auch das Tao te Ching, das Dhammapada oder die Bergpredigt. Und im Grund führen alle reiferen Religionen uns an den Punkt, an dem das Denken des Verstandes vor der Wirklichkeit zerbricht. Ob dann von Tao die Rede ist, von Nirwana oder dem Reich Gottes, in jedem Fall wird die Wirklichkeit, die wir wahrnehmen, zu einer solchen Art von Koan geraten.

Wenn du einen Stock hast, gebe ich dir einen.
Wenn du keinen hast, nehme ich ihn dir weg.

ZEN-KOAN

Was also gibt es wegzunehmen?

Wer hat, dem wird gegeben.
Wer nicht hat, dem wird genommen werden, was er hat.

JESUS

Wer sein Leben lieb hat, wird es eben darin verlieren.
Wer sein Leben hingibt, gewinnt es eben darin.

JESUS

> Was also wird es für ein Leben sein?

Was würdest du tun, wenn du nichts mehr tun könntest?

ZEN-KOAN

Achte auf das feine, unaufhörliche Geräusch.
Es ist die Stille.
Horche auf das, was man hört,
wenn man nichts mehr vernimmt.

PAUL VALÉRY, 1871–1945, PARIS

Höre auf das Klatschen der einen Hand.

ZEN-KOAN

Welchen Klang hat ein stürzender Baum,
wenn niemand da ist, der ihn hört?

ZEN-KOAN

Wer nach Gelehrsamkeit strebt, nimmt täglich zu.
Wer dem Tao folgt, nimmt täglich ab.
Er tut weniger und immer weniger,
bis er im Nichtstun anlangt.
Wird nichts getan, so bleibt nichts ungetan.

TAO TE CHING

Selig sind die Unglücklichen,
denn sie sind glücklich.

QUINTESSENZ DER SELIGPREISUNGEN VON JESUS, MATTHÄUS 5

Mein Joch drückt nicht. Meine Last ist leicht.

Und dagegen:

Die Tür ist eng und der Weg ist schmal,
die zum Leben führen.

Jesus, Matthäus 11,30; 7,14

Wer sich selbst erhöht, wird – eben damit – erniedrigt.
Wer sich erniedrigt, wird – eben damit – erhöht.

Jesus, Matthäus 23,12

Schafft, dass ihr selig werdet, mit Furcht und Zittern.
Denn Gott ist es, der in euch beides wirkt, wie er will:
das Wollen und das Vollbringen.

Paulus, Philipper 2,12

Das heißt doch: Bemühe dich mit deiner ganzen Kraft, denn
deine Kraft bewirkt nichts. Gott allein handelt.

Wenn mich niemand fragt, weiß ich es.
Wenn ich es aber erklären soll, weiß ich es nicht.

Augustin, 354–430

Nur, wer Es nicht erkennt, erkennt Es.
Wer Es erkennt, der kennt Es nicht.
Nicht wird Es erkannt vom Erkennenden,
erkannt aber von dem, der nicht erkennt.

Kena-Upanischad

Wenn jemand des Weges sicher sein will, auf dem er geht,
so muss er die Augen schließen und im Dunkeln gehen.

Johannes vom Kreuz, 1542–1591

Am Ende wird die Bescheidung stehen. Wir werden nicht behaupten müssen, wir hätten die alleinige Wahrheit, wir werden aber sehr darauf achten, ob wir mit unserem Wort, unserer Gestalt und unserem Auftreten etwas Jesusgemäßes ausdrücken. Das heißt: Ob wir glaubwürdig sind. Ob wir Wahrheit mitbringen.

Immer wieder wird in den verschiedenen Religionen zum Ausdruck gebracht, erst die völlige Entselbstung führe zur vollkommenen Selbstbehauptung, das letzte Geheimnis werde durch Schweigen ausgesprochen. Es werde durch Nichterkennen erkannt. Das Göttliche sei die Aufhebung der Gegensätze, der Mensch aber gelange immer nur bis zur Erkenntnis des Gegensatzes. Das Nichts sei darum das reichste, das Nichtgeschehen sei das intensivste Geschehen überhaupt. Das höchste, mächtigste Geheimnis gleiche sich »dem Staube an«. Das erste Merkmal des rechten Tuns sei darum die Niedrigkeit dessen, der handelt.

Der Weise betrachtet sich nicht selbst als erleuchtet,
darum leuchtet er.
Er tut nichts, darum zeichnet er sich aus.
Er strahlt nicht, darum macht er sich verdient.
Er überhebt sich nicht, darum ragt er hervor.
Darum nennen sich die wahren Könige selbst
»Waisenknabe«, »Wenigkeit« oder »Taugenichts«.
Sie begehren nicht, wie Edelsteine zu glänzen,
sondern lassen sich herab,
um gewöhnlichem Gestein zu gleichen.

TAO TE CHING

Alles Wissen endet mit der Einsicht, dass die Welt nur in unseren Augen so ist, wie sie uns scheint. Das heißt, unser Bild von der Welt ist wichtig für unser Überleben als menschliche Art. Unsere Sinne stellen sie sich so vor, wie sie sein muss, wenn wir sie bewohnen wollen.

Mehr und mehr gelangt auch die Naturwissenschaft dahin, dass sie nur noch in Bildern, Metaphern, Gleichnissen oder, was dasselbe ist, in mathematischen Formeln, also in Deutungsmustern, anzeigt, was da unsere Sinne trifft oder unser Denken bewegt. Die heutige Physik weiß, dass sie nicht mehr die Wirklichkeit vor sich hat, sondern nur noch ihre eigenen Aussagen über die Wirklichkeit. Was sie heute über die Welt der sogenannten Superstrings aussagt, ist reine Mythologie. Wobei aber zu bedenken ist, dass das Wort Mythologie nicht meint, was sie erzählt, sei nicht die Wirklichkeit. Wir verstehen die Wirklichkeit nicht. Dennoch kann es uns gelingen, sie in unseren Dienst zu stellen. Was aber die Folgen dieses Dienstes sein werden, weiß niemand. Die Spaltung zwischen Wirklichkeit und Deutung der Wirklichkeit durch uns Menschen ist das ungeheure Koan, mit dem wir lernen sollten, umzugehen.

Geht man nicht aus der Tür, kennt man die Welt.
Blickt man nicht aus dem Fenster,
sieht man des Himmels Weg.
Je weiter man ausgeht, desto weniger kennt man.

Der heilige Mensch geht nicht und weiß doch.
Er sieht ohne Schauen. Er wirkt ohne Tun.

TAO TE CHING

Das Wort Gottes fällt vor meinen Augen nieder
wie ein fallender Stern,
von dessen Feuer der Meteorstein zeugen wird,
und ich selber kann nur das Licht bezeugen,
nicht aber den Stein hervorholen
und sagen: Das ist es.

MARTIN BUBER, 1878–1965

Wer über das Wesen Gottes nachdenkt, weiß nichts.
Wer auf ihn hinweist, fügt etwas zu ihm hinzu.
Wer wirklich erkennt, gerät in Verwirrung.

DHU'N NUN, 796–860, ISLAMISCHER MYSTIKER, ÄGYPTEN

Mit Augen suchen wir ihn – und sehen ihn nicht.
Dreifach ist er,
aber die Drei zu trennen, vermögen wir nicht.
In sich verschlungen ist seine Dreiheit,
seine Einheit erkennen wir, seine Dreiheit betrachtend.

Im Wesenlosen hat er sein Wesen,
er, des Gestaltlosen Gestalt, des Bildlosen Bild.
Geheimnisreich ist er und unbegreiflich.
Ihm entgegen geht unser Weg,
doch finden wir nicht seinen Anfang.
Ihm folgen wir, doch finden wir nicht sein Ende.

LAOTSE ODER EINER SEINER SCHÜLER,
ZWISCHEN DEM 6. UND DEM 4. JH. V. CHR.

Vier Sätze bestimmen von hieraus das Dasein
des Menschen und sein Denken:

Es gibt Fragen, auf die es keine Antwort gibt,
die aber nicht unbeantwortet bleiben dürfen.

Es gilt, Gott, den Unsichtbaren, nicht sehen zu wollen,
aber ihn im eigenen Lebensumkreis ersichtlich zu machen.

Es gibt Anreden an uns, die unhörbar an uns ergehen
und die unüberhörbar uns gelten.

Wir wissen nichts von Gott,
aber wir wissen nichts immerhin von Gott.

JÖRG ZINK, *1922

Man ist sich von jeher nicht einig gewesen darüber, ob die
Welt und das menschliche Dasein dualistisch zu verstehen
seien oder monistisch, das heißt, ob der Widerspruch in bei-
dem endgültig oder nur für den Vordergrund gültig sei, in dem
unser Verstand sich bewegt.
Wir werden aber beobachten, dass unser Christentum allzu

einseitig dem dualistischen Prinzip das Feld überlassen hat und dabei intolerant, kämpferisch und aggressiv wurde. Es täte ihm gut, den monistischen Aspekt der Wirklichkeit behutsam gelten zu lassen als Möglichkeit auch christlichen Glaubens und dabei fremde Erfahrung und fremde Weisheit einzubeziehen. Goethe fand, der homo humanus, der menschliche Mensch, sei daran kenntlich, dass er beides integriere. Und wir fügen hinzu: Der homo divinus, der von Gotteserfahrung bestimmte Mensch, werde an Weisheit des Einbeziehens kenntlich sein. Der homo divinus wird der ratlose Mensch sein, der nicht mehr weiß, was und wie er beten soll und in dem der Geist Gottes sein leises Gebet zu Gott begonnen hat.

Man wird bis ans Ende der Welt darüber streiten können, ob es nur eine »richtige« Religion gebe oder vielleicht mehrere, ob die Religionen alle von Gott gestiftet oder inspiriert seien oder alle außer der einen christlichen menschliche Erfindung, ob sie am Ende alle in dasselbe Meer münden oder ob die eine oder andere vorzeitig versande oder versickere, ob also Heil geschehe nur durch eine oder durch mehrere oder durch alle, ob Gottes Offenbarungen fertig vom Himmel fallen oder sich im Lauf von Jahrtausenden in langsamen geistigen Entwicklungen einstellen, ob Gott das Heil nur bestimmter Menschen, Zeiten oder Völker will oder das Heil aller, ob Gott seine Gnade an den Vollzug bestimmter Rituale oder Leistungen binde oder nicht, an eine bestimmte Religionszugehörigkeit, und schließlich, ob es eine Herabminderung der Offenbarung in Jesus Christus bedeute, wenn wir annehmen, es könnten vielleicht Menschen zu Gott auch auf einem anderen Weg gefunden haben als auf dem, den Jesus zeigt.

Das Buch jedenfalls, das Sie in der Hand halten, gedenkt seine tiefe Vorläufigkeit darin zu erweisen, dass es solche Fragen weder stellt noch beantwortet. Nach seiner – bisherigen – Meinung ist jedenfalls das Rechthaben kein Weg zur Wahrheit. In den mit christlicher Mission bedachten Völkern erschienen die Christen jedenfalls oft genug als »Wölfe«, wie Jalaluddin Rumi sich ausdrückt. Wölfe sind keine Gestalt, in der Jesus erscheinen wird.

Ein Prediger, sobald er vorgetreten,
begann für alle Räuber nun zu beten.
Er hob die Hände: »Herr, hab doch Erbarmen,
mit jenen bösen, widerspenst'gen Armen,
mit jenem Volk, durch das die Guten leiden,
mit Christenmönchen und mit allen Heiden!

Ich sah von ihnen so viel Hass und Zwang,
dass ich vom Bösen hin zum Guten drang;
denn immer, wenn ich mich zur Welt gewandt,
da traf mich Schlag und Schmerz von ihrer Hand.
Und hilfeflehend bin ich Gott genaht –
Die Wölfe wiesen mir den rechten Pfad.
So wurden sie zur Quelle für mein Heil,
und mein Gebet wird ihnen drum zuteil.«

RUMI, 1207–1273

Gott hat den Menschen die Ewigkeit ins Herz gelegt –
Nur dass der Mensch nicht ergründen kann, was Gott tut,
weder Anfang noch Ende.

AUS DER BIBEL, PREDIGER 3,11

Wir sehnen uns und wissen nicht, wonach wir uns sehnen.
Wir hoffen und wissen nicht, worauf wir hoffen –
trotzdem hoffen wir.
Wir sind unterwegs und wissen nicht, wohin des Weges,
trotzdem bleiben wir auf dem Weg.
Wir wissen nichts von Gott.
Aber dieses Nichtwissen ist ein Nichtwissen von Gott.

HEINZ ZAHRNT, *1915

VIII

Mystisches Licht

Was ist denn Mystik? Immer wieder erscheinen in diesem Buch auch Texte, die aus der weiten und farbenreichen Landschaft des Mystischen genommen sind. In einem weiten und ungenauen Versuch, sie zu beschreiben, kann man sagen: Ein Mystiker ist ein Mensch, der in allem Vielfältigen und Widersprüchlichen das Eine, Große, Gemeinsame sieht, das eine göttliche Licht oder die eine, alles durchdringende göttliche Liebe oder auch das Unfassbare, das er ebenso gut die Fülle wie das Nichts nennen kann. Der Weg in die Mystik ist dann der, alle Kräfte der eigenen Seele zusammenzunehmen und mit ihnen sich mit allem zu verbinden, zuletzt mit dem Geheimnis, das wir Gott nennen. Dabei sucht und findet der, der auf diesen Wegen unterwegs ist, den Frieden, das innere Licht, die Liebe zu allem, was ist. Er schaut, er horcht, er wittert in allem, was ihm begegnet, das Eine, das Große, das Ganze. Er verbindet sich mit ihm und gelangt, wenn ihm die große Gnade zuteil wird, zu dem, was jenseits aller Schau liegt. Seine Liebe zu allem, was er sieht, trägt ihn über das Sichtbare hinaus in die Liebe zu Gott und in die Liebe Gottes zu ihm. Und so ist Mystik in ihrem Ziel immer das Einswerden mit Gott, die »Schau« Gottes, das Eintauchen in das göttliche Licht, das wir die »Erleuchtung« nennen. Der Mystiker begnügt sich nicht damit, irgendeine Religion zu haben oder nach den Regeln einer bestimmten Religion zu leben, er will alles hinter sich lassen und das Eine erreichen, was die Religionen immer nur andeuten: Gott selbst. Und dieses Wissen um das Eine, Letzte, auf das alles ankommt, und die vielen Wege, die die Mystik zeigt, finden sich praktisch in allen Religionen, auch im christlichen Glauben, und sie sind sich bis ins Einzelne ähnlich. Die eigenen Vorstellungen, die eine Religion charakterisieren, mögen sehr weit von einander unterschieden sein, das mystische Element verbindet sie ohne Mühe. Die lange Geschichte der christlichen Mystik, die Schöpfungsmystik der indianischen Völker, die Liebesmystik der Bhagavadgita, die rationale Mystik des Taoismus, vor allem aber die einsame Sensibilität und Schönheit der islamischen Mystik, der »Sufis« oder des »Sufismus«, verbinden das religiöse Bewusstsein und die religiöse Sehnsucht der Menschheit rund um die Erde. Überall in den Religionen der Welt begegnen wir mystischer Erfahrung, das heißt einem Innewerden

Gottes, einem Verstehen, einer Erfahrung von Nähe und liebender
Bewahrung durch Gott, und so verschieden die Namen Gottes sein
mögen, ob er Brahman heißt oder Vishnu, Krishna, Shiva, Kali, Isis,
Attis, Jahwe, Allah, Großvater oder Großer Geist oder ganz anders,
immer werden die Erfahrungen, die sich in solchen Gottesnamen
und Gottesbildern ausprägen, einander ähnlich sein.

Das hat den einfachen Grund, dass es sich bei dem, was wir mystische Erfahrung nennen, um die religiöse Erfahrung überhaupt
handelt. Alles, was wir Menschen an Nähe Gottes erfahren, was wir
mit dem Gehör unserer Seele vernehmen als Hinweis darauf, wir
seien in Gott oder Gott sei uns gegenüber, alles, was wir erfahren an
Befreiung, Bewahrung, Geborgenheit, was unserem Bewusstsein die
Helligkeit gibt, die wir das göttliche Licht nennen, alles, was an
spontaner Dankbarkeit, an Bejahung unseres Schicksals in uns aufbricht, was uns an wirklicher Hingabe an Gott möglich wird, gehört
in den Umkreis dessen, was wir Erfahrung nennen und was unseren
persönlichen Glauben ausmacht. Und diese Erfahrung wird immer
ihr eigenes Recht haben und ihre eigene Evidenz.

Dem allem gegenüber steht die Religion, wie sie in langen Zeiten
der Geschichte geworden ist, wie sie tradiert wird, wie sie sich öffentlich darstellt als Kirche oder religiöse Gemeinschaft sonst, vertreten von öffentlichen Verkündern, Verwaltern oder Priestern und
Priesterinnen, wie sie mit Dokumenten, Heiligen Schriften, kulti-
schen Begehungen sich in das gemeinsame Leben eines Landes oder
Volks einbringt und wie sie den Glauben, den Gehorsam, die Hingabe der einzelnen Menschen einzufordern pflegt.

Zwischen beiden Polen religiösen Lebens – dem gemeinsamen
und dem individuellen – gibt es zwei Möglichkeiten, den Gegensatz
aufzuheben: Die eine wird darin bestehen, dass die öffentliche Religion sich für religiöse Fragen allein zuständig erklärt und die Erfahrung der Einzelnen ignoriert oder den, der von seiner Erfahrung redet, zu disziplinieren sucht, zu verurteilen oder zu beseitigen. Vor
allem die christliche Geschichte ist überaus reich an Beispielen für
dieses Verfahren. Die andere wird darin bestehen, dass die öffentliche Religion die Erfahrung der Einzelnen aufnimmt, integriert, ihr
Raum gibt und Freiheit, sich zu entfalten, und so sich selbst auch

kritisch befragen lässt, um ihre Reformierbarkeit und ihre Lebendigkeit zu bewahren. Für die Zukunft etwa unserer christlichen Kirche wird es entscheidend sein, ob es ihr gelingt, sich der Erfahrung der Menschen zu öffnen. Es wird ein Weg zu ihrer eigenen Glaubwürdigkeit sein.

Geht es der Kirche aber darum, der religiösen Erfahrung des Einzelnen Raum zu geben, so wird sie ihm helfen müssen, seine Erfahrung zu klären, Irrtümern zu begegnen, sich bereit zu machen für Einsicht und Verstehen. Es wird heute mehr als bisher um die Hilfe zur Einübung gehen, die der Erfahrung den Weg öffnen kann. Dafür hat es in den Schulen vieler religiöser Richtungen rund um die Welt immer schon Anweisungen gegeben, und diese Anweisungen sind einander weitgehend ähnlich, weil es immer der Mensch ist, der sich einüben soll, und weil der Mensch rund um die Welt eben der Mensch ist. Nie aber sind die Einzelnen so ohne Hilfe zur Einübung in die religiöse Erfahrung geblieben wie heute.

So lassen sich aus den vielen Anweisungen zum mystischen Gebet etwa im deutschen Mittelalter bestimmte Wege nachzeichnen, die der Anfänger zu gehen habe und die den Meister an sein Ziel führen könnten. Einzelne Elemente aus ihnen lassen sich in allen Religionen der Erde wiederfinden. Versuchen wir ein vollständiges Beispiel jener Anweisungen herauszustellen, so ergibt sich etwa folgender Weg, den ich als beliebiges Muster aus vielen zeigen will:

Dieses Muster beginnt beim sogenannten »Anwesend sein vor Gott«, »Adesse coram Deo« wird es genannt. Es setzt sich fort in einer Art von »Gleichgestaltung der Seele mit Gott und seinem Willen«, in der »conformitas«. Es findet sein Ziel in der »unio«, dem »Einswerden mit Gott«.

Gehen wir dem im Einzelnen nach, so ergibt sich, dass diese drei Abschnitte des geistlichen Weges je wieder dreifach gegliedert sind. Es ergibt sich also ein Weg mit neun Schritten.

Anwesend sein vor Gott

1. Auf dem Weg zum ersten Ziel, zum »Anwesendsein«, mag man
das Schweigen als ersten Schritt sehen, das Abseitsgehen, das
Fasten, das Abgeschiedensein, »Tacitas« wird es oft genannt.
2. Ihm folgt oft das Sammeln der Gedanken, das Einsammeln des
ganzen Menschen, der Sinne und Empfindungen, die »concentra-
tio«.
3. Danach soll der Übende das »Leersein« erreichen, die bedingungs-
lose Aufnahmefähigkeit und -willigkeit, die Hörfähigkeit, das
»vacare Deo«.

Gleichgestaltung der Seele mit Gottes Willen

Dem folgen die nächsten drei Schritte, die zum zweiten Ziel führen
sollen, zur Gleichgestaltung oder Eingestaltung des Willens, des
Denkens und des Tuns in Gottes Willen:

4. Der vierte Schritt also ist ein Versuch mentaler Art. Er besteht in
Meditation und Nachdenken. Meditation besteht für die Christen
aller Zeiten vornehmlich in dem Vergegenwärtigen biblischer
Texte und einem klaren Nachdenken über sie, und die Namen
dafür sind »meditatio« und »cogitatio«.
5. Der fünfte ist die Bemühung um eine Eingleichung des menschlichen Willens in den Willen Gottes, die »conformitas voluntatis«.
6. Der sechste ist die praktische Einübung in diesen göttlichen Willen, vor allem durch ein nachdenkliches und nachfolgebereites
Mitgehen auf dem Passionsweg Christi, dem »Kreuzweg«. Ziel ist
die »conformitas viae«.

Einswerdung mit Gott

Es folgen die drei letzten Schritte, die selten erreicht und oft versucht werden, die auch die eigentlichen Gefährdungen enthalten,
die den Übenden widerfahren können, hin zum Ziel der Einheit mit
Gott:

7. Der siebte ist die Anschauung Gottes in uns selbst und die Anschauung unseres eigenen Seins in Gott: die Kontemplation, die
»contemplatio«.
8. Der achte Schritt will die Erleuchtung des Geistes und der Sinne
empfangen oder erreichen, die »illuminatio«.
9. Und der letzte meint das eigentliche Ziel: die Schau Gottes, die
Einung mit Gott, den Austausch von Ich und Du mit Gott, das
Einswerden, die »visio Dei« oder die »unio«, auch »unio mystica«
genannt.

Was dabei erreicht werden soll, ist die Erfahrung der Nähe und der
Heiligkeit Gottes, keineswegs aber die Vollkommenheit eines Menschen. Was dem Menschen dabei geschenkt werden kann, ist der
Friede, die Ruhe, die Gelassenheit, die Dankbarkeit für ein in Gott
gegründetes Dasein, das Einvernehmen mit Gott oder, wie Jeanne
de Guyon sagt, die »sainte indifférence« des wortlosen Seins in Gott.
So beginnt der ganze Weg in der Wortlosigkeit, er führt streng
durch das Wort oder das Wort entlang und findet sein Ziel wieder in
der Wortlosigkeit.

Dabei ist in aller Regel selbstverständlich, dass nicht der Mensch
sich auf einen selbsterdachten Weg macht, auf dem er mit eigener
Kraft sein Ziel erreicht, dass er vielmehr einem Ruf folgt, dass er
eine Kraft empfängt und dass die Ankunft an einem irgend gearte-
ten Ziel ein Geschenk göttlicher Gnade ist.

Wir können diesen ganzen Weg hier nicht nachgehen, aber wir
können den einen oder anderen Schritt im interreligiösen Vergleich
zeigen.

Gott in uns – wir in Gott

Das mystische Gebet wird sich von jener Gottesbeziehung, die eine öffentliche Religion, ein Kult, eine Überlieferung bewirken oder fördern kann, unterscheiden. Es wird sich nicht an dem orientieren, was herkömmlicherweise gilt, was öffentlich vertreten wird, es wird Zeit und Umwelt hinter sich zu lassen suchen und in zwei Räume eintreten, in den Raum, der »Gott« heißt, und in den Raum, den wir die Seele nennen, und wird beide Räume auf dichteste Art ineinander sehen. Das Charakteristikum des mystischen Gebets ist also, und das in ausgeprägtem Maß auch im Neuen Testament der Bibel, die Formel: Ich bin in dir – du bist in mir.

In allen Religionen, in denen je ein mystischer Gedanke gedacht wurde, erscheint dieser Widerspruch. Er ist einerseits kaum lösbar, andererseits löst er sich leicht auf, als wäre er nicht vorhanden, sobald wir uns Bildern überlassen. Denken wir etwa einen Krug, der in das Wasser eines Brunnens getaucht wird: Er ist im Wasser und das Wasser ist in ihm. Denken wir Gott, den wir nach Art einer Person zu denken pflegen, einmal im Bild eines tiefen Wassers, so ist der Widerspruch, von dem wir reden, unwichtig geworden, und es erscheint die Wirklichkeit unserer elementaren Einbindung in Gott.

In Gott ist alles eingefaltet, was ist.
Gott ist die Entfaltung von allem.
Er ist so in allen Dingen,
dass alle Dinge in ihm sind.

NIKOLAUS VON KUES, 1401–1464

O Seele mein,
geh aus – Gott ein!
Sink, all mein Ich
in Gottes Nichts,
O sink in die grundlose Flut!

Flieh ich von dir,
Du kommst zu mir;
Verlier ich mich,
so find ich dich,
O überwesentliches Gut!

UNBEKANNTER DICHTER, 14. JH.

Er ist hier
in der Hütte deines Herzens.
Tust du nur die Tür auf,
wirst du – nein: alle
werden ihn schauen!

ABDUL KARIM VON BULLRI, † 1623, PAKISTAN

In den fernsten Gemächern deiner Herrlichkeit
bist du verborgen. Unsere Blicke erreichen dich nicht.
In der Vollkommenheit deines Glanzes bist du offenbar,
unser Herz erlebt deine gewaltige Gegenwart.

Du bist nicht verborgen, du bist offenkundig.
Wie könntest du fern sein? Nahe bist du.
In deiner lebendigen Wachheit
bist du in allem gegenwärtig.

IBN ATA ALLAH, † 1309, SUFI, KAIRO

Gott, immer bist du bei mir.
Niemals verlässt du mich.
Du nimmst Wohnung in meinem Geist
und lebst innen in mir.
Du, der Herr über das All.

TAYUMANAVAR, 1704–1742, HINDU

Das Herz ist Gottes Haus.

MOHAMMED, 570–632

Du, dessen Form eine ist und doch mannigfaltig,
dessen Wesen eines ist und doch verschieden,
zart und doch weit, erkennbar und doch unerkennbar,
Wurzel der Welt und doch aus der Welt bestehend,
Stütze des Alls
und doch kleiner als der Erde kleinster Teil,
du wohnst in jeder Kreatur
und wirst doch durch nichts begrenzt.

AUS EINEM GEBET DES VISHNU-PURANA, SCHRIFT DES VISHNUISMUS,
EINER DER DREI HAUPTRICHTUNGEN IM MODERNEN HINDUISMUS

Das Reich Gottes ist innen in euch.

JESUS, LUKAS 17,21

Die Religion findet sich nicht in den Tempeln
und Klöstern.
Man muss sie in den Herzen der Menschen finden.
Vielleicht müssen wir eines Tages
die Tempel und Klöster zerstören,
um die Religion zu retten.

DER 14. DALAI LAMA, *1935

Das Alte Testament sagt, Gott spreche in uns sein Wort. Es
gelangt dabei freilich nur bis an den Rand des Gedankens, Gott
selbst sei in uns.

Mein Wort, sagt Gott,
geht nicht über deine Kraft.
Es ist nicht ferne von dir.

Es ist nicht im Himmel. Du musst nicht sagen:
Wer steigt für uns in den Himmel hinauf?
Wer holt es herunter und sagt es uns?

Es ist auch nicht jenseits des Meeres.
Du musst nicht sagen:
Wer fährt für uns über das Meer?
Wer holt es und hilft uns danach zu leben?

Nein, das Wort ist ganz nah bei dir.
In deinem Mund ist es. In deinem Herzen.
Du kannst danach leben.

AUS DER BIBEL, 5. MOSE 30, 11–14

> Dieser Gedanke wird dagegen im Neuen Testament in großer
> Breite ausgeführt.

Niemand hat Gott je gesehen.
Wenn wir uns untereinander lieben,
so bleibt Gott in uns,
und seine Liebe vollendet sich in uns.

1. JOHANNES 4,12

Wenn ihr die Liebe Gottes erkennt,
die alle Erkenntnis übertrifft,
so wird euch die ganze Fülle Gottes ausfüllen.

EPHESER 3,19

Gott ist Liebe, und wer in der Liebe bleibt,
der bleibt in Gott, und Gott bleibt in ihm.

1. JOHANNES 4,16

Gott ist in mir.
Er ist um mich her.
Das ist gewiss.

Ich bin der Sämann, ich bin die Saat.
Ich bin eine Entfaltung aus Gott –
und ich bin zugleich sein Eigentum.

GERMANISCHER RUNENSPRUCH,
VERMUTLICH AUS CHRISTLICHER ZEIT

O heiliger Gott,
mit allen Kräften umfasse ich deine Liebe.
Du hast dich mir kundgetan,
nun weiß ich: Du bist in meiner Seele.

Wende ich mich einem Ding zu,
das außer dir ist, so ist es mir fremd.
Wende ich mich dir zu, so weiß ich:
du bist mir vertraut.

Ich lebe aber im Gefängnis dieses Daseins,
abgetrennt von deiner vertrauten Nähe.
Mache mich frei, Herr!
Reiße mich aus diesem Kerker zu dir!

HALLADSCH, 858–922

Gott, du bist mein Gott,
ich will mich dir vertrauen.
Du wirst mir beistehen,
du bist meine Zuflucht,
und ich werde nichts fürchten.

Denn du bist nicht nur bei mir.
Du lebst in mir,
und ich lebe in dir.

FRANZ VON SALES, 1567–1622

Luft, die alles füllet,
drin wir immer schweben,
aller Dinge Grund und Leben.
Meer ohn Grund und Ende,
Wunder aller Wunder,
ich senk mich in dich hinunter.
Ich in dir, du in mir,
lass mich ganz verschwinden,
dich nur sehn und finden.

GERHARD TERSTEEGEN, 1697–1769

Gott spricht:

O Seele, suche dich in mir,
und, Seele, suche mich in dir.

Die Liebe hat in meinem Wesen
dich abgebildet treu und klar;
kein Maler lässt so wunderbar,
o Seele, deine Züge lesen.
Hat doch die Liebe dich erkoren
als meines Herzens schönste Zier;
bist du verirrt, bist du verloren,
o Seele, suche dich in mir.

In meines Herzens Tiefen trage
ich, Gott, dein Bild, so echt gemalt;
sähst du, wie es vor Leben strahlt,
verstummte jede bange Frage.
Und wenn dein Sehnen mich nicht findet,
dann such nicht dort und such nicht hier;
gedenk, was dich im Tiefsten bindet,
dann, Seele, suche mich in dir.

Du bist mein Haus und meine Bleibe,
bist meine Heimat für und für;
ich klopfe stets an deine Tür,

dass dich kein Trachten von mir treibe.
Und meinst du, ich sei fern von hier,
dann ruf mich, und du wirst erfassen,
dass ich dich keinen Schritt verlassen:
dann Seele, suche mich in dir.

TERESA VON AVILA, 1515–1582

O Gott, alles, was von mir kam, tat ich für dich.
Und alles, was von dir zu mir kam, tat ich durch dich,
damit mein Ich verschwinde und alles du bist.

KHARAQANI, † 1034, ISLAMISCHER MYSTIKER

Ich sah Gott mit dem Auge des Herzens
und fragte: »Wer bist du?«
Er sagte: »Ich bin du.«

O höchster meiner Wünsche!
Ich staune über dich und mich.
Du kamst mir nahe bis zu dem Augenblick,
in dem ich meinte, du seiest wahrhaft ich.
Und als ich mich in Verzückung verlor,
da ließest du mich hinschwinden zu nichts,
dadurch, dass du an meine Stelle tratest.
Du bist das höchste Heil in meinem Leben,
bist nach dem Tode meine ewige Ruhe,
und außer dir ist niemand mir vertraut.

HALLADSCH, 858–922

Das Wohnen Gottes in uns und unser Wohnen in Gott findet
im christlichen Glauben den besonderen Ausdruck, dass es
Christus sei, der »in uns wohne«, und dass wir »in Christus«
seien. Wie Christus für unseren Frieden mit Gott der Zeuge und
zugleich das deutende Zeichen ist, so ist er es auch, der uns
das Wohnen Gottes in uns verbürgt. Christus ist das deutende
Zeichen für Gott, er war es vor zweitausend Jahren, und er ist

es für Christen ebenso am heutigen Tag. Wenn Paulus von
»Gott in uns« spricht, dann spricht er vom »Christus in uns«.
Wenn er sagen will, wir seien in Gott, dann sagt er, wir seien
»in Christus«.

Ich lebe, aber nicht ich lebe,
sondern Christus lebt in mir.

PAULUS, GALATER 2,20

Ist jemand in Christus, so ist er ein neues Geschöpf.

PAULUS, 2. KORINTHER 5,17

Ist es nicht wunderbar? Ist es nicht staunenswert?
Du bist verbunden mit uns nun und in Ewigkeit,
du baust dir ein Haus in jedem von uns,
du wohnst in allem und bist doch selbst das Haus,
in dem wir alle wohnen.

Aber noch mehr:
Glieder Christi sind wir, und unsere Glieder Christus.
Und ich Geringster,
Christi Hand bin ich und Christi Fuß.
Bewege ich die Hand? Christus bewegt sie,
denn er ist ganz und gar meine Hand.
Die Gottheit ist ja unteilbar.

Bewege ich den Fuß? Schau! Er strahlt wie Christus.
Sprich nicht von Gotteslästerung!
Werde ein Ausdruck seiner Gegenwart in dir!
So wird alles, was hässlich ist an dir und missgestaltet,
schön werden und lieblich.
Er wird es schmücken mit seiner Schönheit
und mit dem Glanz seiner Gottheit.
Götter werden wir selbst und wie Freunde mit Gott vereint.

SYMEON, 949–1022

Ein dritter Versuch, von Gottes Gegenwart und Wirksamkeit in uns zu reden, ist das Wort vom »Geist Gottes in uns«. So sagt die Bibel:

Ihr kennt den Geist, den Tröster, denn ihr kennt ja mich.
Er bleibt in euch und wird in euch sein.

AUS DER BIBEL, JOHANNES 14,17

Wisst ihr nicht, dass ihr Gottes Tempel seid
und der Geist Gottes in euch wohnt?

AUS DER BIBEL, I. KORINTHER 3,16

Ich bin nur ein totes Instrument wie eine Orgelpfeife.
Wird sie nicht angeschlagen, klingt sie nicht.
Ich rede zwar, doch muss ich klingen,
wie es der Heilige Geist tut, nicht ich selbst.

Ich lag hier wie ein toter Handschuh.
Wenn keine Hand sich in ihm regt, kann er nicht leben.
Der Handschuh kann nicht selbst bestimmen, was er tut,
die Hand vielmehr, die drinsteckt, muss ihn bewegen.

Ich lag hier wie ein toter Handschuh,
doch Gottes Geist hat sich in mich gesteckt.
Er hat mein Wort bewegt mit seiner Kraft.
Er ist es, der mich führt, und nicht ich selbst.

HANS ENGELBRECHT, 1599–1642

Als mein neues Leben begann, sah ich,
dass meine Seele mit Gott vereinigt war.
Sie lebte noch. Sie war noch da.
Aber sie verlor sich jeden Tag mehr,
so, wie ein Fluss, der sich im Ozean verliert,
sich zuerst in ihn ergießt,

so, dass er sich vom Meer noch unterscheidet,
bis er sich allmählich in das Meer selbst verwandelt
und er mit ihm nur noch ein einziges Meer wird.
Ich habe das an meiner Seele erfahren,
wie Gott sie allmählich in sich selber aufnimmt,
ihr ihre Eigenheit nimmt und ihr das Seine mitteilt.

JEANNE MARIE DE GUYON, 1648–1717

Die »zweite Geburt« geschieht aus dem heiligen Geist.
In ihm kommt der ganze Christus zu uns,
das ganze Reich Gottes.
Es liegt ganz in uns, aber wir sehen es nicht.
Wir müssen es erwarten, erkennen, finden und ergreifen.
Wir müssen es fühlen und schmecken in uns,
im Grund unserer Seele.

Dieser Geist ist Gott selbst in uns.
Er ist unser Himmel und unser Reich.
Er ist der Schatz, im Acker verborgen;
er ist das Senfkorn, die edle Perle.

Das Reich des Christus ist nicht außer uns, sondern in uns.
Es muss nicht erst in uns hereinkommen,
denn es ist schon in uns.
Wir aber müssen uns selbst erkennen
als seine Wohnung, als einen Tempel Gottes.

VALENTIN WEIGEL, 1533–1588

Ich bin in dir und du in mir.
Wir könnten uns nicht näher sein.
In eins sind wir geflossen,
gegossen wie in eine Form.
Nichts kann uns trennen.

GERTRUD VON HELFTA, 1256–1302

Der Gedanke wird bei Luther verändert. Nach seiner Auffassung ist Gott nicht einfach, statisch, in der Seele, er »seelt sich vielmehr unablässig in sie ein«.

Also siehst du,
wie Gott sich selbst und Christus, seinen lieben Sohn,
ausschüttet über uns und sich in uns eingießt,
wie er uns in sich zieht,
so dass er ganz und gar vermenscht wird
und wir ganz und gar vergottet werden.

MARTIN LUTHER, 1483–1546, IN EINER PREDIGT AUS DEM JAHR 1526

Soll ich von mir sprechen, so sage ich:
Mein Ich ist Gott.
Ich kenne kein Ich mehr als nur meinen Gott.
Es geht nicht mehr um Einung,
denn ich sehe nicht, was vereint werden soll.
Ich sehe nur ihn.
Ich weiß nicht, wo mein Ich ist, ich suche es auch nicht.
Mir ist, als wäre ich im Meer ganz unter Wasser,
ich könne nichts mehr fühlen oder tasten als Wasser.

Gott ist Mensch geworden, um mich zu Gott zu machen,
so will ich ganz zu seinem Geist werden.

KATHARINA VON GENUA, 1447–1510

Es ist in der ekstatischen Einung kein Zwischenraum mehr
zwischen der Seele und Gott.
Es sind nicht mehr zwei, sondern beide sind eins.
Sie sind nicht voneinander zu scheiden.
Diese Vereinigung ahmen hier in dieser Welt
die Liebenden und die Geliebten nach,
die miteinander zu einem Wesen verschmelzen wollen.

PLOTIN, 205–270

Während der Jude in seiner Tradition belehrt wird, es gebe nur
ein einziges großes Ich, nämlich das Ich Gottes, und sein kleines Ich gehe in ihm auf und komme in ihm zur Erfüllung, erfährt der Sufi, der islamische Mystiker, eine Art Verschmelzung
des kleinen mit dem großen Ich. Der Hindu aber wird sagen:
tat twam asis, das All bist du. Das große Ich Gottes bist du
selbst, dein kleines Selbst ist zugleich das Ganze, das Brahman.

Ein Schüler des großen Maggids hatte etliche Jahre dessen
Unterweisung empfangen und gedachte heimzukehren.
Unterwegs besann er sich, er wolle in Karlin Rabbi Ahron
aufsuchen, der vordem im Lehrhaus des Maggids sein Ge-
fährte gewesen war. Es ging auf Mitternacht zu, als er die
Stadt betrat; aber sein Verlangen nach dem Anblick des
Freundes war so groß, dass er sich sogleich zu dessen Haus
wandte und an das erleuchtete Fenster klopfte. »Wer ruft?«
hörte er die vertraute Stimme fragen und antwortete, da er
gewiss war, dass auch seine erkannt würde, nichts als »Ich«.
Aber das Fenster blieb verschlossen, und von innen kam
kein Laut mehr, ob er auch wieder und wieder pochte. Endlich schrie er bestürzt: »Ahron, warum öffnest du mir
nicht?« Da entgegnete ihm die Stimme des Freundes, aber
so ernst und groß, dass sie ihn fast fremd dünkte: »Wer ist
es, der sich anmaßt, sich ›Ich‹ zu nennen, wie es Gott allein
zusteht?« Als der Schüler dies vernahm, sprach er in seinem
Herzen: »Meine Lehrzeit ist noch nicht um« und kehrte un-
verweilt nach Mesritsch zurück.

AUS DEM CHASSIDISMUS

Und die sufitische Entsprechung:

Es klopfte einer an des Freundes Tür.
Der rief von drinnen fragend: »Wer ist hier?«
Er gab zur Antwort: »Ich!« Da sprach der Freund:
»So sind wir also nicht im Ernst geeint?

Du willst du selbst sein. Gut. So geh!
Bist du getrennt von mir, so Freund, versteh
die Torheit deines armen, eigenen Ich,
das auf sich selbst besteht so angelegentlich.«

Der Arme irrt durch Wüsten für ein Jahr,
bis er des eignen Ich von Herzen müde war.
Verändert naht er sich des Freundes Haus
und klopft ans Tor. Der rief hinaus:
»Wer ist's, der steht vor meinem Tor?«
Er sagte: »Du, Geliebter, stehst davor!«
»Nun, da du ich bist«, sprach der Freund,
»so komm herein.
Zwei Ich schließt dieses enge Haus nicht ein.«

RUMI, 1207–1273

O Gott, bei uns hat aufgehört das Ich und Du.
Ich bin nicht ich, du bist nicht du.
Du bist nicht ich.

Ich bin zugleich das Ich und Du,
du bist zugleich das Du und Ich.
Ich bin verwirrt:
Bist du nun Ich – oder bin ich Du?

RUMI, 1207–1273

Wie lange noch wird es zwischen mir und dir
das Ich und Du geben?
Hebe zwischen uns mein Ich auf,
dass ich ganz in dich eingehe,
dass ich nichts werde.

ABU YAZID AL BISTAMI, 803–875,
ISLAM

Ich komme zu dir,
verlangend nach Fülle des Glücks,
nach Zerstörung meines Ich,
nach Aufgehen in dir.

Aus dem Vishnu Purana, Hinduismus

Wann werde ich ganz dein sein?
Wann werde ich aufhören, mein zu sein?
Wann wirst du mich mit dir vollkommen vereinigen,
mich in dir aufnehmen und mich wandeln?

Petrus von Alcantara, 1499–1562

Wir freuen uns, dass Gott in unserer Seele weilt,
und noch mehr freuen wir uns,
dass unsere Seele in Gott weilt.
Unsere Seele ist dazu bestimmt, Gottes Wohnstätte zu sein,
und die Wohnstätte unserer Seele ist Gott.

Es ist groß, zu wissen,
dass Gott, unser Schöpfer, in unserer Seele wohnt.
Und es ist noch größer, zu sehen und zu wissen,
dass unsere geschaffene Seele in Gott ihr Wesen hat.
Aus diesem Wesen, das in Gott ist, sind wir, was wir sind.

Juliana von Norvich, 1343–1417

Der Mensch sagt:
»Dein Geist vermengt sich meinem Geist,
wie Wein sich mengt mit reinem Wasser.«

Und Gott spricht:
»Wenn irgendetwas dich berührt, berührt es mich.
In jedem Falle bist du ich.«

Halladsch, 858–922

Mysterium

Die Seele der Dinge
läßt mich ahnen
die Eigenheiten
unendlicher Welten

Beklommen
such ich das Antlitz
eines jeden Dinges
und finde in jedem
ein Mysterium

Geheimnisse reden zu mir
eine lebendige Sprache

Ich höre das Herz des Himmels
pochen
in meinem Herzen

Rose Ausländer, 1907–1988

Erleuchtung

Ein anderes Symbol neben dem des »Raums«, das wir gebrauchen, wenn wir sagen, »wir seien in Gott und Gott in uns«, ist das »Licht«. Für die mystische Frömmigkeit ist es der Gedanke, dass ein Mensch zu Licht wird, der Gedanke der »Erleuchtung«, der im Kontrast steht oder in der Wechselwirkung zur »Dunkelheit« oder gar zur »Finsternis«.

Erleuchtung erfährt Buddha unter dem Bodhibaum, der Zenmönch im Satori oder im Mu, der Leerheit, oder als Kensko, der Fähigkeit, plötzlich die Wahrheit der Dinge zu schauen. Für einen Christen ist Erleuchtung ein alles verwandelndes, tief eingreifendes Geschehen. Ein Erleuchteter leuchtet von innen. Er ist das helle Fenster, das in der Nacht dem Wandernden Zuflucht, Wärme und Geborgenheit verspricht. Ein Erleuchteter gibt Licht. In ihm hat ein anderer sein Licht gezündet.

Er kann Licht sein so, dass er unermüdlich die Grenzen des Erkennens entlang denkt wie Plotin oder dass er seine Verse zu letzter, leuchtender Schönheit auszuformulieren vermag wie Rumi, dass er warm und herzlich auf Menschen zugeht wie Rama Krischna oder dadurch, dass eine Frau sich allein einer Welt von Männern entgegenstellt wie Teresa, oder so, dass einem Juden widerfährt, was wir Prediger 8,1 lesen, dass »seine Weisheit sein Angesicht hell und leuchtend macht« oder, wozu Jesaja ihn auffordert: »Steh auf! Werde Licht! Dir kommt das Licht entgegen. Du wirst ein leuchtender Orientierungspunkt für viele Menschen sein!« (Jesaja 60,2). Die christliche Geschichte ist nicht nur eine Geschichte der Dunkelheiten, sondern auch eine dichte Folge von erleuchteten und erleuchtenden Menschen. Wir dürfen uns dieses oft vermiedenen Themas durchaus lebhaft annehmen.

Gott sprach: Licht soll leuchten aus der Finsternis.
Derselbe Gott ließ Licht aufgehen in unseren Herzen
damit, dass er uns gab, sein Licht zu schauen
im Angesicht des Christus.

Aus der Bibel, 2. Korinther 4,6

Wache auf von deinem Schlaf!
Steh auf aus dem Reich der Toten!
Christus will dich erleuchten!«

Aus der Bibel, Epheser 5,14

Der du vor allem Anfang warst,
der du nichts als Licht bist, mächtig und zart.
Viel wirst du besungen,
doch niemand kann dich beschreiben.
Nicht zu schauen bist du, strahlend in deinem Glanz.

Du nahmst das Dunkel von unseren Augen.
Du sandtest dein heiliges Licht über die Welt hin,
du ertöntest mächtig in der Stille dieses Lichts.

König der Welt, weithin schauender Geber des Lichts,
gib den Völkern das Glück deiner Helligkeit,
dass geschlossene Augen beginnen zu schauen.
Sende Leben. Sende das Licht. Sende die Liebe.

Orphischer Hymnus, 700 v. Chr., Griechenland

Ich preise dich, du über den Himmeln,
du Ursprung der Welt.
Mit allen Kräften besinge ich dich, den Einen und das Alles.
Heilige Weisheit, von dir erleuchtet singe ich deinen Preis.
Und ihr, alle Mächte,
singt mit mir zusammen ihm zur Ehre.

Voll Freude singe ich von deinem göttlichen Licht.
Du bist das Leben – heile, was in mir verletzt ist.
Du bist das Licht – erleuchte meine Seele.
Denn alles kommt von dir und ist in dir.

JULIAN, 331–363,
RÖMISCHER KAISER UND NEUPLATONISCHER PHILOSOPH

Unablässig trage ich es im Geist.
Ununterbrochen dringt es in mich ein.
Das Leben und der Tod sind eins:
Eins bin ich mit Himmel und Erde.

Wer nicht mehr sieht, der schaut das Licht.
Wer nicht mehr hört, gelangt in die ewige Tiefe.
Wer mit den Sinnen nichts mehr aufnimmt,
kann sich lösen von den Reizen dieser Welt.

Er kann sich einen mit dem All,
weit, ohne Grenzen wie der Hauch der Luft.
Er kennt nichts mehr,
von dem er getrennt wäre.

AUS DEM BUCH »DIE ROT GESTREIFTE HÖHLE«,
TAOISMUS

Alles auf Erden ist vergänglich.
Einzig bleibt das Angesicht des Herrn
voll Hoheit und Licht.

KORAN, SURE 55

Der Ursprung des geistigen Gebets
liegt in der Wirksamkeit und läuternden Kraft
des Heiligen Geistes,
in dem geheimen, heiligen Tun des Geistes.
Der Anfang des Friedens ist die Entsagung

und die Freiheit von allen Sorgen.
Seine Mitte ist die erleuchtende Kraft
des Heiligen Geistes und seine Schau.
Sein Ende ist die Verzückung,
die Entrückung des Geistes zu Gott.

GREGOR SINAITA, ENDE DES 13. JH. – 1346

Aus dem Licht der Seele steigt oft
ein voller heller Schein und Klang,
das heißt eine Erkenntnis,
in der der Mensch oft mehr weiß und erkennt,
als ihn irgendjemand lehren kann.

JOHANN ARNDT, 1555–1621

Während eines Picknicks sagte der Meister:
»Wollt ihr wissen, wie erleuchtetes Leben ist?
Seht jene Vögel, die über den See fliegen.«
Während alle schauten, rief der Meister:
»Sie werfen eine Spiegelung auf das Wasser,
von der sie nichts ahnen,
und die den See nicht berührt.«

ANTHONY DE MELLO, 1931–1987

Der äußere Mensch ist der alte Mensch,
der irdische Mensch, der Mensch dieser Welt,
der von Tag zu Tag älter wird.
Sein Ende ist der Tod.
Der innere Mensch auf der anderen Seite
ist der neue Mensch, der himmlische Mensch,
in dem Gott leuchtet.

MEISTER ECKHART, 1260–1328

Mein Gott, woher kommst du?
Wie kommst du in meine verschlossene Wohnung?
Seltsam ist es, es übersteigt Rede und Verstand.
Dass du plötzlich in meinem Innern dich niederlässt,
dass du aufleuchtest und als Licht erscheinst in mir
wie der hell blinkende Vollmond,
das macht mich sinnenlos und sprachlos, mein Gott.

Ich weiß, dass du es bist, der gekommen ist,
die zu erleuchten, die in der Finsternis sind.
Ich gerate außer mir und verliere Verstand und Worte,
wenn ich das Wunder schaue, das mir fremd bleibt
und alle Wirklichkeit und alle Rede übersteigt.

Gepriesen seist du, o Gott.
Du senktest in mein Herz das Licht deines Willens.
Den Baum des Lebens pflanztest du in mich ein.
Du schufst mich um zu einem Himmelsgarten
inmitten der geschaffenen Wesen.

Du gabst mir einen anderen Geist,
Raum gabst du in mir deinem heiligen Geist,
dem wunderbaren Baum des Lebens.
Du setztest ihn ins Erdreich einer Menschenseele,
er schlägt nun Wurzeln. Schaff sie um zu deinem Garten.

Dein Geist schmückt sie mit herrlichen Gewächsen:
mit Bäumen und mit Frucht,
mit bunten, blühenden Blumen.
Mit dufterfüllten Lilien: mit Demut, Frieden, Freude,
mit Sanftmut, auch mit Leid und Traurigkeit
und mit dem hellen Glanze deiner Gnade,
der alles, was in ihrem Garten lebt, in Licht verwandelt.

Symeon, 949–1022

Es ist leichter für uns,
Gott zu erkennen als unsere eigene Seele.
Denn unsere Seele lebt so tief in Gott,
dass wir sie nicht verstehen werden,
ehe wir Gott erkennen, ihren Schöpfer.

Es ist uns aber aufgetragen,
unsere eigene Seele weise und wahrhaft zu erkennen.
Wir sollen sie also suchen, wo sie ist – und das ist in Gott.

Gott ist uns näher als unsere eigene Seele.
Er ist der Grund, in dem unsere Seele steht.
Denn unsere Seele ruht in Gott.
Sie steht in Gott und hat daher ihre Kraft.
Sie wurzelt in Gott, in seiner unendlichen Liebe.

Gott hat mir mein geistiges Auge geöffnet
und mir inmitten meines Herzens meine Seele gezeigt.
Und ich sah, dass meine Seele so weit ist,
als wäre sie eine unendliche Welt
und ein gesegnetes Königreich.

JULIANA VON NORVICH, 1343–1413,
ENGLISCHE MYSTIKERIN

> Die letzte Konsequenz des Glaubens, dass Gott in allem sei, ist
> die, er sei auch im Dunkeln und im Bösen. Sie ist zuletzt eine
> Aufhebung alles dualistischen Denkens und eine Durchlich-
> tung alles Seins.

Ich erkenne,
wie Gott in jedem Geschöpf
und jedem Ding gegenwärtig ist:
im Teufel und im guten Engel,
in der Hölle und im Paradies,
im Ehebruch und im Meuchelmord wie im guten Werk.
Solange mir diese Wahrheit vor Augen steht,

freue ich mich nicht minder über Gott,
wenn ich einen Teufel oder Ehebrecher,
als wenn ich einen Engel oder ein gutes Werk sehe.

ANGELA VON FOLIGNO, 1249–1309

Es ist kaum zu ermessen, was in einer Nonne vorgegangen sein muss, die durch die harte Schule eines Klosters gegangen ist und der alle Moralvorstellungen der Kirche vermittelt worden sind, bis sie sich beim Anblick eines Verbrechers über Gott freuen kann. Sie wurde später selig gesprochen.

Ich danke dir, du mein ewiges,
immer strahlendes Licht.
Dank dir, nun sehe ich.
Und was sehe ich in diesem Licht?
Ich sehe, wie sehr du mich liebst.
Ich sehe, dass, wenn ich in dir bleibe,
es ebenso unmöglich ist,
dass du mich zu irgendeiner Zeit nicht liebtest
und dass ich dich je nicht liebte.

Du gibst dich selber mir ganz,
du bist ganz und ungeteilt mein,
solange ich ganz und ungeteilt dein bin.
Du bist in mir und freust dich daran,
du bist mit deiner Gnade in mir,
und ich freue mich in mir wie in dir.

Liebe ich mich so, dann liebe ich dich,
denn du bist in mir und ich in dir,
wir sind wie ein einziges Wesen.
Bleibe ich aber ganz und vollkommen in dir,
so kann ich – wie du nicht zugunde gehen kannst –
nicht zugrunde gehen.

PETERS GERLACH, 1378–1411

Dieses Wir-in-Gott und Gott-in-uns erscheint im Hinduismus
als die Gegenwart des Krischna:

Wer mir in Liebe treu ergeben ist
und mich in Wahrheit ehrfurchtsvoll verehrt,
dem geb' ich gerne meiner Weisheit Kraft,
und meine Gnade leitet ihn zu mir.
In seinem Herzen wohnend, bin ich selbst
der Wahrheit Licht, das dann sein eigen ist
und dessen Kraft die Dunkelheit zerstört,
die aus der Nichterkenntnis Nacht entsprang.

KRISCHNA IN DER BHAGAVADGITA

Wer bist du, wahres Licht, das mich erfüllt
und meines Herzens Dunkelheit erleuchtet?
Du leitest mich wie die Hand einer Mutter,
und ließest du mich, ich wüßte keinen Schritt zu gehen.

Du bist der Raum, der rund mein Sein umschließt
und in sich birgt. Aus dir entlassen
versänke es im Abgrund, in dem Nichts,
aus dem du es zum Sein erhobst.

Du, näher mir als ich mir selbst
und innerlicher als mein Innerstes –
und doch ungreifbar und unfassbar,
Du, Heiliger Geist! Ewige Liebe!

EDITH STEIN, 1891–1942,
JÜDISCHE PHILOSOPHIN, SPÄTER CHRISTLICHE NONNE

Als mein Geist erleuchtet worden war,
fand sich meine Seele in einer unendlichen Weite.
Einst war Gott in mich eingeschlossen,
und ich war mit ihm in meinem Grunde vereinigt.
Dann aber war ich wie untergegangen
in einem Meer.

Diese Weite, die von nichts begrenzt ist,
wächst mit jedem Tag.
Einst war ich wie nach innen gezogen
und umschlossen, dann verspürte ich,
dass eine Hand, weit stärker als die erste,
mich aus mir selber zog und mich ohne Blick,
ohne Licht, ohne Erkennen in Gott versenkte.

Jeanne Marie de Guyon, 1648–1717

Ein Mensch, der sich nicht wundern kann,
der nicht ständig staunt
oder nicht ständig anbetet –

und wäre er auch Präsident zahlreicher königlicher
    Akademien
und hätte er die großen Entdeckungen aller Laboratorien
und Observatorien in seinem Kopfe gespeichert –

ist nichts anderes als ein paar Brillengläser,
hinter denen sich keine Augen befinden.

Thomas Carlyle, 1785–1881

Mein Geist, leuchtend und rein,
ein Teil des großen Lichts,
kennt weder Geburt noch Tod.
Er ist das unveränderliche Licht.

Aus dem Tibetanischen Totenbuch

Steh auf! Werde Licht!
Dein Licht kommt.
Das Licht Gottes geht über dir auf!

Aus der Bibel, Jesaja 60,1

Das Auge, mit dem ich Gott schaue,
es ist dasselbe, darin mich Gott sieht.
Mein Auge und Gottes Auge,
das ist ein Auge und ein Sehen
und ein Erkennen und ein Lieben.

MEISTER ECKHART, 1260–1328

»Kann ich selbst irgendetwas tun, um erleuchtet zu werden?«
»Genau so wenig wie du dazu beitragen kannst, dass die Sonne morgens aufgeht.«
»Was nützen dann die geistigen Übungen, die Ihr vorschreibt?«
»Um sicher zu gehen, dass du nicht schläfst, wenn die Sonne aufgeht.«

ANTHONY DE MELLO, 1931–1987

Fühlen und Schauen

Wir haben, das ist gewiss, Recht damit, dass wir uns Gott als das große Du, das große Gegenüber, als Person vorstellen. Wir haben ebenso Recht damit, dass wir uns Gott als eine unendliche, grundlose Tiefe denken oder auch als eine Art von kosmischem Atem oder ein Element wie das Feuer oder das Licht. Also eine Art allgegenwärtiger Mächtigkeit, aus der wir kommen, in der wir leben, die in uns ist und aus der uns zu entfernen wir keine Möglichkeit haben.

Man hat immer wieder gesagt, Buddha habe die Vorstellung von einem »Gott« abgelehnt. Aber vielleicht hat Buddha nur die Vorstellung von einem »persönlichen Gott« verworfen, und vielleicht hat Paul Tillich Recht, wenn er von einer heiligen Wirklichkeit jenseits aller Gottesbilder der Menschen als von »Gott jenseits von Gott« spricht. Am Ende dürfte offen sein, was wir und was die östlichen Weisheitslehrer jeweils meinen, wenn der Gedanke eines Gottes bejaht oder verneint wird.

Verstehen wir Gott als den Allumfassenden, als das alles Durchdringende, das Meer, in dem wir sind, dann geht es darum, dass wir ruhend in ihm sind, dass wir im Schweigen und in der Stille bleiben, im Frieden und in der Selbstverständlichkeit. Wir sprechen von »Schau« oder von »Kontemplation«.

In vielen geistlichen Anweisungen mystischer Prägung ist das Ziel der Beschäftigung des Menschen mit Gott die »Schau«. Die »visio Dei«. Sie hat ihren Ursprung bei begnadeten Einzelnen in einer überwältigenden Erfahrung von Licht, in der Erfahrung eines universellen Zusammenhangs von allem, was ist, oder der Gegenwart Gottes in allem. Sie findet ihr Ende in dem »Schauen Gottes« oder in der ekstatischen Erfahrung. An die Stelle der Wortdimension, des Gesprächs, tritt die Lichtdimension, und als Folge der »Erleuchtung« die Schau.

Wer es geschaut hat, weiß es, was ich sage:
Die Seele findet in ein anderes Leben,
wenn sie den Einen schaut und weiß:
Nichts anderes ist zu wissen nötig.

Nein, alles andere lege ich ab.
In ihm, dem Einen, soll ich stehen.
Das Eine soll ich werden, alles andere lassen.
Mit meinem ganzen Wesen ihn umfassen.
Nichts soll mehr an mir sein,
mit dem ich ihn nicht, Gott, berührte.

Im Grunde ist's nicht so, dass ich ihn schaue.
Denn es ist eine andere Weise wahrzunehmen.
Ich trete aus mir selbst heraus, ich werde einfach.
Ich lasse mich, ich will nur noch berühren.
Ich will mich nur vereinen mit dem Einen.
Nur ihn, den Einen, will ich schauen
im inneren Heiligtum der Seele.

PLOTIN, 205–270, GRIECHISCHER PHILOSOPH

Wenn ich versenkt bin in die Schau,
empfinde ich mein eigenes Nichts,
ich schaue nur das wahre Wesen aller Dinge.

Ich schaue nicht von unten her nach oben,
sondern aus der Höhe.
Die Wahrheit höre ich rufen: Komm nicht näher.
Der Ort, an dem du stehst, ist heilig.

Im Chorgebet, am Tisch, in Lärm und Arbeit, lehrt sie mich:
Mach alle äußeren Dinge in dir einfach,
gewinne die beständige, innere Schau!

Die Schau aber ist so stark,
sie überwältigt so gewaltig Herz und Leib,
dass sie mit allen Kräften nur dem Licht noch folgen.

Ich bin ein Nichts geworden.
Der das Licht ist, nimmt mein Schauen
und einigt es sich selbst.

Aus seinem und aus meinem Schauen wird die eine Schau.
In ihr und mit ihr schaue ich,
doch nicht nach meiner Weise,
ich schaue Gott so, wie Gott selbst sich schaut.

PETERS GERLACH, 1378–1411

Selig sind, die reinen Herzens sind,
sie schauen Gott.

JESUS CHRISTUS, MATTHÄUS 5,8

Den Liebenden will Gott erwählen
in reiner Gnade und ihn zu sich holen.
Ihm wird im göttlichen Licht
die neue, überwesentliche Schau zuteil.

Mit Kennen, Wissen, Denken oder strenger Übung
kommt niemand in die Offenheit der Schau.
Wem Gott in seinem Geist sich einen will,
wen er erleuchten will mit seinem Licht,
schaut Gott. Sonst keiner.

JAN VAN RUYSBROECK, 1293–1381

Die Seele bat einmal Gott, er möge ihr etwas schenken,
das sie beständig an ihn erinnern könne.
Darauf empfing sie diese Antwort:

Ja, ich gebe dir meine Augen,
mit denen du alle Dinge siehst.
Meine Ohren, mit denen du alle Dinge vernimmst.
Meinen Mund, dass du durch ihn redest, betest und singst.

Mein Herz, dass du mit ihm alles denken
und alle Dinge lieben kannst.

In diesem Wort zog Gott die Seele ganz in sich,
so dass es ihr erschien,
sie sehe mit Gottes Augen, sie höre mit seinen Ohren,
sie rede mit seinem Mund
und habe kein anderes Herz als das Herz Gottes.
Und dies hat sie auch danach oft erfahren.

MECHTHILD VON HACKEBORN, 1241–1299,
ÜBER SICH SELBST

Alle Dinge sind wie eine Luftspiegelung,
wie eine Erscheinung, wie ein Traum. Sie sind nichts.
Aber du kannst sie wahrnehmen.

Sie sind wie die Spiegelung des Mondes
in einem klaren See,
aber der Mond ist nicht im See.

Sie sind wie der Widerhall von Musik,
von Stimmen und Klängen, wie ein Echo,
das nicht die Musik ist.

Sie sind wie die Illusion, die ein Magier schafft:
Nichts ist so, wie es scheint.

AUS SAMADHI RAJA SUTRA, BUDDHISTISCH

Diese Nähe zu Gott kann die Form des »Gedenkens« annehmen:

Niemals steigt die Sonne,
niemals sinkt sie,
ohne dass mein Sinn
nach dir stünde.

Niemals sitz ich
sprechend mit den Menschen,
ohne dass am Ende
du mein Wort bist.

Niemals trinke ich
dürstend einen Becher Wasser,
ohne dass ich dein Bildnis
im Glase schaute.

Keinen Hauch atme ich
in Trauer oder Freude,
ohne dass ich mit seiner Kraft
deiner gedächte.

HALLADSCH, 858–922

Schau wird oft auch beschrieben als »Erhebung«.

Meine Arme hebe ich empor zur Höhe,
zur Gnade des Herrn.
Denn er hat meine Fesseln gelöst,
mich erhoben zu sich und mich frei gemacht.

Ich wurde emporgehoben ins Licht
und ging vorüber vor seinem Angesicht.
Ich kam ihm nahe. Ich schaute.
Ich pries ihn.

Er ließ mein Herz aufsprudeln,
mein Herz war in meinem Mund.
Und groß wurde auf meinem Angesicht
der Jubel über Gott und sein Preis.

ODEN SALOMOS 21,
GNOSTISCH

Wir reden von »Kontemplation«. Damit meinen wir ein Gebet, das ohne Worte in der reinen Anwesenheit des Menschen vor Gott geschieht. Der Betende nimmt dabei an Wichtigkeit immer mehr ab, bis er in seinen Augen ganz verschwindet und nur Gott bleibt.

Wie betet, so frage ich, ein Herz,
das ganz abgeschieden ist von sich selbst?
Überhaupt nicht, antworte ich.
Wer ganz lauter ist, der kann nicht beten.
Wer betet, will etwas von Gott.
Das abgeschiedene Herz aber begehrt nichts
und will auch von nichts entlastet werden.
Es will nur eins sein mit Gott.

Wenn die Seele dahin gelangt,
so verliert sie ihr eigenes Wesen.
Gott zieht sie so ganz in sich,
dass sie selbst darüber zunichte wird,
wie das Morgenrot schwindet,
wenn die Sonne aufgeht.

MEISTER ECKHART, 1260–1328

Mein Gebet vollzieht sich immer auf dieselbe Weise.
Es geschieht nicht in mir, sondern in Gott.
Es ist einfach, rein und sehr klar.
Es ist eigentlich kein Gebet, sondern ein Sein.
Ich glaube nicht, dass es in der Welt etwas gibt,
das einfacher wäre.

Der Mensch ist in ihm so ganz verloren und versunken,
dass er, nach außen frei, in seiner Seele nichts mehr ist.
So ist auch sein Glück unwandelbar.
Alles ist Gott. Und die Seele schaut nur Gott.
Sie sieht keine Vervollkommnung
und keine Einigung. Denn alles ist für sie vereint.

Alles ist so frei, so leicht, so natürlich,
dass die Seele in Gott lebt und von Gott,
so selbstverständlich,
wie der Körper von der Luft lebt, die er atmet.

Jeanne Marie de Guyon, 1648–1717

Er liebt mich, der nicht in dieser Welt ist.
Und inmitten meiner Zelle sehe ich ihn,
der außer der Welt ist.
Auf meinem Bette sitze ich und weile außer der Welt.
Ihn aber schaue ich, rede mit ihm und wage zu sagen:
»Ich liebe dich«, denn er liebt mich.
Ich nähre mich von der Betrachtung,
ich kleide mich darein;
ihm vereint übersteige ich die Himmel.

Dass dies wahr und gewiss ist, weiß ich.
Wo aber dann dieser Leib ist, erkenne ich nicht.
Ich weiß, dass herabsteigt, der unbewegt ist.
Ich weiß, dass von mir geschaut wird,
der von Natur unschaubar ist.
Ich weiß, dass er, der aller Kreatur weit entrückt ist,
mich in sich aufnimmt und mich in seinen Armen birgt,
und ich finde mich außer der ganzen Welt.

Hinwieder schaue ich Sterblicher,
und in der Welt ein Geringer,
den ganzen Schöpfer der Welt in mir;
und dieweil ich im Leben bin,
umfange ich in mir das ganze blühende Leben
und weiß, dass ich nicht sterben werde.
In meinem Herzen ist er und wohnt im Himmel:
hier und dort sehe ich ihn in gleichem Leuchten.

Symeon, 949–1022

Es gibt Leute, die so mit Gnade und Geist erfüllt
und so innig mit Gott verbunden sind
in dieser Gnade der Kontemplation,
dass sie in normaler seelischer Verfassung dazu kommen,
wann sie wollen,
ob sie nun stehen oder gehen, sitzen oder knien.
Und gleichzeitig bleiben sie
all ihrer Sinne vollkommen mächtig,
sowohl der leiblichen als auch der geistigen,
und sie können diese gebrauchen, wie sie wollen.

Aus der »Wolke des Nichtwissens«,
einer mystischen Schrift aus England, 14. Jh.

Nur im Zusammenhang der Erfahrung der Kontemplation, der
Ruhe in Gott, ist das berühmte »Gott allein genügt« der Teresa
von Avila oder der Rabia zu verstehen:

Nichts betrübe dich.
Nichts erschrecke dich.
Alles verflüchtigt sich.
Gott wandelt sich nicht.

Geduld erlangt alles.
Wer Gott nicht loslässt,
kennt kein Entbehren.
Gott allein genügt.

Teresa von Avila, 1515–1582

O Gott,
was immer du mir zugedacht hast an weltlichcm Gut,
gib es deinen Feinden.
Was immer du mir schenken willst
an himmlischem Glück,
gib es deinen Freunden –
du bist genug für mich.

RABIA, GESTORBEN 801, BASRA

Einer rühmte sich,
er werde in der Entrückung eins mit Gott.
Ihn sah einer in seiner Entrückung und fragte:

Gott! Warum ist Pharao zur Hölle verdammt,
weil er ausgerufen hat: Ich bin Gott!
Und Halladsch ist entzückt zum Himmel,
weil er das Gleiche ruft: Ich bin Gott!

Eine Stimme sprach: Pharao,
als er so rief, dachte nur sich selbst.
Er hatte mich vergessen.
Halladsch, als er so rief, hatte sich vergessen,
er dachte nur mich selbst.

Darum wurde das »Ich bin Gott«
im Munde des Pharao ihm zum Fluch.
In Halladsch ist das »Ich bin Gott«
eine Wirkung meiner Gnade.

EIN SCHÜLER VON HALLADSCH, 858–922

Der Schmetterling fliegt um das Kerzenlicht
die ganze Nacht und bis zum Morgen.
Er kehrt zu seinesgleichen heim, sagt ihnen
von seinem Glück mit seinen schönsten Worten.
Dann eint er sich mit dem geschauten Licht,
denn ins Vollkommene will er eingehen.

Ihm ist die Helligkeit des Lichtes nicht genug,
nicht seine Wärme, nein, er wirft sich ganz ins Licht.
Die Seinen warten seiner Rückkehr
und dass er ihnen von seiner Schau berichte.
Er aber schwindet, geht ins Nichts,
bleibt ohne Spur, auch ohne Licht,
kein Name oder Zeichen bleibt.
Warum auch sollte er in die Gestalt,
die er zuvor gehabt, zurück sich sehnen?
Hat er nicht alles, was er sucht, gewonnen?

Wer denn zur Schau gelangt,
braucht über sie kein Wort.
Wer zu dem findet, was er schaut,
bedarf nicht mehr der Schau.

HALLADSCH, 858–922

IX

Traum und Ekstase

Das Tanzspiel der Liebe

Sein in Gott« war sozusagen ein räumliches Gleichnis. »Erleuchtung«, »Schau« spielten mit dem Bild vom Licht. Als drittes
Gleichnis für die Gemeinschaft mit Gott erscheint an vielen Stellen
rund um die Erde die Nähe zwischen Menschen, die einander lieben.

So spricht die indische Bhakti-Mystik vom Einsinken in die Lie-
besverbindung mit Gott. Sie wird vor allem in der Bhagavadgita besungen und noch stärker im Bhagavatam. Sie geht von einem strengen Monotheismus aus und zeigt sich als Religion der Alleinheit.
Vishnu erscheint dabei als der eine Gott, der Schöpfer, Erlöser und
Vollender, aber er offenbart sich in unzähligen Gestalten, die aus
dem Spiel hervorgehen, in dem Vishnu seine ewige Freude und Liebe
auslebt. So sagt er:

Die Liebenden sind mein Herz,
und ich bin das Herz der Liebenden.
Sie kennen nichts als mich, und ich kenne nichts als sie.

BHAGAVATAM 9

Und ihm antwortet der Mensch:

Nicht Gewalt über die ganze Erde,
nicht Herrschaft über die schätzestrahlende Unterwelt,
auch nicht Erlösung,
das Nicht-Wiederkommen der Befreiten,
nichts begehre ich, o Gott, was mich von dir trennt.

BHAGAVATAM 6

Wer von dieser Liebe zu Gott ergriffen ist, trennt sich damit
nicht von den Menschen, er wird vielmehr mit allen Wesen in
Barmherzigkeit verbunden sein, ja, er wird die Welt läutern.
Im Bhagavatam wird vom Tanz- und Liebesspiel Krischnas mit
Radha und ihren Gespielen, den Gopis, erzählt. Die Liebe wird
dabei selbst zur göttlichen Gestalt in der »Göttin Liebe«, als

Bhagva-devi. Und sie spricht sich aus in geistlichen Liebeslie-
dern:

Freundlich ist das Schicksal und hold für immer.
Sie blicken einander an, ein verzücktes Paar.
Jedes schließt das andere in die Arme,
zwei Lippenpaare trinken berauschend süßen Nektarwein.

VIDYAPATI THAKUR, 15. JH., BENGALISCHER DICHTER

> Der größte indische Mystiker der neueren Zeit, Tulsidas (1532–
> 1632), gehört dieser Richtung hinduistischer Mystik an. Die
> Bhakti-Mystik wendet sich aber auch an Shiva als den einen
> Gott. Manikka Vasagar (9. Jh.) und Taju Manavar (1705–1742)
> sind ihre herausragenden Vertreter. Sie wendet sich zum drit-
> ten auch an Shakti, die große, lebenspendende Mutter, die zur
> Erlösung führt, die Gemahlin Shivas, die Personifizierung der
> Urenergie, an den dynamischen Aspekt Gottes. Das Gewicht
> liegt hier auf dem Gleichnis der sexuellen Vereinigung von
> Mann und Frau, wie es der Tantrismus darstellt.
> Manche Stimmen in der persischen Mystik stehen dem nahe,
> wenn auch die sexuelle Komponente zurücktritt, aber auch
> viele aus der christlichen Tradition, vor allem der Frauenmystik.

Ich liebe dich Herr;
ich zweifle nicht daran,
ich liebe dich mit vollem, hellem Wissen.
Mit deinem Wort hast du mein Herz getroffen,
und ich liebe dich.

So strahlt in meiner Seele ein Licht, das keine Welt fasst,
dort klingen Melodien, die keine Zeit verschlingt,
dort duften Wohlgerüche, die kein Wind verweht,
dort schmecken Speisen, deren keine Sattheit satt wird,
dort lacht ein Glück vereinter Liebe,
dem ein Überdruss nicht folgt.
Das ist es, was ich liebe, lieb ich meinen Gott.

AUGUSTIN, 354–430

Die Wonne,
von Gott umarmt zu ruhen,
werd ich erfahren. Wann wird es sein?

In einem Meer von Erbarmung
werden wir schwimmen, beide,
und versinken lange Tage. Wann wird es sein?

Die Melodie seiner Liebe
in Regen und Wind und im Rauschen der Bäume
wird klingen in meiner Seele. Wann wird es sein?

Die heilige Asche,
die Gottes Stirn schmückt von alters her,
werd ich berühren. Wann wird es sein?

In der Gemeinschaft der Heiligen,
die sich verschwenden in Liebe zu Gott,
werde ich bleiben. Wann wird es sein?

Die Füße Gottes, wie Blüten zart,
von denen sogar die Schriften der Weisen schweigen,
werd ich verehren. Wann wird es sein?

Wann steigt Shiva,
der liebende Gott, mein Herr, herab zu mir
und kehrt bei mir ein?

MANIKKA VASAGAR, 8. JH., HINDUISTISCH

In Bagdad richteten die Sufis im 9. Jahrhundert Häuser ein, in
denen sie Musik hören und durch Tanzen in die Ekstase geraten konnten, sehr zum Ärger der islamischen Orthodoxen. Zu
ihren Gemeinschaften gehörten auch die Orden der Derwische
und die Erscheinung der Fakire, der »Armen«. Alles, was ist, so
sagten sie, entstand durch Musik und Tanz, alles, was schön ist
unter Menschen oder in der Natur. So entstanden die meisten
Gedichte Rumis aus dem wirbelnden Tanz, und viele diktierte
er in Verzückung.

Am Anfang war das Nichts, die Leere.
Da traf es ein Ruf, und es antwortete: Ja! Hier bin ich!
Ja, ich will mich froh zeigen, grün und frisch!

Es hörte den Ruf Gottes, der in der Urzeit erklang.
Es fing an zu tanzen und zu kreisen, vom Rausch ergriffen.
So wurden aus dem Nichts Herzen. Tulpen. Feigen.

RUMI, 1207–1273

Der libanesische Theologe Paul Nwyia, ein islamischer Gelehrter, hat vorgeschlagen, statt von Ekstase lieber von Instase zu
sprechen, weil der Mystiker ja nicht aus sich herausgehoben,
sondern in die eigene Tiefe versenkt wird, in das Meer der
Seele, in dem er in Gott ist.
Dass Musik und Tanz Einstiege sein können zur ekstatischen
Erfahrung, war eine der Botschaften der sufitischen Mystik:

Du, in dessen freier Gnade
ich wie eine Harfe klinge –
schlag das Plektron etwas leichter,
dass die Saite nicht zerspringe!

RUMI, 1207–1273

Das Plektron ist ein Plättchen oder Stäbchen aus Holz, Elfen-
bein oder Metall, mit dem der Musiker das Instrument, zum
Beispiel eine Kithara oder Harfe, anreißt oder schlägt.

Schall, o Trommel! Hall, o Flöte – Allah hu!
Wall im Tanze, Morgenröte – Allah hu!
Lichtseel im Planetenwirbel, Sonne,
vom Herrn im Mittelpunkt erhöhte – Allah hu!
Herzen! Welten! Eure Tänze stockten, wenn
Lieb im Zentrum nicht geböte: Allah hu!

…

Seele, willst, ein Stern, dich schwingen, um dich selbst.
Wirf von dir des Lebens Nöte – Allah hu!
Wer die Kraft des Reigens kennet, lebt in Gott,
denn er weiß, wie Liebe töte. – Allah hu!

RUMI, 1207–1273

O sei mir nahe!
Du bist der Thronende und ich die Schwelle deiner Tür.
Wo aber sind der Thron und wo die Schwelle?
Wie können ich und du getrennt sein, du Geliebter?

O Seele, du bist frei von Ich und Du.
Du bist der Mann zugleich und auch die Frau.
Wo Mann und Frau sich einen, bist der Eine du.

Sind alle Ichs getilgt, so bist der Eine du.
Das Ich, das Wir erschufst du nur,
um selbst mit dir das Spiel zu feiern.
Es sollten Ich und Du zu einer Seele werden,
versinken endlich ganz in dir, o du Geliebter.

RUMI, 1207–1273

Um ins »Tal der Liebe« einzutreten,
muss man ganz in Feuer tauchen,
ja man muss selber Feuer sein.
Der wahrhaft Liebende muss dem Feuer gleich sein,
entflammten Angesichts,
brennend und ungestüm wie das Feuer.
Um zu lieben, darf man keinen Hintergedanken haben;
man muss bereit sein, hundert Welten ins Feuer zu werfen;
man darf weder Glauben noch Unglauben kennen,
weder Zweifel noch Zuversicht hegen.
Wo die Liebe ist,
da ist kein Unterschied zwischen Gut und Böse;
da sind Gut und Böse entschwunden.

In diesem Tale ist die Liebe das Feuer
und sein Rauch ist die Vernunft.
Wenn die Liebe kommt, entflieht die Vernunft in Eile.
Die Vernunft kann mit der Raserei der Liebe
nicht zusammenwohnen;
die Liebe hat nichts zu schaffen
mit der Vernunft des Menschen.
Gewännest du einen rechten Blick
auf die unsichtbare Welt,
dann erkenntest du die Quelle der geheimnisreichen Liebe,
die ich dir verkündige.
Das Dasein der Liebe wird Blatt für Blatt völlig zerstört
von der Trunkenheit der Liebe selbst.

ATTAR FARID OD'DIN, 1150–1221,
PERSISCHER DICHTER UND MYSTIKER

Mein Kopf liegt im Staub vor deiner Türe.
Mein Herz liegt gefesselt in der Locke deines Haars.
Meine Seele kam zur Lippe –
so reiche mir deine Lippe,
dass ich dir meine Seele in den Mund lege.

RUMI, 1207–1273

O Gott,
pflanze in mich ein das starke Verlangen nach dir.
Nicht, um vom Elend dieser Welt befreit zu sein,
nicht, um Fegefeuer oder Hölle zu entgehen,
nicht, um die Freuden des Himmels zu erlangen,
und nicht um irgendeines Vorteils willen,
sondern einzig und allein aus Liebe zu dir.

THOMAS MORUS, 1478–1515,
ENGLISCHER STAATSMANN UND HUMANIST

Toren unterscheiden zwischen Liebe und Gott.
Aber Gott ist die Liebe selbst.
Wer es weiß, ruht in der Liebe, eins mit Gott.

TIRUMULAR, 9. JH.,
HINDUISTISCH

All mein Gut ist Gott allein.
Wie er in mir ruht, so ruhe ich in ihm.
Ich bin ganz in ihn eingeschlossen
und bin nicht mehr ich selbst.

Seine Liebe ist meine Liebe,
sein Reichtum mein Reichtum.
Sein Friede ist meine Ruhe, seine Wege sind meine Lust.
Nichts könnte ich mehr erbitten,
denn alles ist mir geschenkt.
Ich muss nicht fürchten, es zu verlieren,
denn es gehört ihm allein,
der meine Liebe ist und mein Alles.

Gott ist alles. Ich bin nicht mehr.
Ich bin zurückgekehrt in meinen Ursprung.
Er allein lebt in mir,
ich aber bin nicht mehr in mir selbst, sondern in ihm.

O Liebe, ich kann dir nicht entfliehen.
Wohin ich gehe, überall bist du, überall finde ich dich.
Ich sehe dich nicht mehr durch Dunst oder Schleier,
sondern klar und offenbar.
Nichts ist mehr zwischen dir und mir.
Wie werde ich künftig leben können
bei dieser großen Helligkeit,
bei diesem göttlichen Brand, der mich verzehrt?
Die Gewalt, die ich fühle, übertrifft alles Maß.
Wohin soll ich mich wenden?
Was soll ich sagen? Dies nur,

dass Liebe mich immerfort aus mir selbst wegführt
und bei jedem Schritt mich überwindet.

ARMELLE NICOLAS, 1606–1671, FRANZÖSISCHE MYSTIKERIN, BÄUERIN

> Der Anfang ekstatischer Erfahrung liegt für viele, die von ihr
> reden, in der Sehnsucht, mit der die Liebe zu Gott die Liebe
> Gottes sucht.

Wer wahrhaft liebt, den wird sein Herz verraten.
Kein Leid ist schmerzlicher als Leid des Herzens.
Die Liebe ist ein Mangel, ein Entbehren,
sie ist der Sternenweg zu Gottes Nähe.

Ob sie hier brennt, ob sie im Himmel leuchtet,
am Ende wird sie beides überschreiten.
Will der Verstand erklären, was sie sei, die Liebe,
so tappt er wie der Esel auf dem Mist.
Die Liebe und den Liebenden beschreibt
allein die Liebe selbst, die unveränderbare.
Was Sonne sei, das weiß allein die Sonne,
sie glüht aus sich. So schau sie an!

RUMI, 1207–1273

Meine Seele ist ein stiller Garten,
ich weine
umschlossen von den Mauern meines Leibes,
gelb sitzt die Welt vor meiner Seele Tür.

Meine Seele ist ein Garten,
eine Nachtigall meine Sehnsucht,
Liebeslieder singt die junge Nachtigall,
und mein Herz sehnt sich nach Gott.

Gott ist ein Name,
namenlos ist meine Sehnsucht,

sie hat ein Kind geboren,
Willen,
jung
und von Gewalt durchbrausten Willen,
hin zu ihm.

Ein Garten ist meine Seele.
Ich knie nicht im Garten.
Weit breiten meine Arme in den weiten Teppich
blauer Nächte,
ich fliege,
namenloses Weltgesicht,
ich bin dein Bruder,
geboren aus Sternennebeln und erstem Tag.

Mein Wille blüht einen Altar aus Mai und junger Sonne,
vieltausend Blüten flammen auf,
und meine Sehnsucht flattert singend
hin zu deinem Munde,
Gott,
oder Mutterschoß,
Herz meines Bruders im Weltall,
ich weine,
denn kein Gedanke schickt einen Namen,
ich singe
meiner Sehnsucht Psalm,
gewiegt von der Harfe unendlicher Liebe.

KURT HEYNICKE, 1891–1985

Das Gebet ist ein Lob Gottes.
Es kann ein Gebet der Liebe sein,
der Verzweiflung oder der Demut.
Ich wollte,
es wäre nur eines der Liebe.

ANDRÉ GIDE, 1869–1951

Flügel der Seele

Ist dir nie die Stunde gekommen,
in der dich ein jäher, göttlicher Funke traf,
der diesen ganzen Schwindel,
Moral und Reichtum, geschäftliche Interessen,
auch Bücher, Politik, Liebesaffären,
in völliges Nichts auseinandersprengt?

WALT WHITMAN, 1819–1892,
AMERIKANISCHER DICHTER

Hildegard von Bingen schreibt in einem Brief an Gilbert von
Gembloux:

Gott wirkt, wo immer er will. Ich aber habe immer eine
zitternde Angst, denn ich kann mir nicht zutrauen, irgend-
etwas aus mir selbst zu können. Darum strecke ich meine
Hände aus zu Gott und bitte ihn, er möge mich wie eine
Feder, die aller Schwere eigener Kräfte entbehrt und im
Winde fliegt, tragen.

Von meiner Kindheit an aber schaue ich dieses Gesicht immer in meiner Seele bis zur gegenwärtigen Stunde, da ich
schon mehr als siebzig Jahre alt bin. Meine Seele steigt, wie
Gott es will, in diesen Visionen zur Höhe des Himmels
durch verschiedene Schichten der Luft und breitet sich zu
mannigfachen Völkern aus, die um weite Länder und
Räume von mir entfernt sind. Aber ich höre dabei nicht mit
den äußeren Ohren noch empfange ich es mit den Gedanken meines Herzens oder mit den fünf Sinnen, sondern in
meiner Seele allein bei offenen, äußeren Augen, so dass ich
dabei niemals eine Ermüdung erfahre, sondern wachend am
Tage und in der Nacht schaue ich es.

Das Licht aber, das ich schaue, kommt nicht aus einer bestimmten Stelle, es ist überall und heller als eine von der
Sonne beschienene Wolke. Es hat kein Maß nach Tiefe oder
Länge oder Breite. Es wird mir gesagt, es sei der Schatten des
lebendigen Urlichts. Und wie Sonne, Mond und Sterne sich
im Wasser spiegeln, so erglänzen darin die Schriften der
Menschen, ihre Reden und ihre Werke und zeigen sich mir.
Was in solchem Gesicht an Worten hörbar wird, das klingt
nicht wie Worte von Menschen, sondern wie eine schwin-
gende Flamme und wie eine Wolke in reiner Luft.

In diesem Licht aber sehe ich manchmal ein anderes Licht,
das mir als das lebendige Urlicht genannt wird, und wann
und wie ich es schaue, weiß ich nicht zu sagen. Wenn ich es
aber sehe, wird alle Not und Traurigkeit von mir genommen, und ich fühle mich wie ein junges Mädchen und nicht
wie eine alte Frau.

HILDEGARD VON BINGEN, 1098–1179,
DEUTSCHE MYSTIKERIN

Die Ekstase als Form religiöser Erfahrung geschieht so verschieden wie die Menschen sind, denen sie je widerfuhr und
denen sie je widerfährt. Teresa, aufgefordert, von ihren ekstatischen Erfahrungen zu sprechen, äußert sich in einem Brief an
ihren Beichtvater, Pater Rodrigo Alvarez, mit bemerkenswerter
Genauigkeit. Ihr Brief beginnt:

»Es ist schwer, von den inneren Dingen zu sprechen, und
noch schwerer, dies so zu tun, dass sie verstanden werden
können...«

Und sie fügt danach die einzelnen Formen ekstatischer Erfahrung aneinander:

Das erste übernatürliche Gebet, das ich in mir wahrgenom-
men habe, ist eine *innerliche Sammlung*, in der die Seele
empfindet, sie habe noch andere Sinne als die äußeren und

sie müsse sich aus dem Getöse der äußeren Sinne zurückziehen. Es wandelt sie die Lust an, die Augen zu schließen
und nichts zu sehen, nichts zu hören, nichts zu verstehen
und nur mit Gott selbst zu sprechen. Es verliert sich da kein
Sinn und keine Kraft, alles bleibt unversehrt, aber es dient
alles dem Zweck, mit Gott umzugehen. Aus dieser Ein-
sammlung entsteht oft eine Ruhe und ein innerer Friede,
wobei der Seele scheint, sie habe nichts zu tun. Sogar das
Reden ist ihr lästig, ich meine das Hersagen eines Gebets
oder das Nachdenken einer Betrachtung. Sie will nichts als
Liebe. Dies währt eine Weile, es währt manche Weile.

Ganz anders geschieht das, was ich die »*Einung der Seelen-
kräfte*« nenne. Die Kräfte der Seele können dann auf keine
Weise tätig sein, und der Verstand ist wie entsetzt. Der
Wille liebt mehr, als er versteht. Aber er versteht auch
nicht, ob er liebt oder was er tut. Das Gedächtnis verschwindet und das Denken. Die Sinne sind nicht wach; es
ist, als hätte man sie verloren, damit die Seele dem, was sie
erfährt, sich mehr zuwenden könne. Dieser Zustand verliert sich in kurzer Zeit und geht schnell vorüber.

Etwas anderes geschieht in der »*Verzückung*«. Sie dauert
länger und ist von außen wahrnehmbar. Der Atem wird ver-
kürzt, man kann nicht reden und die Augen nicht auftun.
Wenn die Verzückung stark ist, werden die Hände kalt und
strecken sich aus wie Stangen, und der Körper erstarrt in
dem Zustand, in dem sie ihn ergriff, ob auf den Füßen oder
kniend. Die Seele erlebt dabei so Schönes, das Gott ihr
zeigt, dass es so scheint, als vergesse sie, den Leib zu bele-
ben, und lasse ihn hilflos zurück. Dauert dieser Zustand
länger an, so bleibt in den Gliedern ein Schmerz zurück.

Wieder anders ist das, was ich die »*Hinwegführung*« nenne.
In der Verzückung stirbt die Seele allmählich den äußeren
Dingen ab. In der Hinwegführung dagegen geschieht es,
dass Gott dem Innersten der Seele eine einzige Erkenntnis

mit solcher Plötzlichkeit eingibt, dass ihr scheint, ihr höherer Teil werde entführt und vom Leib abgelöst. Und sie braucht den Mut, sich den Armen des Herrn zu überlassen, damit er sie heben kann, wohin er will. Sie muss am Anfang entschlossen sein, für ihn sterben zu wollen, denn die arme Seele weiß ja nicht, was daraus werden soll.

Der »*geistige Flug*« ist etwas, das ich eigentlich nicht schildern kann. Aus dem inneren Seelengrund steigt etwas auf so, als müssten Seele und Geist zu einem Wesen werden. Ein Feuer etwa, das groß werden soll und alles verbrennt. Die Seele ist wie ein Feuer, das schnell aufflammt und emporlodert. Es brennt unten und lodert nach oben. Was da aufflammt, ist etwas Köstliches. Es steigt in die oberen Sphären und kommt dorthin, wo Gott es haben will. Es ist wirklich ein Flug. Man nimmt ihn deutlich wahr und kann ihn nicht verhindern. Und was sich dabei aus dem Kerker des Leibes wie ein Vogel entschwingt, das ist so wunderbar, so zart und fein, dass die Seele gewiss ist, es könne da keine Täuschung vorliegen.

Wieder ganz anders geschieht das, was ich als »*Ansturm*« erfahren habe: Ihm geht kein Gebet voraus, vielmehr ist da plötzlich die Erkenntnis, Gott sei nicht da und von der Seele aus dringe kein Wort zu ihm. Diese Erkenntnis ist zuweilen so eindeutig und so stark, dass sie den, dem sie widerfährt, mit einem Schlag von Sinnen bringt und die Seele ihren Tod will. Alles, was die Seele nun erfährt, steigert ihre Verzweiflung, und sie empfindet, Gott wolle nur, dass ihr ganzes Sein zu nichts mehr nütze sei, dass sie keinen Trost empfangen und dass sie wissen solle, Gott wolle nicht, dass sie lebe. Sie weiß sich einsam und verlassen und die ganze Welt tut ihr weh. Sie versteht, dass es ihr ohne ihren Tod nicht möglich sei, ihren Schöpfer zu finden; da sie sich selbst aber nicht töten darf, stirbt sie aus dem Wunsch zu sterben, so dass der Tod wirklich geschehen kann. Sie sieht sich zwischen Himmel und Erde hängen und weiß nicht, was sie aus sich machen soll. Das geschieht auf eine so seltsame Art, dass man die Pein nicht beschreiben kann, denn es gibt unter allen, die ich erlitten habe, keine, die ihr gleicht. Wenn sie nur eine halbe Stunde währt, reißt der Körper so sehr aus allen seinen Verbindungen, dass den Händen keine Kraft bleibt, zu schreiben.

Und noch eins: Eine wieder andere Art von Gebet gleicht einer »*Verwundung*«, die die Seele so erfährt, als wenn ein Pfeil ihr durch das Herz fährt und sie tödlich trifft. Der Schmerz aber, der sich in Klagen äußert, ist so süß, dass die Seele ihn nie entbehren möchte. Es ist eine Verwundung durch Liebe. Die kann die Seele nicht selbst hervorbringen. Sie kann sich ihrer aber nicht erwehren, wenn Gott sie ihr geben will. Da sind dann so zarte Sehnsüchte nach Gott, dass man sie nicht aussprechen kann. Da aber die Seele sich gefesselt sieht durch ihren Leib, so fasst sie einen tiefen Abscheu gegen den Leib. Er scheint ihr wie eine hohe Mauer, die sie hindert, das zu finden, was sie ohne das Hemmnis des Leibes genießen könnte.

Ein anderes Mal überfällt mich in einem gewaltigen Ansturm ein solches »*Zergehen*«, dass ich mich nicht wahren kann. Es scheint mir, mein Leben wolle zerrinnen, ich schreie laut auf und rufe nach Gott. Zuweilen vermag ich nicht, sitzen zu bleiben, so große Ängste überfallen mich. Diese Pein ergreift mich, ohne dass ich sie will, aber sie ist so, dass ich nie und nimmer aus ihr freikommen will. Mir erscheint dann, ich könne keine Hilfe erlangen, der Tod aber sei das Mittel, Gott zu sehen, ihn aber darf ich nicht wollen. Es erscheint der Seele, alle seien getröstet, nur sie nicht, und als fänden alle Hilfe in ihrer Not, nur sie nicht. Wenn nun Gott nicht zu einer Verzückung hilft, in der sich alles beruhigt und die Seele Frieden findet, ist es unmöglich, aus dieser Pein sich zu befreien.

Teresa von Avila, 1515–1582

Früh an einem Morgen erschien mir ein Mond.
Er kam vom Himmel herab zu mir, dem Geweihten.
Wie ein Falke, der während der Jagd den Vogel ergreift,
der ihn fortträgt, so trug er mich aus mir selbst fort
und glitt über den Himmel.
Ich sah mich selbst nicht mehr,
denn in diesem Mond wurde mein Leib der Seele gleich,
und ich sah nur noch den Mond.

Das Schiff meines Daseins ging unter
in den Weiten eines Ozeans,
und aus den Wogen stieg die Weisheit.
Das Meer schäumte, und in jeder Flocke seines Schaums
wurde jemandes Bild sichtbar und wurde zur Gestalt,
und das Bild zerfloss wieder im dahingleitenden Meer.

Doch ohne die Macht des Glaubens
sähe man nie diesen Mond
und könnte sich nicht weiten zum Meer.

RUMI, 1207–1273

Ich stand auf dem höchsten aller Berge,
und ringsum in der Tiefe lag der ganze Erdkreis.
Während ich dort stand, sah ich mehr
als ich erzählen kann, und verstand mehr als ich sah;
denn ich schaute in heiliger Entrückung
die Gestalt aller Wesen,
und ich sah die Form aller Formen im Geist
und wie alle Wesen eins wurden.
Und ich sah, dass der heilige Ring meines Volkes
einer von vielen Ringen war,
die miteinander einen Kreis ergaben,
weit wie das Licht des Tages und das Licht der Sterne,
und in der Mitte dieses Kreises
wuchs ein mächtiger blühender Baum,

der allen Kindern der einen Mutter und des einen Vaters
Schutz gewährte.

HEHAKA SAPA (BLACK ELK), 1863–1950,
INDIANISCH

Einen der stärksten Berichte über die Ekstase als Form der
Gottesbegegnung lesen wir im 1. Buch Mose:

Im Sinai betrat Elia eine Höhle, um darin zu übernachten.
Da traf ihn ein Ruf von Gott: Was tust du hier, Elia?
Komm heraus!
Da zog Gott vorüber:
Ein gewaltiger Sturm,
der die Berge zerriss und die Felsen zerbrach,
kam vor ihm her, aber Gott war nicht im Sturm.
Nach dem Sturm kam ein Erdbeben,
aber Gott war nicht im Erdbeben.
Nach dem Erdbeben kam ein Feuer,
aber Gott war nicht im Feuer.
Nach dem Feuer kam ein stilles, sanftes Sausen.
Als Elia das hörte,
verhüllte er sein Gesicht mit dem Mantel
und trat hinaus vor den Eingang der Höhle.
Da kam eine Stimme an sein Ohr …

AUS DER BIBEL, 1. KÖNIGE 19,11–13

Der Apostel Paulus über sich selbst:

Ich kenne einen Menschen, der in Christus ist,
der wurde eines Tages hinaufgerissen
in den dritten Himmel,
Es ist jetzt vierzehn Jahre her.
Ob man sagen soll,
er sei dabei in einem »normalen« Zustand gewesen,

oder er habe seinen Leib verlassen
und sei »außer sich« gewesen.
Ich weiß es nicht. Gott weiß es.
Ich weiß von demselben Menschen,
dass er ins Paradies entrückt wurde.
Ob man sagen soll, er sei im Leibe gewesen
oder außerhalb seines Leibes.
Ich weiß es nicht. Gott weiß es.
Der hörte unaussprechliche Worte,
die kein Mensch nachsprechen kann.

Wenn ihr an mir unbedingt etwas Besonderes sehen wollt,
dann seht auf diesen Menschen und auf das Einzigartige,
das Gott mit ihm getan hat.
Ich selber möchte dabei bleiben,
dass das einzig Besondere an mir meine Schwachheit ist.

AUS DER BIBEL, PAULUS, 2. KORINTHER 12,2–5

Der Glaube an Christus ist ein Hinweggenommenwerden,
ein Entrücktwerden von allem,
das innen und außen fühlbar ist,
auf das hin, das man weder innen noch außen fühlt,
nämlich auf ihn hin, den Unsichtbaren, Unbegreiflichen.
Der Glaubende hängt zwischen Himmel und Erde.
Wie Christus wird er, in der Luft hängend, gekreuzigt.

MARTIN LUTHER, 1483–1546

Immer wieder erfuhr Manikka Vashagar im Tempel Shivas beim
Anblick von dessen Bild unfassliche ekstatische Einigung mit
ihm und in ihr die höchste Seligkeit:

Mein Inn'res selbst löst sich in heftigem Verlangen.
Der Strom der Liebe will die Ufer überfluten.
Mein Sehnen richtet sich nur auf ihn.
»Herr!«, schrei' ich.
Zitternd am Körper, stammelnd in der Rede,

anbetend erfass' ich seine Hand.
Es öffnet sich das Herz gleich einer Blume.
Die Augen glüh'n vor Freude, Tränen rinnen;
die Liebe, die nicht rastet Tag und Nacht, währt immerfort.
Wie Wachs dahinschmilzt vor dem Feuer,
so schmilzt meine Seele.
Ich bete an, ich weine, beuge mich,
tanze, schreie laut, Shiva, und folge dir.

MANIKKA VASHAGAR, 9. JH.

Als ich noch ein junger Mönch war, geschah es mir einst am Tag der heiligen Agnes, dass ich, als der Konvent das Mittagsmahl beendet hatte, in den Chor kam. Ich war da allein und stand im Gestühl des rechten Chors. Damals hatte ich ein besonders schweres Leiden zu tragen. Als ich so ohne Trost dastand, wurde meine Seele verzückt; ob ich im Leib oder außer ihm war, weiß ich nicht. Da sah und hörte ich, was niemand aussprechen kann. Das Herz war voll Sehnsucht und doch still und erfüllt, ich hatte keine Wünsche mehr. Ich tat nichts als in den Glanz zu starren, der vor mir aufging, und habe mich und alle Dinge vergessen. Ob es Tag war oder Nacht, wusste ich nicht. Alle Süßigkeit des himmlischen Lebens brach herein in eine stille, ruhige Empfindung. Ich sagte damals: Wenn das nicht das Himmelreich ist, dann weiß ich nicht, was es ist, denn alles Leiden kann diese Freude nicht verdienen. Diese ekstatische Entrücktheit währte wohl eine Stunde oder eine halbe. Als ich wieder zu mir kam, war mir, als käme ich aus einer anderen Welt. Ich war bei normalen Sinnen und niemand sah oder merkte etwas an mir, aber meine Seele und meine Sinne waren voll des Wunders. Mir war, als schwebte ich. Meine Seele war von süßem Duft erfüllt, und dieser Duft blieb mir danach lange Zeit, und es blieb mir für immer die Sehnsucht nach Gott.

HEINRICH SEUSE, 1295–1366

Ich seh ein Land mit neuen Bäumen.
Ich seh ein Haus aus grünem Strauch.
Und einen Fluss mit flinken Fischen und einen
Himmel aus Hortensien seh ich auch.

Ich seh ein Licht von Unschuld weiß.
Und einen Berg, der unberührt.
Im Tal des Friedens geht ein junger Schäfer,
der alle Tiere in die Freiheit führt. –

Ich hör ein Herz, das tapfer schlägt – in einem
Menschen, den es noch nicht gibt,
doch dessen Ankunft mich schon jetzt bewegt,
weil er erscheint und seine Feinde liebt.

Das ist die Zeit, die ich nicht mehr erlebe.
Das ist die Welt, die nicht von unserer Welt.
Sie ist aus feinstgesponnenem Gewebe
Und Freunde, seht und glaubt: Sie hält.

Das ist das Land, nach dem ich mich so sehne,
das mir durch Kopf und Körper schwimmt.
Mein Sterbenswort und meine Lebenskantilene,
dass jeder jeden in die Arme nimmt.

Hanns Dieter Hüsch, *1925

In dem Vertrauen,
das auf Gottes Einung mit der Seele gründet,
bist du eins mit Gott und Gott ist völlig in dir,
wie er ganz für dich ist in allem, das dir begegnet.

In diesem Vertrauen
steigst du im Gebet hinab in dich selbst,
um dem anderen zu begegnen,
im Gehorsam gegenüber der Einung und in ihrem Licht.
Alle aber stehen für dich, wie du, allein vor Gott.

In diesem Vertrauen
ist unser Tun ein fortwährender Schöpfungsakt,
und er geschieht in dem Bewusstsein,
mit dem du eine menschliche Verantwortung trägst,
gleichwohl aber wird er gesteuert
von der Kraft jenseits des Bewusstseins,
die den Menschen schuf.

In diesem Glauben bist du frei von den Dingen,
doch begegnest du in ihnen einer Erfahrung,
die die befreiende Reinheit
und die enthüllende Schärfe einer Offenbarung in sich hat.

In dem Glauben an die Vereinigung Gottes mit der Seele
hat es alles einen Sinn.
(In ihm kannst du) so leben, so nutzen,
was in deine Hand gegeben ist.

DAG HAMMARSKJÖLD, 1905–1961

Auf den Wegen der mystischen Erfahrung gelangen viele an
jene Grenze, an der alles menschliche Nachdenken scheitern
wird: nämlich dahin, dass alles, was wir sehen und erfahren,
im Grunde Gott sei, oder dass Gott und Mensch »ein und dasselbe« seien. Solche Aussagen sind in aller Regel nicht philoso-
phischer, sondern ekstatischer Natur und wollen aus dem Wesen der ekstatischen Erfahrung heraus verstanden und gewürdigt sein.

Was soll ich tun, o Moslems?
Ich kenne mich selbst nicht.
Ich bin nicht Christ, nicht Jude, nicht Parse, nicht Moslem.
Ich bin nicht vom Osten, nicht vom Westen,
nicht vom Land, nicht von der See.
Ich bin nicht aus der Werkstatt der Natur,
nicht aus dem kreisenden Himmel.

Ich bin nicht von Erde, nicht von Wasser,
nicht von Licht, nicht von Feuer.
Ich bin nicht von dieser Welt, nicht von der anderen,
nicht aus dem Paradies, nicht aus der Hölle.

Mein Ort ist das Ortlose, meine Spur das Spurlose,
ich habe weder Leib noch Seele,
denn ich gehöre der Seele dessen, den ich liebe.
Ich habe alle Zweiheit abgetan.
Ich habe geschaut, dass die zwei Welten eine sind.

Einen suche ich. Einen kenne ich.
Einen schaue ich, einen rufe ich.
Er ist der Erste. Er ist der Letzte.
Er ist der Äußerste. Er ist der Innerste.
Ich weiß nichts anderes als: »O! er, der ist!«
Ich bin vom Becher der Liebe berauscht.
Die Welten sind aus meinem Blick geschwunden.

O Gott der Götter und Herr der Herren!
Gib mir meine Seele zurück, damit deine Diener
nicht der Verführung verfallen durch mich.
O du, der du ich bist, du, der ich bin,
es ist kein Unterschied zwischen mir und dir
außer meiner Zeitlichkeit und deiner Ewigkeit.

HALLADSCH, 858–922

Hände, die die Erde küssten, die den Regen kennen,
Hände, die die Wolken hielten und die Sonne fühlten,
Hände deines Atems, die dein Lied sangen,
falteten sich über meinen Augen
und schlossen sich über meinem Herzen.

Du erhobst dich wie ein Adler, du schliefst in mir
mit deinem vollen Bewusstsein meines Seins
und meinem vollen Bewusstsein deiner selbst.

Ich bin der Hirsch, den du jagst.
Ich bin der Regen, dem du nacheilst.
Ich bin du.

HAROLD LITTLE BIRD, INDIANER

Es war am Abend des Osterfestes,
da kam die Gnade Gottes in mein Herz
und wurde zu einer unaussprechlichen Fülle.
Ich war von der Gnade so erfüllt und beschwert
wie eine schwangere Frau von ihrem Kind.
Und in dieser Gnade war ich lange Zeit.

Gott sprach zu mir:
Ich wohne in dir wie der Duft der Rose.
Ich wohne in dir wie der Glanz der Lilie.
Ich blühe aus dir. Ich bin die Frucht, die in dir wächst.

CHRISTINA EBNER, 1277–1356

Wer in das »Tal der Einheit« eintritt,
der erfährt, dass er alle Dinge verliert
und die Einung findet.
Magst du auch viele Einzelwesen sehen,
in Wirklichkeit gibt es nur wenige, nein: nur eines.
Was du dann als Einheit siehst,
das ist nicht verschieden von dem, was du zählen kannst.

Wenn der Wanderer in dieses Tal eingetreten ist,
verschwindet er wie auch die Erde unter seinen Füßen.
Er wird verloren sein,
denn nur das eine Wesen ist gegenwärtig.
Er wird stumm sein, denn das einzige Wesen wird reden.
Der Teil wird das Ganze werden, oder besser:
er wird weder Teil noch Ganzes sein.
Er ist eine Gestalt ohne Körper und Seele.

Wo bleibt der Verstand?
Er ist am Eingang zu diesem Tal geblieben
wie ein blind geborenes Kind.

ATTAR FARID OD'DIN, 1150–1221

»Gib mir meine Seele zurück!« »Gib mir meine Seele nicht
zurück.« In dieser Spannung steht Halladsch, der sich mit Gott
eins weiß und zugleich weiß, dass ihn weder die Gläubigen
noch die verantwortlichen Leiter der islamischen Gemeinde
verstehen können:

O du, der du mich mit deiner Liebe berauscht
und durch deine große Nähe verwirrt hast!
Du bist allein der Ewige und der Einzige …

Nichts ist über dir, dass es dich beschattet,
nichts ist unter dir, dass es dich trägt,
nichts ist vor dir, dass es dich begrenzt,
nichts ist hinter dir, dass es dich erreicht.

Ich bitte dich, gib mich nicht mir selbst zurück,
nachdem du mich von mir entführt hast,
und zeige mir nicht meine Seele,
nachdem du sie mir verhüllt hast.
Mehre die Zahl meiner Feinde in deinem Land
und die Zahl deiner Diener, die mich zu töten suchen.

HALLADSCH, 858–922

Glaube ist Gottes Vereinigung mit der Seele
in einer dunklen Nacht.

Des Glaubens Nacht – so dunkel,
dass wir nicht einmal den Glauben suchen dürfen.
Es geschieht in der Gethsemane-Nacht,
wenn die letzten Freunde schlafen,
alle anderen deinen Untergang suchen und Gott schweigt,
dass die Vereinigung sich vollendet.

DAG HAMMARSKJÖLD, 1905–1961

Rückkehr zur Erde

Zuletzt wird alles einfach. Der Visionär kehrt zurück in seinen Alltag, und wenn alles sinnvoll verläuft, in die Einfachheit. Die Schau verblasst. Das Einssein mit Gott wird zum schlichten Vertrauen. Es kommt wieder darauf an, mit anderen Menschen zu leben, so konkret das Leben nun einmal ist.

Alle wollen das Blütenmeer sehen
an den Berghängen von Yoschino.
Ein Zweig in der Nische genügt.

JAPANISCHES HAIKU

Die Seligpreisungen, die Jesus Christus gesprochen hat, werden zur leichten und freundlichen Anweisung für das Tägliche:

Selig sind, die über sich selbst lachen können;
sie werden immer genug Unterhaltung finden.

Selig, die einen Berg
von einem Maulwurfshügel unterscheiden können;
sie werden sich viel Ärger ersparen.

Selig, die fähig sind, sich auszuruhen und zu schlafen,
ohne dafür Entschuldigungen zu suchen;
sie werden weise werden.

Selig, die schweigen und zuhören können;
sie werden dabei viel Neues lernen.

Selig, die intelligent genug sind,
um sich selbst nicht zu wichtig zu nehmen;
sie werden von ihren Mitmenschen geschätzt werden.

Selig, die aufmerksam sind für die Winke der anderen,
ohne sich für unersetzlich zu halten;
sie werden viel Freude säen.

Selig, die lächeln können und kein böses Gesicht machen;
über ihren Wegen wird die Sonne scheinen.

Selig, die fähig sind,
das Verhalten der anderen mit Wohlwollen zu deuten;
man wird sie zwar für naiv halten,
aber das ist der Preis, den man für die Liebe bezahlt.

Selig, die es verstehen,
die kleinen Dinge ernst
und die ernsten Dinge gelassen zu sehen;
sie werden im Leben sehr weit kommen.

Selig, die denken, bevor sie handeln,
und beten, ehe sie denken;
sie werden eine Menge Dummheiten vermeiden.

Selig, die schweigen und lächeln können,
auch wenn man ihnen das Wort abschneidet
oder auf die Zehen tritt,
sie sind dem Geist des Evangeliums sehr nahe.

Selig, die Gott in allen Wesen erkennen und lieben;
sie werden Licht ausstrahlen, Güte und Freude.

So versuchen es die »Kleinen Schwestern« in Paris.

Am Ende werden sowohl das Hören als auch das Bitten wie das
Danken einfach.

Eines Abends spät merkte ein armer
Bauer auf dem Heimweg vom Markt,
dass er sein Gebetbuch nicht bei sich hatte.
Da ging mitten im Wald ein Rad seines Karrens entzwei,
und es betrübte ihn, dass dieser Tag vergehen sollte,
ohne dass er seine Gebete verrichtet hatte.

Also betete er:
»Ich habe etwas sehr Dummes getan, Herr.

Ich bin heute früh ohne mein Gebetbuch
von zu Hause fortgegangen,
und mein Gedächtnis ist so schlecht,
dass ich kein einziges Gebet auswendig sprechen kann.
Deshalb werde ich dies tun: Ich werde fünfmal
langsam das ganze ABC aufsagen,
und du, der du alle Gebete kennst,
kannst die Buchstaben zusammensetzen
und daraus die Gebete machen,
an die ich mich nicht erinnern kann.«

Und der Herr sagte zu seinen Engeln: »Von
allen Gebeten, die ich heute gehört habe, ist
dieses ohne Zweifel das beste. Es kam aus
einem einfachen und ehrlichen Herzen.«

ANTHONY DE MELLO, 1931–1987

Herr der Welt, Herr der Welt, Herr der Welt!
Herr der Welt,
Ich will Dir ein Dudele singen:
Du, Du, Du…
Wo kann ich Dich finden?
Und wo nicht?
Du Du Du …

Denn wo ich gehe – Du,
Und wo ich stehe – Du,
Immer Du, nur Du,
immer Du, wieder Du,
Du Du Du!

Geht's mir freundlich – Du!
Geht's mir – Gott behüte! – schlimm, ach Du!
Du Du Du…
Osten Du, Westen Du,
Norden Du, Süden Du,
Du Du Du!

Himmel Du, Erde Du,
Oben Du, Unten Du,
Du Du Du Du:
Wie ich kehr mich, wie ich wend' mich –
Du ...!

CHASSIDISCH

Wo Liebe sich mit Weisheit verbindet,
da finden Furcht oder Unwissenheit keinen Raum.

Wo Armut ist und Fröhlichkeit zugleich,
da können sich Begierde und Habsucht nicht breit machen.

Wo Stille ist und Gedenken Gottes,
da kann keine Unruhe sein und keine Zerfahrenheit.

Wo Barmherzigkeit und Klugheit zusammen sind,
können weder Verschwendung
noch Täuschung Platz greifen.

Wo die Erfurcht vor Gott als Wache vor dem Haus steht,
da findet das Böse keinen Zugang.

FRANZ VON ASSISI, 1181–1226

Das Wasser meidet die Höhe und strebt in die Tiefe.
So kommt auch die Weisheit nur zu den Einfachen.

AUS DEM TALMUD, BUCH TAANIT

Es ist nicht gut, wenn ihr aus der Unruhe eures Tuns
ausweicht auf eure Meditationssitze.
Das »höchste Tun«, das ihr in der Stille geübt habt,
müsst ihr anwenden mitten in der Unruhe.
Scheint euch das schwierig,
so habt ihr nicht genug gelernt.

Wenn ihr meint, Meditation in der Stille
sei besser als Meditation im Tun,
dann seid ihr in die Falle gegangen.
Die Falle, die Wirklichkeit zu suchen
durch Abwehren der Wirklichkeit.

Wenn ihr euch nach Ruhe sehnt,
ist es Zeit, eure ganze Kraft an ein Werk zu wenden.
Ihr habt euch bemüht, wirklich zu werden,
indem ihr in der Stille meditiert habt.
Sie aber wird euch mitten im Lärm zuteil werden.

Die Kraft, die ihr gewinnt auf diesem Wege,
ist tausendmal stärker als alles,
was ihr in der Stille des Meditierens gewinnen könnt.

TA-HUI, 1089–1163,
ZENMEISTER, CHINA

Ich habe eine Kraft in meiner Seele,
mit der ich Gott empfange.
Ich bin mir so gewiss, wie ich lebe,
dass nichts mir so nahe ist wie Gott,
ja, dass er mir näher ist als ich mir selbst bin.

Er ist es auch einem Stein und einem Holze,
aber sie wissen nichts davon.
Wüsste das Holz um Gott
und erkennte es, wie nahe er ihm ist,
wie der höchste Engel dies erkennt,
so wäre das Holz ebenso selig wie der höchste Engel.

Darum ist der Mensch seliger
als ein Stein oder als ein Holz,
weil er Gott erkennt und weiß, wie nahe ihm Gott ist.

MEISTER ECKHART, 1260–1328

Das ist es, was nach allen Höhenflügen und nach allem Tief-
sinn bleibt: Was Matthias Claudius in scheinbar kindlicher
Naivität beschreibt; dorthin kamen alle wirklich großen Geister.

Gott, lass dein Heil uns schauen,
auf nichts Vergänglichs bauen,
nicht Eitelkeit uns freun.
Lass uns einfältig werden
und vor dir hier auf Erden
wie Kinder fromm und fröhlich sein.

MATTHIAS CLAUDIUS, 1740–1815

Und Jesus:

Wenn ihr nicht wie Kinder werdet,
wird euch das Reich Gottes verschlossen bleiben.

AUS DER BIBEL, MATTHÄUS 18,3

O Herr,

tue an mir, deiner armen Kreatur,
was immer zu deinem Lob gereicht;
denn es gehe, wie es wolle, dich will ich rühmen,
solange eine Spur von Atem durch meinen Mund geht.
Und wenn mir die Sprache erstickt, so will ich,
dass ein Aufheben meines Fingers eine Bestätigung
und eine Beschließung sei all der Rühmung,
die ich dir je sprach.

Ich wünsche mir,
dass, wenn mein Leib einst zu Staub geworden ist,
von einem jeden Stäubchen mein Lob hinaufdringt
durch den harten Grabstein,

durch alle Himmel hin vor dein göttliches Antlitz
bis an den Jüngsten Tag,
an dem sich Leib und Seele einen, dich zu rühmen.

Heinrich Seuse, genannt Suso, 1295–1366,
Schüler Meister Eckharts

»Du musst erkennen«, sagte Wurtawurta in der sanften Art der alten Frauen zu ihr, »dass es kein Richtig oder Falsch gibt. Es wird keinen Applaus für eine richtige Antwort und kein Stirnrunzeln geben, weil du anders fühlst als die meisten von uns: Die Welt ist nicht schwarz oder weiß. Sie ist alle Farben dazwischen. Was für dich vielleicht so abstoßend wäre, dass du bei dem bloßen Gedanken daran krank würdest, kann von anderen für heilig gehalten werden, sogar von dir selbst in einer anderen Zeit, an einem anderen Ort, in einer anderen Situation. Aufrichtigkeit ist die Antwort. Sei einfach ehrlich zu dir selbst. Erkenne an, wie du über Dinge fühlst. Beobachte dich selbst. Es ist vollkommen in Ordnung, sich unbehaglich zu fühlen, nur leugne oder verberge deine Gefühle nicht. Daraus lernen wir, dass die Menschen verschieden sein können und jeder Recht hat, was seinen eigenen Weg betrifft.

Wenn du deine eigenen Gefühle nicht ehren kannst, kannst du auch die anderer nicht ehren. Es ist das Gesetz des Universums, dass niemand in deinen Kopf hineingelangen und deine Gedanken lesen kann, wenn du es ihm nicht erlaubst. Es ist eine Kunst der Offenheit.«

Von den Aborigenes, den Ureinwohnern von Australien

Was ist die Bestimmung des Menschen?
Eine ist diese, dass er transparent wird
für etwas anderes, das größer ist als er:

Heilige
sind Menschen, durch die es anderen leichter wird,
an Gott zu glauben.

NATHAN SÖDERBLOM, 1866–1931,
SCHWEDEN

Seit dem Fest der heiligen Mutter
habe ich meine Seele von allem los und frei gesehen,
so rein, so abgeschieden, dass es scheint,
als wohne sie nicht mehr in meinem Leibe.
Ich habe keinen Gedanken mehr,
der mich aufhielte oder beschäftigte.
Das Wesen und die Unermesslichkeit Gottes
ist das Einzige, das meine Seele durchdringt
und sie so ausbreitet,
dass ich kein Ziel und Ende davon sehen kann.
Zuvor wollte ich so vieles tun und alles angreifen,
aber jetzt ist es ganz anders mit mir,
denn nichts begegnet mir mehr.
Meine Seele ist einsam, einfach und rein,
und ich sehe in ihr ein großes Wunder.
Ich gehe und wirke äußerlich wie sonst,
aber ohne dieses Schauen zu verlieren.
Die Liebe, die mich verzehrt, kann niemand verstehen.
Sie ist unendlich und wächst dennoch alle Tage mehr und
    mehr.

ARMELLE NICOLAS, 1600–1671

Besonders schön und aussagekräftig sind die Segenssprüche,
die aus dem alten Irland überliefert sind, aus einer Zeit, in der
alte Druidenweisheit sich mit christlichem Glauben verband.

Möge Sanftmut sein auf euren Lippen,
lieblich und lau wie ein Abend im Sommer,
der langsam ins Laub der Bergeschen sinkt.

Möge freundlicher Sinn glänzen in euren Augen,
anmutig und edel wie die Sonne,
die, aus Nebeln steigend, die ruhige See wärmt.

Möge Reinheit sich spiegeln im Grunde eurer Herzen,
heiter und hell wie der Quell des heiligen Brendan,
darin die Taube ihr Bild schaut.

Möge der Weisheit entspringen euch jegliche Handlung,
stark und hoch wie der Weizen
eines guten, gesegneten Jahres,
ohne Wurm, ohne Wühlmaus!

IRISCH

Kennzeichen der Wahrheit

Was ein Mensch in Traum, Ekstase oder Schau erlebt, kann nur er selbst bezeugen. Wer davon hört, hat die Freiheit, das Besondere zu glauben oder nicht. Ob ein Mensch von Wahrheit berührt wurde, wird aber bemerkbar sein an seinem konkreten und seinem praktischen Erscheinungsbild.

Merkzeichen, an denen sich erkennen lässt, ob ein Mensch von Gottes Güte und vom Licht des Geistes erfasst worden sei, sind aber überall, wohin wir sehen, vor allem drei: die Güte, die sich ohne Begrenzung allem zuwendet. Die Gerechtigkeit, auch wo sie zum eigenen Nachteil gereicht. Und die Weisheit, die auch fremde und andersartige Lebens- und Glaubensweisen gelten lässt, die also der Freiheit unter den Menschen Raum gibt.

Die große Wolke regnet über alle,
seien sie hoch gestellt oder gering.
Das Licht der Sonne und des Mondes
erleuchtet die ganze Welt
für diejenigen, die Gutes tun,
und diejenigen, die Böses tun,
für die Hochgestellten und die Niedrigen.

BUDDHA, 560–480 v. CHR.

Es wird erzählt, dass Purna, ein Schüler Buddhas, ihn bat, nach Sronaparanta, einer unwirtlichen Gegend, gehen zu dürfen, um dort die Lehre zu verbreiten. Es entwickelte sich zwischen ihm und Buddha folgendes Gespräch:

Buddha: »Die Leute von Sronaparanta sind wild, gewalttätig und grausam. Es liegt in ihrem Charakter, sich gegenseitig zu beschimpfen, zu verleumden und andere Menschen zu belästigen. Wenn sie dich mit bösen, groben und unwahren Worten beschimpfen, verleumden und belästigen, was würdest du denken?«

Purna: »In diesem Falle würde ich denken, dass die Leute von Sronaparanta in Wahrheit gute und freundliche Menschen seien, da sie mich nicht schlagen noch mit Steinen werfen.«

Buddha: »Wenn sie dich aber schlagen oder mit Steinen werfen, was würdest du denken?«

Purna: »In diesem Falle würde ich denken, dass sie gute und freundliche Menschen seien, da sie mir nicht mit einem Knotenstock oder einer Waffe zu Leibe gehen.«

Buddha: »Wenn sie dir aber mit einem Knotenstock oder einer Waffe zu Leibe gehen, was würdest du denken?«

Purna: »In diesem Falle würde ich denken, dass sie gute und freundliche Menschen seien, da sie mir nicht das Leben nehmen.«

Buddha: »Wenn sie dich aber töten, Purna, was würdest du denken?«

Purna: »In diesem Falle würde ich immer noch denken, dass sie gute und freundliche Menschen seien, da sie mich ohne große Umstände aus diesem verdorbenen Leichnam, diesem Körper befreien.«

Buddha: »Purna, du bist begabt mit der größten Sanftheit und der größten Langmut. Du kannst in diesem Lande der Sronaparantas leben und bleiben. Geh hin und lehre sie, frei zu sein, wie du selbst frei bist.«

BUDDHISTISCH

Frieden machen heißt den Stall weit genug bauen,
damit die ganze Herde darin schlafe.
Den Frieden bauen heißt von Gott erlangen,
dass er seinen Hirtenmantel herleiht,
damit wir die Menschen in ihm
in der ganzen Weite ihrer Wünsche umfangen.

Gott, leihe mir ein Stück deines Hirtenmantels,
damit ich meine Brüder
mit der Last ihrer Sehnsucht darunter berge.

Als ich heute Abend in der Einöde einherging,
begegnete ich einem kleinen Mädchen in Tränen.
Ich bog seinen Kopf zurück, um in seinen Augen zu lesen.
Und sein Kummer hat mich geblendet.
Wenn ich es ablehne, Herr,
diesen Kummer kennen zu lernen,
lehne ich einen Teil der Welt ab
und habe mein Werk nicht vollendet.
Es geht nicht darum,
dass ich mich von meinen großen Zielen abwende,
aber es gilt, dieses kleine Mädchen zu trösten.
Denn nur dann geht alles gut in der Welt.

Antoine de Saint-Exupéry, 1900–1944

Der Weise bringt den guten Menschen Güte entgegen,
aber auch den bösen. Denn Wahrheit ist Güte.

Er setzt Vertrauen in vertrauenswürdige Menschen,
aber auch in Menschen, die es nicht sind.
Denn Wahrheit ist Vertrauen.

Der Weise ist behutsam und demütig,
auch wenn gewiss ist,
dass die Welt ihn nicht verstehen wird.

Tao te ching

Hass endet nie durch Hassen, sondern durch Freundschaft.
Das ist eine ewige Wahrheit.
Überwinde also den Ärger durch Liebe, Böses durch Güte.
Überwinde den Geizigen durch Großzügigkeit
und den Lügner durch die Wahrheit.

Buddha, 560–480 v. Chr., in Dhammapada

Wenn du Tag und Nacht
Rosen in Rosengärten sehen willst,
warum gehst du
zwischen Dornbüschen und Schlangen einher?
Liebe alle und alles!
So wirst du immer unter Rosen und in Gärten leben.

RUMI, 1207–1273

Wenn dich jemand mit der Hand schlägt,
mit einem Stock oder mit einem Schwert,
so vermeide alle gemeinen Regungen und Gedanken,
und kein böser Laut soll deinem Mund entfahren.

BUDDHA IN MAJJHIMANIKAYA 6

Liebt eure Feinde!
Tut denen wohl, die euch hassen!
Wünscht Segen von Gott denen,
die euch die Hölle wünschen.
Bittet für die, die euch misshandeln.

Wenn einer dich auf die eine Wange schlägt,
dann biete ihm auch die andere.
Wenn jemand dir deinen Mantel nimmt,
dann lass ihm auch das Hemd.
Wer dich bittet, dem gib.
Wer dir das Deine nimmt,
von dem fordere es nicht zurück.

JESUS IN LUKAS 6,29

Wenn jemand kommt, um dir zu schaden
– jemand mit einem Gewehr –,
was kannst du tun? Du hast keine Waffe,
und hättest du eine, du würdest sie nicht benutzen.
Du hast deine Energie unter Kontrolle
und weißt, dass du nicht sterben kannst.

Du bist ewig. Also hast du keine Angst.
Du verurteilst den Menschen,
der mit einem Gewehr auf dich zielt, nicht …

Wann immer möglich, ist Stehen die beste Haltung.
Die Füße leicht auseinander, die Hände an den Seiten,
die offenen Handflächen dem Herausforderer zugewandt.
Du stehst im funkelnden Licht der Geistenergie,
die aus der Erde durch deine Füße und Beine aufsteigt
und deinen ganzen Körper füllt.
Jede Zelle ist erfüllt von dieser Vollkommenheit.
Du sendest diese Schönheit aus
und strahlst sie auf den Gewehrträger ab.
Du bewegst keinen Muskel,
aber du umfasst und umarmst den,
der dir nach dem Leben trachtet.
Du sendest ihm Bejahung, Achtung, Verständnis, Liebe.
Du sprichst schweigend
– von Kopf zu Kopf und von Herz zu Herz –
zu diesem Menschen.
Du liebst den Menschen, nicht sein Handeln.

Dein Schutz besteht darin,
dass du dich niemals dafür entscheidest zu glauben,
du brauchtest Schutz.

VON DEN ABORIGENES, AUSTRALIEN

> Rumi wurde geachtet, weil er andere achtete.
> Er war sogar seinen Feinden gegenüber freundlich.
> Es war beinahe unmöglich, seinen Zorn herauszufordern.

Eines Tages war er in einer tiefen Kontemplation versunken,
als ein Betrunkener schreiend und torkelnd
    hereinstolperte.
Er wankte auf Rumi zu und fiel geradewegs auf ihn.
Ein Eindringen war schon schlimm genug,

aber auf einen in Kontemplation versunkenen Heiligen
zu fallen, war ein Verbrechen,
für das keine Strafe streng genug sein konnte.
Rumis Schüler erhoben sich wie ein Mann
und wollten sich gerade auf den Störenfried stürzen,
als der Meister mit seiner Hand winkte
und sie sanft zurückwies.

»Ich habe gemeint«, so sagte er,
»der Eindringling sei betrunken,
doch nun sehe ich, dass nicht er,
sondern meine eigenen Schüler betrunken sind.«

IQBAL ÜBER RUMI

Friede sei den Menschen, die bösen Willens sind,
und ein Ende sei gesetzt aller Rache
und allem Reden von Strafe und Züchtigung.
Aller Maßstäbe spotten die Greueltaten;
sie stehen jenseits aller menschlichen Fassungskraft,
und der Blutzeugen sind viele.
Darum, o Gott,
wäge nicht mit der Waage der Gerechtigkeit ihre Leiden,
indem du sie ihren Henkern zurechnest
und von ihnen grauenvolle Rechenschaft forderst,
sondern lass es anders gelten:

Schreibe den Henkern und Angebern und Verrätern
und allen schlechten Menschen zugut und rechne ihnen an
all den Mut und die Seelenkraft der anderen,
ihr Sichbescheiden, ihre hochgesinnte Würde,
ihr stilles Mühen bei alledem,
die Hoffnung, die sich nicht besiegt gab,
und das tapfere Lächeln, das die Tränen versiegen ließ,
und alle Opfer, all die heiße Liebe,
alle die durchpflügten, gequälten Herzen,
die dennoch stark und immer vertrauensvoll blieben

angesichts des Todes und im Tode,
ja, auch die Stunden der tiefsten Schwäche.

Alles das, o mein Gott, soll zählen vor dir
für die Vergebung der Schuld als Lösegeld,
zählen für eine Auferstehung der Gerechtigkeit –
all das Gute soll zählen und nicht das Böse.
Und für die Erinnerung unserer Feinde
sollen wir nicht mehr ihre Opfer sein,
nicht mehr ihr Alpdruck und Gespensterschreck,
vielmehr ihre Hilfe, dass sie von der Raserei ablassen.
Nur das heischt man von ihnen –
und dass wir, wenn alles vorbei sein wird,
wieder als Menschen unter Menschen leben dürfen
und wieder Friede werde auf dieser armen Erde
über den Menschen guten Willens.
Und lass Frieden auch über die anderen kommen.

LEO BAECK, 1873–1956

Mein Herr und mein Heiland.
Lass unser Herz erstarken im Gedächtnis der Toten
und nimm unser Gebet an für alle, alle.
Und da wir doch immer nur bitten für diejenigen,
die wir am innigsten liebten
und denen unsere Sehnsucht gilt,
so lass in diesem Gebete und in diesem Schmerze
auch das Gedächtnis derer beschlossen sein,
die im Dunkel der Verwirrung dahingegangen sind
und keine Fürbitter auf Erden haben!
Über all unser Begreifen reicht deine Liebe
bis in den Abgrund der Schuld.
Wenn die Reinen sich opfern, die Guten dahinmüssen,
wenn Ungezählte sterben in kalter Dunkelheit,
ferne von dir, so ist es,
weil wir nicht gelebt haben nach deinem Wort.

Lass unsere Schmerzen unsere Sühne,
lass unsere Trauer
die Wegbereiterin der großen Liebe sein,
die alle die Deinen vereint für die Ewigkeit.

Reinhold Schneider, 1903–1958

Von allen Religionen unterscheidet sich
die Religion der Liebe.
Wer liebt, hat den Weg zum Glauben gefunden.

Rumi, 1207–1273

Ich liebe dich, Erde, mit allem, was auf dir lebt.
Gott hat dich geschaffen.

Ich liebe dich, Erde,
denn Gott hat dich sehr schön gemacht
mit deinen Bäumen, Blumen und Tieren,
mit deinen Menschen.

Ich liebe dich, Erde,
Gott erhält dich noch immer in seiner Treue.
Trotz aller Zerstörung,
die wir angerichtet haben auf dir,
trotz Krieg, Gewalt und rücksichtsloser Ausraubung
wird es noch immer Frühling und Sommer,
Herbst und Winter,
kommt immer ein neuer Tag nach dem Dunkel der Nacht.

Ich liebe dich, Erde.
Darum will ich liebevoll leben lernen
und Verantwortung übernehmen für Gottes Schöpfung.

Graffito an der ehemaligen Berliner Mauer

Gebet für meinen Bruder, den Bären

O Großer Geist, der uns alle hört,
ich spreche für meinen Bruder, den Bären:

Lass den Mond sanft scheinen
in den Nächten seiner Kindheit,
so dass er sich stets an die Wärme
seiner Mutter erinnert.
Lass die Beeren im Überfluss wachsen und schenke
ihnen Süße, so dass die Energie des Lebens ihn stärkt
und die Jahre des Alters ihm nicht zur Last werden.
Lass die wildwachsenden Blumen sein Gemüt erfrischen,
so dass er sorgenlos umherstreifen kann.
Schenke seinen Beinen Schnelligkeit und Kraft,
so dass sie ihn immer in die Freiheit tragen.
Schärfe seine Ohren und seinen Geruchssinn,
so dass sie ihn vor jedem Schaden bewahren.

Lass nur jene Menschen den Pfad mit ihm teilen,
die seine Schönheit erkennen und seine Stärke achten,
so dass er stets in der Wildnis sein Zuhause findet.
Mach, dass die Menschen das Leben ehren,
auch das ihrer Mitgeschöpfe,
und niemand sich schämen muss, weil er gefehlt hat.
Dann wird mein wilder Bruder, der Bär,
für immer seine Wildnis haben,
solange die Sonne über den Himmel wandert.

O Großer Geist, dies bitte ich dich
für meinen Bruder, den Bären.

INDIANISCH

Mein Bruder bat die Vögel um Verzeihung.
Das scheint sinnlos zu sein,
und doch tat er recht,
denn alles ist wie ein Ozean;
alles fließt und berührt sich.
An einem Ende der Welt verursachst du eine Bewegung,
und am anderen Ende der Welt hallt sie wider.
Mag es sinnlos sein,
die Vögel um Verzeihung zu bitten,
doch den Vögeln, den Kindern und allen Tieren
wäre es leichter in deiner Nähe,
wenn du selbst mehr Geist in dir hättest.
Alles ist wie ein Ozean, sage ich euch.

STAREZ SOSSIMA
IN DEN »BRÜDERN KARAMASOFF« VON F. DOSTOJEWSKIJ

Wenn ich einen Seehund zum Freund hätte,
Shanouk, dann könnte ich du sein,
ein Eskimokind.

Wenn ich Hirse vor meiner Hütte zerstampfte,
Fatou, dann könnte ich du sein.

Wenn ich eine Quelle in der Wüste suchte,
Achmet, ich könnte du sein.

Wenn ich träumte unter dem spitzen Hut,
Li Yu, ich könnte du sein.

Lebte ich auf einem Wolkenkratzer ganz oben,
ach Jimmy, ich könnte du sein.

Hieße mein Großvater »Schwarzer Adler«,
Shapian, dann könnte ich du sein.

Kommt, Freunde, kommt in mein Land,
Freunde, kommt in mein Haus,
kommt in mein Herz.

Nur eine Heimat haben wir dann,
nur ein Zuhause
und ein einziges Herz.

Henri-Pierre Hemmerling aus Frankreich, 9 Jahre,
von der Unesco veröffentlicht

Der Herrscher eines Reiches fehlt,
wenn er vergeudet Tag und Nacht in Rausch und Wein:
Welthüterschaft und hoher Fürstenthron,
ein großes Amt ist das, halt es nicht klein!
Gott fragt dich einst am Tag der Rechenschaft,
warum ein Kind sich stieß an einem Stein.

Sadi, 1184–1292

Ich will bei der Wahrheit bleiben.
Ich will mich keiner Ungerechtigkeit beugen.
Ich will frei sein von Furcht.
Ich will keine Gewalt anwenden.
Ich will guten Willens sein gegen jedermann.

Mahatma Gandhi, 1869–1948

Ich halte mich zwar für einen Patrioten,
aber mein Patriotismus ist so umfassend wie das Weltall.
Er schließt alle Nationen der Erde ein.
Ich will nicht, dass mein Indien
sich aus der Asche anderer Nationen erhebt.
Ich will nicht, dass Indien
auch nur ein einziges menschliches Wesen ausbeutet.
Ich will, dass Indien stark wird,
damit es andere Nationen durch seine Kraft stützen kann.
Keine einzige europäische Nation
kann dies heute von sich behaupten.

Präsident Wilson
stellte seine bewundernswerten 14 Punkte auf,
sagte jedoch:
»Sollten unsere Bemühungen
um den Frieden aber fehlschlagen,
so haben wir noch unsere Waffen.«
Ich möchte diese Aussage umkehren und sagen:
»Unsere Waffen haben bereits versagt.
Lasst uns nun nach etwas Neuem suchen;
lasst uns die Kraft der Liebe, die Kraft Gottes anwenden,
welche die Kraft der Wahrheit ist.«

MAHATMA GANDHI, 1869–1948

Wenn ein Politiker Macht sucht, bangt er um den Erfolg.
Wenn er Macht erreicht hat, bangt er um ihren Verlust.
Da das so ist,
gibt es keine Schurkerei, zu der er nicht fähig wäre…

Dem Edlen aber ist Gerechtigkeit das Wichtige.
Mit Schicklichkeit übt er sie,
mit Bescheidenheit äußert er sie,
mit Aufrichtigkeit führt er sie zu Ende.

KUNG FU TZU, 551–479,
CHINESISCHER PHILOSOPH UND STAATSMANN

Ich glaube nicht
an das Recht des Stärkeren,
an die Sprache der Waffen,
an die Macht der Mächtigen

aber ich glaube
an das Recht der Menschen,
an die offene Hand,
an die Macht
der Gewaltlosigkeit.

Ich glaube nicht,
dass, was anderswo geschieht,
mich nichts angeht
und ich nichts damit
zu tun habe,

sondern ich will glauben,
dass die ganze Welt mein
Haus ist
dass auf dem Feld, das ich
bestelle, alle ernten, was alle
gesät haben.

Ich glaube nicht,
dass ich das Unrecht
der Unterdrückung
dort bekämpfen kann,
wenn ich das Unrecht hier
bestehen lasse,

sondern ich will glauben,
dass das Recht eins ist hier
und dort und dass ich nicht
frei bin, solange ein einziger
Mensch Sklave ist.

Ich glaube nicht,
dass der Krieg und der Hunger
unvermeidlich sind
und die Ferne unerreichbar,

aber ich will glauben
an die kleine Tat, an die
machtlose Liebe,
an den Frieden auf der Erde.

Ich glaube nicht,

das alle Mühe umsonst ist,
dass die Träume Träume
bleiben
und das Ende der Tod,

*sondern ich wage zu
glauben*
an Gottes eigenen Traum:
eine neue Erde
der Gerechtigkeit
unter einem neuen Himmel.

GLAUBENSBEKENNTNIS AUS SÜDAMERIKA

Herr meiner Seele, Christus,
du hast den Frauen immer deine besondere Güte bewiesen.
Du fandest in ihnen nicht weniger Liebe und Glauben
als bei den Männern.
Auch war unter ihnen deine heilige Mutter,
deren Habit wir tragen.

Die Welt irrt, wenn sie uns verbietet,
öffentlich für dich zu wirken oder die Wahrheit zu sagen.
Sie irrt, wenn sie meint, du würdest uns nicht erhören.
Ich kenne deine Güte und deine Gerechtigkeit.
Du bist ja kein Richter wie die Richter dieser Welt,
die nichts sind als Männer
und die meinen, jede gute Fähigkeit einer Frau
komme aus dem Bösen.

Aber der Tag wird kommen, wo man dies alles erkennt.
Ich spreche nicht für mich selbst,
ich habe außer meiner Schlechtigkeit nichts anzubieten,
und das ist mir lieb.
Ich werfe aber unserer Zeit vor,
dass sie starke und zu allem Guten begabte Geister
zurückstößt, nur weil es sich um Frauen handelt.

TERESA VON AVILA, 1515–1582

Gebet der Vereinten Nationen:

Unsere Erde
ist nur ein kleines Gestirn im großen Weltall.
Uns obliegt es, daraus einen Planeten zu machen,
dessen Geschöpfe nicht von Kriegen gepeinigt werden,
nicht von Hunger und Furcht gequält,
nicht zerrissen in sinnloser Trennung nach Rasse,
Hautfarbe und Weltanschauung.

Gib uns den Mut und die Voraussicht,
schon heute mit diesem Werk zu beginnen,
auf dass unsere Kinder und Kindeskinder
einst mit Stolz den Namen Mensch tragen.

STEPHEN VINCENT BENÉT, 1898–1943

Herr und König des Universums,
komm zu Hilfe! Du allein kannst helfen!
Dieser Streit geht um dich,
den allein die Menschen verehren unter der Hülle dessen,
was sie zu verehren scheinen.

Du also, Spender alles Seins und Lebens,
du bist es, der in den vielen Kulten
auf verschiedene Weisen gesucht wird
und mit verschiedenen Namen benannt.
Du bist unsichtbar für jeden Geist,
du kannst dich auf fassliche Weise offenbaren,
wenn du willst.
So verbirg dich nicht länger!
Wenn du hervortrittst, werden aufhören
das Schwert, der Neid, der Hass und alle Übel,
und alle werden erkennen, wie nur eine Religion ist
in der Mannigfaltigkeit der Religionen!
Möge, wie du einer bist, eine Religion sein
und eine gemeinsame Anbetung aller.

NIKOLAUS VON KUES, 1401–1464

O Gott meiner Väter und Herr aller Güte,
der du alle Dinge gemacht hast
allein dadurch, dass du ihren Namen aussprachst,
du hast auch den Menschen
gebildet in deiner Weisheit,
dass er herrsche über deine Geschöpfe,

die Welt verwalte in Heiligkeit und Gerechtigkeit
und sie mit wissendem Herzen in Ordnung halte.
Gib mir die Weisheit,
die nirgends zu finden ist als bei dir allein,
und schließe mich nicht aus dem Kreise deiner Kinder aus.

Denn ich bin dein Knecht und der Sohn deiner Magd,
ein schwacher Mensch, dessen Leben rasch vorübergeht,
und weiß nicht genug über den rechten Weg
und die richtige Ordnung meines Lebens.
Und wenn auch ein Mensch vollkommen wäre,
so wäre er doch für nichts zu achten,
wenn ihm die Weisheit fehlte, die aus dir entspringt.

Denn welcher Mensch weiß, was Gott plant?
Wer kann in seinen Gedanken fassen, was Gott will?
Die Gedanken sterblicher Menschen sind ungewiss
und unsere Pläne sind gefährlich.
Der schwache Leib ermüdet die Seele,
und die irdische Hütte beschwert den zerstreuten Sinn.
Wir verstehen kaum, was auf Erden ist,
und erkennen nur schwer, was wir in den Händen halten.
Wer will das Himmlische erforschen?
Wie soll einer deine Weisung erfahren,
wenn du nicht Weisheit gibst
und deinen heiligen Geist aus der Höhe sendest?
So werden die Pfade der Erdbewohner richtig,
die Menschen lernen, was dir gefällt,
und werden durch Weisheit gerettet.

AUS DER BIBEL, DAS GEBET SALOMOS
WEISHEIT 9,1–19, CA. 4. JH. V. CHR.

Gott,
du hast mir deine Güte zugewendet.
Nicht meine Leistungen haben dich bewogen,
die Last des Herrschens auf meine Schulter zu legen.

Du bist der Geber aller Gaben.
Stelle mir nun dein Gesetz vor die Augen
und gib mir von deiner Weisheit.

Ich weiß sonst nicht den Weg, den ich gehen soll.

Nimm dein Licht nicht von mir
und gib mir deinen Spiegel, der mich leitet.

Komm oft herab in mein armes Haus,
ich werde hier warten auf dich.
Ich dürste nach deinem Wort,
das du deinen Freunden und Erwählten
immer gesagt hast, so dass sie tüchtig
und in rastloser Arbeit
dieses Land regieren konnten.

Gebet eines neu eingesetzten Aztekenfürsten, 14.–15. Jh.

Wolkenbrüder

Vier Richtungen.
Wolkengeschwister
teilen sich einen Himmel.
Jede hat ihren eigenen Pfad.
Jede hat ihre eigene Stimmung.
Jede hat ihr eigenes Gesicht.
Der Wolkenbrüder sind viele,
aber sie sind eine Familie.
Die Wolkenbrüder sind verstreut,
aber sie sind von einem Geist.
Sie vermischen sich untereinander,
wandeln sich jeden Augenblick.
Sie sagen uns, dass wir ebenfalls
Brüder in diesem Land sind.
Und wie unsere Wolkenbrüder
sind wir alle gelb
wie die Wolken des Sonnenaufgangs,

sind wir alle weiß,
wie es die Mittagswolken sind,
sind wir alle schwarz,
wie es die Donnerwolken sind,
sind wir alle rot
wie die Wolken des Sonnenuntergangs.

So lasst uns hinaufschauen
zu unseren Wolkengeschwistern
als aus einer Familie und einem Geiste.
Denn wir sind wahrhaft verschieden
und doch sind wir wahrhaft die gleichen.

RAMSON LOMATEWAMA, HOPI,
GEDICHT AUS DEM JAHR 1983

Ewige Einheit,
die in Stille für uns singt,
leite meine Schritte mit Kraft und Weisheit.
Möge ich die Lehren verstehen, wenn ich gehe,
möge ich den Zweck aller Dinge ehren.
Hilf mir, alles mit Achtung zu berühren,
immer von dem zu sprechen,
was hinter meinen Augen liegt.
Lass mich beobachten, nicht urteilen.
Möge ich keinen Schaden verursachen
und Musik und Schönheit zurücklassen, wenn ich gehe.
Und wenn ich in das Ewige zurückkehre,
möge sich der Kreis schließen.

RITUELLER GESANG DER ABORIGENES, AUSTRALIEN

Weisheit heißt im Zusammenhang der religiösen Erfahrung,
hinausblicken können über den Tellerrand der eigenen Religionen:

Wenn du Gottes Bild in einem Götzentempel siehst,
so verehre ihn dort und lass den Rundgang um die Kaaba.
Wenn die Kaaba nicht erfüllt ist
vom Duft der Vereinigung mit Gott,
dieser Duft aber ausgeht vom Tempel der Juden,
so suche Gott in ihm.

RUMI, 1207–1273

Möge der Gott,
der »unser Vater« für die Christen ist,
Jahwe für die Juden,
Allah für die Moslems,
Ahura Mazda für die Zarathustrier,
Aarhat für die Dschainas,
Buddha für die Buddhisten,
Brahma für die Hindus,
möge dieses allmächtige und allwissende Wesen,
das wir alle als Gott anerkennen,
uns Menschen den Frieden geben
und unsere Herzen
brüderlich vereinen.

VIVEKANANDA, 1863–1902,
EIN WICHTIGER REFORMER DES MODERNEN HINDUISMUS

Alle Menschen haben denselben Herrn.
Das wissen sie noch nicht.
Aber es wird die Zeit kommen, da sie es wissen.

EIN ZEITGENÖSSISCHER SUFI

X

Die Welt ist eine Brücke

Wir sind auf einem Weg

Das Leben des Menschen zwischen Geburt und Tod und seine Suche nach dem Sinn dieser Spanne Zeit wird in allen Religionen im Bild eines Weges beschrieben und als eine Wanderung. Als ein beständiges Unterwegssein durch ein blühendes Land oder durch eine Wüste als ein mühevolles Gehen zu Fuß. Es findet oft auch sein Gleichnis im Gedanken der Pilgerschaft, die von irgendwoher zu einer Mitte hinführt, zu einem Heiligtum oder zu einer Versammlung oder auch zu einem Ort einer besonderen Kraft. Und immer wieder ist dieser Weg von der Hoffnung geleitet, er werde auf irgendeine Weise in Gott enden oder in einem verheißenen Land, einer Glückseligkeit oder einem Frieden. Immer aber bleibt die Hoffnung bedroht durch die Müdigkeit derer, die unterwegs sind, durch ihre Mutlosigkeit oder ihre Skepsis, und immer wird sie dem Ziel zugetan sein, dem sie sich anvertraut.

Gar viele Wege gehn zu Gott, auch deiner geht
zu Gott, geh ihn getrost mit Preisen und Gebet.
Und lass dich nicht darin von denen irre machen,
die andre Wege gehen, und mach nicht irr die Schwachen.
Wer mit auf meinem Weg will gehn, der sei willkommen;
und geh' ich auch allein, doch geh' ich unbeklommen.

FRIEDRICH RÜCKERT, 1788–1866

Wie mag ich es vergleichen,
dies Leben auf der Erde?
Von den Booten,
die in der Frühe hinausrudern,
bleibt keine Spur.

SAMI NO MANSEI, 8. JH., JAPAN,

Wanderer, es gibt keinen Weg.
Nur deine Spuren hinter dir zeigen ihn an.
Der Weg entsteht, wo du gehst.
Im Gehen entsteht der Weg.
Schaust du zurück, siehst du ihn,
aber nie mehr wirst du ihn wieder betreten.
Es gibt keinen Weg,
nur eine Kielspur im Meer.

VERFASSER UNBEKANNT

Unser ganzes Dasein ist flüchtig wie Wolken im Herbst;
Geburt und Tod der Wesen
erscheinen wie Bewegungen im Tanze.
Ein Leben gleicht dem Blitz am Himmel,
es rauscht vorbei, wie ein Sturzbach den Berg hinabstürzt.

BUDDHA, 560–480 v.CHR.

Die Weisen haben keine Freude an einer Wohnung.
Wie Schwäne, die ihren See verlassen haben,
verlassen sie ihr Haus und ihr Heim.

BUDDHA, 560–480 v. CHR., IN DHAMMAPADA

Füchse haben Höhlen,
und die Vögel der Luft haben Nester.
Aber der Menschensohn hat nichts,
auf das er seinen Kopf betten könnte.

JESUS IN MATTHÄUS 8,20

»Wanderer wohin?«
»Entlang den Bäumen, die am Weg stehen,
geh ich, zu baden im Meer.«
»Wanderer, wo ist das Meer?«

»Wo der Fluss den Lauf endet,
wo der Morgen sich aus Dämmerung erhebt,
wo der Tag im Dunkel versinkt.«
»Wanderer, gehen viele mit dir?«
»Ich weiß nicht, ich kann sie nicht zählen.
Sie wandern alle Nächte, Lampen in der Hand.
Sie singen alle Tage über die Wasser hin
und über das Land.«

RABINDRANATH TAGORE, 1861–1941

Ihr sollt in Freuden ausziehen
und im Frieden geleitet werden.

AUS DER BIBEL, JESAJA 55,12

In meinem Rücken ist Segen bis hin zu den Bergen.
Vor mir ist Segen bis zu den Bergen,
unter mir liegt Segen auf der Erde,
über mir wölbt sich Segen bis zum Himmel.

So gehe ich, wenn der Morgen anbricht.
Hinter mir bleibt der Segen, wo immer ich gehe.
Vor mir wartet Segen auf mich, wo immer ich gehe.
Und so gehe ich. Wenn der Tag anbricht, gehe ich.

VON DEN NAVAJO

Mit dir zu leben, Herr, ist mir ein Leichtes!
Ein Leichtes auch, an dich zu glauben!
Wenn mein Verstand im Zweifel nachlässt
oder sich verliert;
wenn selbst die geistigsten der Menschen
nicht weiter sehen
als bis zum Abend des heutigen Tages
und nicht wissen, was morgen getan werden muss, –

dann bescherst du mir die klare Gewissheit, dass du bist
und dass du dafür sorgst,
dass nicht alle Wege des Guten verschlossen bleiben.

Auf der Höhe irdischen Ruhms
blicke ich mit Verwunderung auf den Weg zurück,
den ich mir selbst nicht hätte ausdenken können,
einen staunenswerten Weg durch die Hoffnungslosigkeit –
hierher, von wo auch ich der Menschheit
einen Strahl deines Glanzes zeigen konnte.
Und wenn ich ihn künftig beschreiben soll,
wirst du mir dabei helfen.
Wenn mir das aber nicht gelingt,
so heißt es: Du hast es anderen bestimmt.

ALEXANDER SOLSCHENIZYN, *1918

Nichts als Dank sage ich dir dafür,
dass du mich gewürdigt hast,
mit dir das Festspiel des Lebens zu feiern,
deine Werke zu schauen
und deiner Weltregierung
mit meinem Geiste nachzugehen.

EPIKTET, 50–140 N. CHR.

Schwester oder Bruder, sei gesegnet von Gott.
Er gehe dir voraus und zeige dir den rechten Weg.

Gott sei nahe bei dir
und lege seinen Arm um dich.

Gott sei hinter dir
und bewahre dich gegen alle dunkle Macht.

Er sei unter dir
und fange dich auf, wenn du fällst.

Er sei neben dir
und tröste dich, wenn du traurig bist.

Gott sei in dir
und heile dich.

Er sei um dich her
und schütze dich in der Angst.

Er sei über dir wie die Sonne am Himmel
und stärke dich mit seiner Kraft.

Er segne und behüte deinen Ausgang und Eingang
von nun an bis in Ewigkeit. Amen.

SEDULIUS CAELIUS, GEST. NACH 450, IRLAND

Das Herz im Leibe tut mir weh,
dass ich kein Einsamer und Wanderer mehr bin,
und ich gäbe mein bisschen Haus und Glück und Behagen
gern für einen alten Hut und Ranzen,
um noch einmal die Welt zu grüßen
und mein Heimweh über Wasser und Land zu tragen.

HERMANN HESSE, 1877–1962

Worte eines Engels

Mögt ihr auch in die allerfernste Ferne,
die flimmernde, des Weltenraumes spähn,
ihr könnt nur Sterne, immer neue Sterne,
doch nirgends könnt ihr meinesgleichen sehn.

Ich komme aus der andern Welt und Zeit
zufolge Gottes deutender Gebärde
und ziehe über Bethlehems Gebreit
und über all die Traurigkeit der Erde.

Denkt nicht, ich wäre schon, ich selbst, das Licht.
Das Licht ist unbegreiflich, eins und keins.
Ich bin, der sich im Erdendämmer bricht,
der Schein nur, nur der Widerschein des Scheins.

Ein Zeichen nur in dieser Nacht und Stille.
Vielleicht, dass einer, der mich sieht, sich bang
erhebt und aufbricht und aus seiner Fülle
ins Ungewisse geht sein Leben lang.

MANFRED HAUSMANN, 1898–1986

Ein Reisender fertigte sich ein Floß an,
um einen Fluss zu überqueren.
Als es seinen Zweck erfüllt hatte,
konnte er sich von ihm nicht trennen.
So schleppte er sein Floß auf dem Rücken
überall hin mit sich
und machte sich zum Gespött der Leute.

Meine Lehre ist wie ein Floß.
Sie dient dazu, ans andere Ufer zu tragen,
nicht aber, sie festzuhalten.

BUDDHA, 560–480 V. CHR.

Ich gebe dir mich hin,
Amitabha, du Weisheit, du Erbarmen.
Mögen die Geschöpfe alle sich versenken
in die Tiefen der Schriften
und zu der Weisheit gelangen,
die weit ist wie das Meer.

Ich gebe mich der heiligen Gemeinde hin.
Mögen die Geschöpfe alle in einem großen Zug
schreiten zu der großen Versammlung aller Heiligen.

CHINESISCH, AUS DER »SCHULE DES REINEN LANDES«, TSING-TU

In der nordindischen Ruinenstadt Fathpur Sinri südlich Delhi entdeckte man über dem südlichen Hauptportal der großen Moschee die Inschrift:

Jesus, über dem Friede sei, hat gesagt:
Die Welt ist eine Brücke.
Geh über sie hinüber,
aber lass dich nicht auf ihr nieder.

ZWISCHEN 1569 UND 1601, ZURÜCKGEHEND AUF EINE ARABISCH-
CHRISTLICHE ÜBERLIEFERUNG DES 7.–10. JH.

Den verzagten Herzen sage ich:
»Seid fröhlich! Fürchtet euch nicht!
Seht! Da ist Gott! Er kommt und wird helfen!«

Es wird eine Straße sich auftun,
ein heiliger Weg für Gottes Volk.
Kein Löwe wird sie bedrohen,
kein reißendes Tier sie überfallen.
Erlöste Menschen werden wandern auf jener Straße.
Wie die Sonne wird Freude über ihnen strahlen.
Freude wird Gast sein in ihrem Haus
und Fröhlichkeit bei ihnen einkehren.
Und fern wie ein Flüchtling, der sich davonmacht,
werden das Seufzen sein und der Gram.

AUS DER BIBEL, AUS JESAJA 35

Wort von Gott:

Fürchte dich nicht.
Ich befreie dich.
Ich rufe dich bei deinem Namen,
du bist mein.

Wenn du durch Wasser gehst,
bin ich bei dir,

inmitten von Strömen
halte ich dich fest.

Wenn du durch Feuer gehst,
wirst du nicht brennen,
und die Flamme
wird dich nicht versengen.

Ich bin der Herr, dein Gott;
Ich mache das Meer still,
wenn seine Wellen brausen,
und schütze dich.

Ich zeige dir einen Weg
Auf dem Grunde des Meeres:
den Weg der Befreiten,
die erlöst sind von Angst.

Freude gebe ich dir
im Aufbruch,
auf dem Weg aber
Geleit im Frieden.

AUS DER BIBEL, AUS JESAJA 42–43

Auch die Menschheit geht einen Weg. Ob er in die Wahrheit
oder in das Verhängnis führt, ist offen.
Auch die Religionen gehen ihren Weg. Auch das Christentum.
Es geht heute aus dem Abendland in ferne Länder. Es ändert
seine Worte, es ändert seine Gestalt. Keine Wahrheit kann be-
hauptet werden, als sei sie in der Erde festgemauert. Nur der
Lebendige schafft dem Leben Raum, und nur wer unterwegs
ist, ist auf dem Wege zu einem Ziel.
Wir werden heute auch das wandernde Christentum mit der
wandernden Menschheit auf dem Wege sehen und mit den
anderen zusammen unseren Weg suchen.

Segen geleite, reicher Segen geleite
ohne Gefahr dich zu glücklichem Ende.
Wie ein Fels im Spiel der Wellen
warte ich auf das Wiedersehen.
Wie die Welle sich hundertfach hebt,
so tausendfach will ich meine Worte erheben:

Im Land der Inseln, in Yamato,
waltet ein Geist im Wort, er helfe dir.
So geleite dich Segen.

Japan, Nara-Zeit

Wir ahnen das andere Ufer

Es sind viele Bilder und Gedanken, unter denen die Menschen rund um die Erde sich ein künftiges Heil vorstellen.

Das jüdische, christliche und islamische Heilsverlangen zielt auf eine Lebens- und Liebesgemeinschaft des Menschen mit Gott, auf ein Gottesreich der Gerechtigkeit und auf die Heilung und Vollendung der Menschen.

Das Heilsstreben des Buddhismus geht auf Erlösung aus dem leidvollen Kreislauf der Geburten. Das Ziel ist ein »Nirvana«, das ist eine unendliche reiche Welt voll Geist und Lebendigkeit, für die aber den Menschen die Worte fehlen.

Der japanische Amida-Buddhismus sieht den Eingang ins Paradies des unermesslichen Lichtglanzes allein durch die Gnade und allein durch den Glauben.

Die indischen Upanischaden zeigen der Seele, wie sie beim Tode in das unendliche Brahma eingeht. Die Individualität des Menschen löst sich auf in die göttliche Unendlichkeit.

Die Bhakti-Frömmigkeit will Unsterblichkeit in einer personalen Gottesgemeinschaft.

Die griechische Orphik oder der Platonismus suchen die Befreiung der Seele aus dem Kerker des Leibes.

Origenes und die kappadozischen Lehrer sprechen von der Wiederherstellung aller Dinge. Nach ihnen gehen alle Geschöpfe, auch die dämonischen, in die Seligkeit ein.

Der Islam spricht von einer Belohnung der Gerechten im Paradies und von einer Bestrafung der Bösen in der Hölle.

Alle aber sehen im Tode einen Übergang in eine Welt, die zu beschreiben der Mensch nicht die Mittel hat.

An siebzig Jahren fehlen mir noch vier.
Lohnt sich's, von diesem Leben noch zu sprechen?
Die Trauer sucht mich heim bei fremdem Tod,
und wiederum frohlocke ich: Noch atm' ich hier!

Wie kann man schwarz das Haupthaar sich bewahren?
Was ist zu tun, dass nicht das Aug sich trübt?
Von den Gefährten blieben Seelentafeln,
indessen Knecht und Magd Urenkel wachsen sehn.

Im magern Kreuz drückt wie Metall die Schwere,
an den verfallnen Schläfen häuft sich Schnee.
Was tu ich, wenn sich die Gebrechen mehren?
Zeit ist's, dass ich mich anvertrau dem Tor der Leere.

Bo Dju-I, 772–846, China, Übersetzung Günter Eich

Vor einer Blütenwand saß ich beim Zechen.
Der Becher schlug mein Herz in süßen Bann.
Da ward mir Angst, die Blumen könnten sprechen:
Wir blühen nicht für einen alten Mann.

Liu Yü-hsi, 8. Jh.,China, Übersetzung Günther Debon

Wir verschwinden wie ein flüchtiges Bild.
Wie Blumen verwelken wir auf dieser Erde.
Wie das prächtige Gefieder von farbigen Vögeln
vergehen wir.

Wir kommen in Trauer hierher. In der Trauer leben wir.
Nicht ohne Grund weinen die Adler und die Jaguare.
Wir werden zugrunde gehen und niemand wird übrig sein.

Ihr Edlen! Bedenkt es! Ihr Adler und Jaguare.
Edelstein und Gold bleiben, wir aber gehen alle hinab.
Wir schwinden dahin, und niemand wird übrig sein.

Aztekisch

Alte Frau auf dem Feld, tief gebückt, unbewegt,
still.
Welche Gedanken leben
hinter diesen traurigen schwarzen Augen?
Wie nahe du der Erde bist,

wie tief du dich gebückt hast!
In den Schatten, die länger werden,
scheinst du ein Stein zu sein am kahlen Horizont.
Und die strahlende Sonne deiner Jugend
ist langsam hinter dir untergegangen.

Alte Frau, ich weiß, wer du bist.
Ich weiß, dieses karge unfruchtbare Land,
auf dem ich stehe, war einst ein Wald.
Und du, alte Frau, hattest Leben und Schönheit,
Kraft und Leidenschaft, Liebe und Überfluss,
Freiheit und die Nähe der Götter.
Birken riefen dir zu: »Nimm meine Rinde,
so dass du schläfst in meinen Armen.«
Die großen Tiere der Wälder liehen dir ihr Fell
und sagten: »Lass meine Wärme deine Wärme sein,
mach dir ein Kissen für den Kopf.«
Vögel schwebten herab,
legten dir ihre schönsten Federn zu Füßen
und baten dich, sie zu tragen.
Denn du warst ihr Kind, ihr goldbraunes Kind,
das ihnen Loblieder sang und ihre Tänze tanzte.

Welche Gedanken hast du, welches ist dein letztes Wort,
ehe du deine Seele der Ewigkeit anvertraust?

DUKE REDBIRD, OJIBWA

Der Freund nahm Abschied.
Im Licht und in der Blüte des April
fuhr seine Barke den Fluss hinab.
Ein einsames Segel, ein ferner Schleier,
verblasste im blauen Horizont.
Den weiten Strom seh ich,
der – fern – im Himmel mündet.

LI BO, 701–762, CHINA

Im Meer des Lebens,
im Meer des Sterbens –
in beiden müde geworden,
sucht meine Seele die Küste,
an der alle Flut verebbt.

BUDDHISTISCH, AUFSCHRIFT AUF EINER ZITHER
IN DER BUDDHA-HALLE DES »KLOSTERS AM FLUSSBETT«

Lebte man hundert Jahre
unkundig der Unbeständigkeit dieser Welt,
so wäre ein einziger Tag besser,
den der lebt, der sie kennt.

Lebte man hundert Jahre
unkundig des Weges zur Erlösung,
so wäre ein einziger Tag besser,
den der lebt, der den Weg zur Erlösung weiß.

Und lebte man hundert Jahre,
unkundig des Ziels, auf das wir zugehen,
so wäre ein einziger Tag besser,
den der lebt, der dieses höchste Ziel vor Augen hat.

BUDDHA, 560–480 V. CHR.

Ich schaue hinunter
in die Tiefe des Canyons.
Möchte wissen: Wann werde ich meine Reise machen?
Wer wird mich als erster begrüßen?
Wie lange werde ich zu reisen haben?
Wo soll ich beginnen?
Was soll ich bei meiner Ankunft sagen?

Warum? möchte ich wissen.
Dann sage ich zu mir:
Sei geduldig.

Die Zeit wird kommen für dich,
die Reise zu machen.

RAMSON LOMATEWAMA, HOPI
DAS GEDICHT WURDE AM GRAND CANYON GESCHRIEBEN
UND 1983 VERÖFFENTLICHT.

Ich preise dich, mein Gott,
dass du mir auf der Erde kein Vaterland
und keine Wohnung gegeben hast.
Du hast mich vor der Torheit bewahrt,
das Zufällige für das Wesentliche,
den Weg für das Ziel,
die Herberge für die Wohnung,
die Wanderschaft für das Vaterland zu halten.

JOHANN AMOS COMENIUS, 1592–1670

Sometimes i feel like a motherless child.

Ich fühle mich manchmal wie ein Kind ohne Mutter,
ich fühle mich manchmal wie ein Kind ohne Mutter,
ich fühle mich manchmal wie ein Kind ohne Mutter,
weit weg von zu Haus,
weit weg von zu Haus.

Ich fühle mich manchmal, als wär ich schon fort,
ich fühle mich manchmal, als wär ich schon fort,
ich fühle mich manchmal, als wär ich schon fort,
auf dem Wege zum Himmel,
auf dem Wege zum Himmel.

Ich fühle mich manchmal wie ein Kind ohne Mutter,
ich fühle mich manchmal wie ein Kind ohne Mutter,
ich fühle mich manchmal wie ein Kind ohne Mutter,
weit weg von zu Haus.

NEGRO-SPIRITUAL

O Grab, o Brautgemach, o unterirdisch
Gefängnis allezeit! Ich geh dahin
zu all den Meinen, deren schon so viel
Persephone im Totenreich empfangen.
Und ich, die letzte, sterb am bittersten,
eh' sich erfüllte meines Lebens Teil.

… Ich begrab ihn.
Und wenn ich sterbe, das ist schön.
Geliebt bei dem Geliebten ruh' ich dann,
und fromm hab' ich gefrevelt. Länger muss ich
den Untern als den Menschen hier gefallen.
Dort ruh ich allezeit. Du (Kreon), wenn du willst,
verachte, was den Göttern heilig ist.

…
Was ich muss leiden, ist ein schöner Tod.

ANTIGONE, IM DRAMA VON SOPHOKLES

Die Schüler baten ihren Meister,
er möge sagen, worin das geistige Leben bestehe,
zu dem sie hingelangen könnten.

Da sagte der Meister nur: »Still! Horcht!«
Und als sie in die Nacht hinaushorchten,
sprach der Meister leise den berühmten Haiku:

»Von einem frühen Tod
ist die Zikade nicht geängstet.
Sie singt.«

NACH ANTHONY DE MELLO, 1931–1987

Lass es schön sein, wenn ich das letzte Lied singe.
Lass es Tag sein, wenn ich das letzte Lied singe.

Ich möchte auf meinen beiden Füßen stehen,
wenn ich das letzte Lied singe.

Ich möchte mit meinen Augen hochblicken,
wenn ich das letzte Lied singe.

Ich möchte, dass die Winde meinen Körper umschließen,
wenn ich das letzte Lied singe.

Ich möchte, dass die Sonne auf meinen Körper scheint,
wenn ich das letzte Lied singe.

Lass es schön sein, wenn ich das letzte Lied singe.
Lass es Tag sein, wenn ich mein letztes Lied singe.

INDIANISCHES STERBELIED

Ein Punkt nur ist es, kaum ein Schmerz,
nur ein Gefühl, empfunden eben;
und dennoch spricht es stets darein,
und dennoch stört es dich zu leben.

Wenn du es andern klagen willst,
so kannst du's nicht in Worte fassen.
Du sagst dir selber: »Es ist nichts!«
Und dennoch will es dich nicht lassen.

So seltsam fremd wird dir die Welt,
und leis verlässt dich alles Hoffen,
bis du es endlich, endlich weißt,
dass dich des Todes Pfeil getroffen.

THEODOR STORM, 1817–1888

Du kannst nicht sein, du kannst dich nur verschwenden,
kannst bleiben nicht, die Erde wandert aller Enden;
du kannst nicht sammeln, jedes Gold wird Blei,
und nichts ergreifen, alles schwirrt vorbei;
du kannst nicht wissen, denn es ward schon Trug.
Du kannst nur lieben. Lieben ist genug.

ERNST BERTRAM, 1884–1957

Suche du nichts. Es gibt nichts zu finden.
Nichts zu ergründen. Finde dich ab.
Kommt ihre Zeit, dann blühen die Linden
über dem frisch geschaufelten Grab.
Zwischen Vergehen und Wiederbeginnen
liegt das Unmögliche. Und es geschieht!
Wie und wann war nie zu ersinnen.
Neu klingt dem Neuen das uralte Lied.
Geh nicht zu Grunde, den Sinn zu ergründen.
Suche du nicht. Dann magst du ihn finden.

MASCHA KALÉKO, 1907–1975

Sommerregen

Hört auf, ihr Vögel,
mich tröstet
kein Abend, über
der Brücke fällt Regen
in meine Trauer, mich
ändert kein Rauschen
des Sommers,
mich hält
kein Wind wach …

Morgen früh
will ich nicht unter Bäumen
wehen,
meine Lider sind schläfrig
nach Winter und Schnee,
ich will im Regen
zurückgehen
zu Blättern
und dunklen Truhen.

Hört auf, ihr Vögel, mich friert,
mein Schatten
wächst über

die Nacht
in die Wälder,
dort ruhn
unter schwarzen Blüten
die Toten,
die wandernden Toten aus.

THOMAS BERNHARD, 1931–1989

     Worte der Hoffnung, die der Lebensmüde an seine Seele rich-
     tet:

Ich sehe den Tod vor mir, heute,
wie die Heilung eines Kranken,
der aufsteht nach seiner Krankheit.

Der Tod steht vor mir,
wie der Duft der Myrrhe,
wenn man im Wind sitzt unter dem Segel.

Der Tod steht vor mir
wie der Geruch der Lotosblüte,
wenn man berauscht am Ufer sitzt.

Der Tod steht vor mir
wie ein freier, gangbarer Weg,
wie die Heimkehr eines Mannes aus dem Kriege.

Der Tod steht vor mir,
wie man sich sehnt nach seinem Haus
nach Jahren der Gefangenschaft.

ALTÄGYPTISCH,
AUS DER ZEIT NACH DEM ZUSAMMENBRUCH DES ALTEN REICHES

Für mich ist die Welt,
In die wir im Tode hinübergehen,
so wirklich, wie diese es ist.

Christus lebt. Die wir für tot halten, leben.
Und wir: Du und ich, werden auch weitergehen.
Mit neuen Aufgaben, wie ich mir denke.
So verkehrt sich das Verhältnis von Leben und Tod.
Nicht das Leben währt, bis der Tod es endet,
sondern wir sind unter der Herrschaft des Todes,
bis wir frei sind und ins Leben treten,
hinüber in einen anderen Raum und eine andere Zeit.

Was wir dann tun werden?
Dasselbe, was Christus tat
und was wir ihm nachtun sollen:
Himmel und Erde verbinden dort, wo wir stehen.

Und das wird sein, bis ein neuer Himmel
und eine neue Erde sich verbinden
wie eine Braut mit ihrem Mann.
Das Ziel aber ist das Gottesreich,
in dem kein Leid mehr sein wird und kein Geschrei
und die Tränen abgewischt sein werden
von unseren Augen.

Jörg Zink, *1922

Für jeden von uns wird die Zeit kommen,
in der es ihm in die herbstlichen Jahre
sehnlich herüberweht
und mahnend und herb und süß
ans alternde Herz rührt.

Dann wird es gut sein,
wenig versäumt und wenig vergessen zu haben
und des Kinderglaubens gewiss zu sein,
dass eine Mauer um uns gebaut sein wird,
wann immer wir ihrer bedürfen.

Ernst Wiechert, 1887–1950

Vor der Buddhahalle des Klosters »Halte Fest«:

Hoch ragt die Halle
hinauf zu den Göttern des Himmels.
Ich stieg empor, näher zur Sonne hin.
Das Grün der tausend Gärten breitet sich vor mir,
und Nebel trauern über den Gräbern
alter Herrscher.

Wie niedrig sind die Berge von hier oben aus,
der Nanschan und der We, wie sind sie klein!
Schon lange ahnte ich das ewig Reine,
nun preise ich den Heiligen im goldnen Schrein.

TSËN SCHËN, 8. JH., CHINA

Es ist falsch, das Nirvana so anzusehen,
als wäre es das Ergebnis, das erreicht wird,
wenn das Begehren verlöscht ist.
Das Nirvana ist nicht das Resultat von irgendetwas.

Wahrheit ist. Nirvana ist.
Das einzige, was man tun kann, ist, es wahrzunehmen.
Es gibt einen Weg zum Wahrnehmen des Nirvana.
Aber das Nirvana ist nicht das Ergebnis dieses Weges.
Du kannst auf einem Pfad zum Berg gehen,
aber der Berg ist nicht das Ergebnis des Weges.

BUDDHA, 560–480 V. CHR.

Da der Tod das Ziel unseres Lebens ist,
so habe ich mich mit diesem wahren Freunde
des Menschen so bekannt gemacht,
dass sein Bild nichts Schreckendes mehr für mich hat,
sondern Beruhigendes und Tröstendes.
Und ich danke meinem Gott,
dass er mir das Glück gegönnt hat,
ihn als Schlüssel
zu unserer wahren Glückseligkeit kennen zu lernen.

Ich lege mich nie zu Bette, ohne zu bedenken,
dass ich vielleicht den anderen Tag nicht mehr sein werde,
und es wird doch kein Mensch sagen können,
dass ich im Umgang mürrisch und traurig wäre.
Für diese Glückseligkeit danke ich alle Tage
meinem Schöpfer.

WOLFGANG AMADEUS MOZART, 1756–1791

Abraham, vom Engel des Todes gerufen,
weigerte sich, ihm zu folgen,
weil er nicht glauben konnte,
dass Gott jemand töten könne,
der ihn so sehr geliebt habe.

Da hörte er das Wort: Hast du je einen Liebenden gesehen,
der sich weigerte, zu seinem Geliebten zu gehen?
Da übergab er seine Seele, von Freude erfüllt, dem Engel.

AL GHASALI, 1059–1111

Sinnen auf den Tod ist Sinnen auf Freiheit.
Wer sterben gelernt hat, hat verlernt, Sklave zu sein.

MONTAIGNE, 1533–1592

Am Mast ein Segel
wie von Ängsten geschüttelt,
stößt mein Schiff in See –
Oh, es wird köstliche Fahrt!
Da! Der heitere Himmel!

KITAHARA HAKUSHU, 1886–1942, JAPAN

Dort oben werden wir gehen, du und ich;
die Milchstraße entlang werden wir gehen, du und ich;
auf dem Blumenpfad werden wir gehen, du und ich;
wir werden Blumen pflücken auf unserem Weg, du und ich.

WINTU-INDIANER, KALIFORNIEN

O Edelgeborener, nun ist für dich die Zeit gekommen,
den Pfad aufzusuchen.
Dein Atmen beginnt aufzuhören.
Dein Meister hat dich von Angesicht zu Angesicht
vor das reine Licht gesetzt:
und nun wirst du in seiner Realität
den (Bardo-) Zustand erfahren,
in dem alle Dinge
wie der leere und wolkenlose Himmel sind,
und der nackte, fleckenlose Geist
ist wie unter einer durchsichtigen Leere
ohne Umfang oder Mittelpunkt.
Erkenne dich in diesem Augenblick selbst
und verweile in diesem Zustand.
Auch ich sitze dir zu dieser Zeit
von Angesicht zu Angesicht gegenüber.

O Edelgeborener, hör zu.
Du erfährst jetzt die Strahlung
des klaren Lichtes des reinen Seins. Erkenne sie.
Dein eigenes Bewusstsein, glänzend, leer
und untrennbar von dem großen Strahlungskörper,
hat weder Geburt noch Tod,
es ist das unwandelbare Licht.

Dies zu wissen genügt.
Zu erkennen, dass die Leere deines eigenen Geistes
die Buddhaschaft ist,
und auf sie wie auf dein eigenes Bewusstsein zu blicken,
wird dich im heiligen Zustand des Buddha bewahren.

TIBETANISCHES TOTENBUCH

Die von uns gingen

Vielleicht war alles nur ein Traum
das Glück, das Leid, die Fülle und die Not.
Vielleicht erwachen wir erst mit dem Tod,
und was wir wirklich nennen, war nur Schaum.

Zwar wird dadurch nicht anders, was wir leiden,
obs leuchtend uns den Weg erhellt,
obs bitter uns den Tag vergällt.
Der Schmerz bleibt Schmerz, die Freuden bleiben Freuden.

Doch wenn wir trauernd derer still gedenken,
die uns der Tod zu früh für uns entriss,
dann mag uns dies vielleicht mit Trost beschenken,
dass ihnen nur der Schleier sanft zerriss,
der uns das Sein noch rätselhaft verhüllt,
und dass im Tod das Leben sich erfüllt.

CARL ZUCKMAYER, 1896–1977

In der Mystik wird immer wieder der Gedanke laut, es sei
falsch, nach Strafe oder Belohnung im Jenseits zu fragen, es
komme einzig darauf an, dorthin seine Liebe auszusenden. So
ging die islamische Mystikerin Rabia eines Tages durch die
Straßen von Basra, eine Fackel in der einen, einen Eimer Wasser in der anderen Hand tragend. Man fragte sie, was sie damit
sagen wolle, und sie antwortete:

Ich will Feuer ans Paradies legen
und Wasser in die Hölle gießen,
damit diese beiden falschen Ziele verschwinden
und niemand mehr Gott anbetet
aus Sehnsucht nach dem Paradies oder aus Höllenfurcht,
sondern einzig und allein aus Liebe zu ihm.

RABIA, GEST. 801

Deine Toten werden leben,
deine Leichname werden auferstehen.
Wacht auf und rühmt,
die ihr unter der Erde liegt …,
denn die Erde wird ihre Toten herausgeben.

AUS DER BIBEL, JESAJA 26,19

Gott wird den Tod für immer auslöschen
und von jedem Gesicht die Tränen abwischen.

AUS DER BIBEL, JESAJA 25,8

Ich weiß, dass mein Befreier lebt.
Am Ende wird er mir auf meinem Weg begegnen
und ohne meine Haut, die so zerrissen,
ohne meinen zerstörten Leib werde ich ihn schauen.
Kein Fremder wird das Geheimnis stören,
das meinen Augen sich auftut.

AUS DER BIBEL, HIOB 19,25

Gib mir den Frieden des Stalles,
sprach ich zu Gott,
der eingebrachten Ernte.
Lass mich sein, da ich mein Werden vollendet habe.
Ich habe mein Werk
im Walde begonnen
und war trunken vom Lobgesang der Bäume.

Jetzt aber, da ich
die Menschen aus zu großer Nähe sah, bin ich müde.
Erscheine mir, Herr, denn alles
ist schwer, wenn der Geschmack an dir verloren geht.

Ich komme zu dir
nach der Art des Baumes, der sich entwickelt,

wie es den Kraftlinien seines Samenkornes entspricht.
Herr, ich bin alt nun
und spüre die Schwäche der Bäume,
wenn der Winter kommt.

Ich komme zu dir,
denn ich habe in deinem Namen den Acker bestellt.
Dein ist die Saat.

<small>ANTOINE DE SAINT-EXUPÉRY, 1900–1944</small>

Deep River

Tief der Fluss,
tief der Fluss, Herr,
ich will hinüber, wenn Stille ist.

Kommt der Tod, dann werd ich lächeln,
kommt der Tod, Herr, werd ich lächeln,
ich will hinüber, wenn Stille ist.

Meine Mutter ist schon jenseits,
meine Mutter ist schon jenseits, Herr,
sie ging nach drüben, als Stille war.

She's done crossed over in a ca'm time.

<small>NEGRO-SPIRITUAL</small>

Das Licht ist da. Beseligt bin ich hier
und gleich dem Strauch vom Golde übergossen,
zum letzten Ja an Welt und Tod entschlossen.

<small>REINHOLD SCHNEIDER, 1903–1958</small>

Lied an einen Toten:

Geh hin auf den alten Pfaden,
auf denen unsere Väter fortgezogen
in früheren Zeiten.
Vereine dich mit den Vätern und dem Gotte,
mit dem Schatz deiner Opfer und guten Taten
im höchsten Himmel.
Dort lass alle deine Gebrechen dahinten
und eine dich mit einem neuen Leibe,
geschmückt mit Kraft.

RIGVEDA, CA. 1000 V. CHR.

Weg in die Dämmerung

Bald will's Abend sein.
Stumm steht das Geheg.
Und ich geh' allein
Den verschneiten Weg,

der, vom Hang gelenkt,
sich mit leisem Schwung
leiser abwärts senkt
in die Niederung.

Birken, starr von Eis,
Pfahlwerk, unbehaun,
Dorn und Erlenreis,
ein verwehter Zaun

geben seiner Spur
anfangs das Geleit,
dann gehört er nur
der Unendlichkeit,

die verdämmernd webt
und ihn unbestimmt,
wie er weiterstrebt,
in ihr Dunkel nimmt.

Reif erknirscht und Schnee
unter meinem Schuh.
Weg, auf dem ich steh',
dir gehör' ich zu!

Wer des Lichts begehrt,
muss ins Dunkel gehn.
Was das Grauen mehrt,
lässt das Heil erstehn.

Wo kein Sinn mehr misst,
waltet erst der Sinn.
Wo kein Weg mehr ist,
ist des Wegs Beginn.

MANFRED HAUSMANN, 1898–1986

Wir gehen ins Licht

Wie die Hand vors Auge gehalten
den größten Berg verdeckt,
so deckt das kleine irdische Leben dem Blick
die ungeheuren Lichter und Geheimnisse,
deren die Welt voll ist.

Doch wer das kleine Licht vor seinen Augen wegnimmt,
wie man eine Hand wegzieht,
der schaut das große Leuchten im Innern der Welt.

AUS DEM CHASSIDISMUS

Entwurf für ein Osterlied

Die Erde ist schön, und es lebt sich
leicht im Tal der Hoffnung.
Gebete werden erhört. Gott wohnt
nah hinterm Zaun.

Die Zeitung weiß keine Zeile vom
Turmbau. Das Messer
findet den Mörder nicht. Er
lacht mit Abel.

Das Gras ist unverwelklicher
grün als der Lorbeer. Im
Rohr der Rakete
nisten die Tauben.

Nicht irr surrt die Fliege an
tödlicher Scheibe. Alle
Wege sind offen. Im Atlas
fehlen die Grenzen.

Das Wort ist verstehbar. Wer
Ja sagt, meint Ja, und

ich liebe bedeutet: jetzt und
für ewig.

Der Zorn brennt langsam. Die
Hand des Armen ist nie ohne
Brot. Geschosse werden im Flug
gestoppt.

Der Engel steht abends am Tor. Er
hat gebräuchliche Namen und
sagt, wenn ich sterbe:
Steh auf.

RUDOLF OTTO WIEMER, 1905–1997

Der Groll des rollenden Donners

Von ferne nahte Sturmesbrausen,
schwarze Nacht zur Mittagsstunde.
Weder Baum noch Hütte waren zu sehen.
Nur dann und wann hob eine dunkle Wolke
ihres Kleides Saum.
Grelles Licht erglänzte darunter.

So kam Ostern wie ein Blitz,
ein Strahl der Auferstehung –
kurz und klar; für alle Zeiten Zeugnis gebend.
Vom Wesen wahrer Macht, vom Herrn der Welt,
vom Ursprung der Geschichte, kam das Grollen.

Doch der Groll des rollenden Donners,
der das dunkle All umkreist,
kündet von der Herrschaft dessen,
der über Blitze und Wolken Macht hat.

AUS GHANA

Lasst mich allein, in meine Zelle eingeschlossen! Entlasset
mich mit Gott, der allein der Gütige ist. Tretet zurück, entfernt euch. Lasst mich allein im Angesicht Gottes sterben,
der mich gebildet hat. Keiner poche an die Tür. Keiner
erhebe die Stimme. Keiner von den Verwandten und Freunden suche mich heim. Keiner reiche mir Speise, keiner
bringe mir Trank. Denn es wird mir genügen zu sterben im
Anblick meines Gottes, des barmherzigen, des gütigen
Gottes, der zur Erde herabstieg, um die Sünder zu rufen und
sie mit sich in das himmlische Leben zu führen. Ich will
nicht länger das Licht dieser Welt schauen, noch die Sonne
selber, noch alles, was auf der Welt ist, denn ich schaue das
wahrhafte Licht und alles Lichtes Schöpfer. Ich schaue die
Quelle alles Schönen. Ich schaue die Ursache aller Dinge.
Ich schaue den Anfang, der des Anfangs ermangelt, durch
den alles hervorgebracht wurde und durch den alles lebt
und Nahrung empfängt; und aus dessen Willen alles ver-
scheidet und aufhört. Ich weiß, dass ich durchaus nicht
sterben werde.

SYMEON, 949–1022, AUS DEN »LIEBESGESÄNGEN AN GOTT«

Herr, bau mir eine Hütte
in einem Winkel in deinem Land.
Ich wünsche mir eine kleine Hütte
irgendwo bei dir.

Mir kommt es auf Straßen von Gold nicht an,
auch nicht auf Schätze, die ich verdienen könnte,
aber ich möchte eine Hütte, ja, eine Hütte
gebaut in einem Winkel in deinem Land.

Vielleicht habe ich nie Häuser und Land.
Die Schätze dieser Erde habe ich nie besessen.
Ich mache weiter für ein Haus da oben.
Gebaut, sagt man, ist es von Gottes Hand.

AUS AFRIKA

Die Flüsse, die im Paradiese fließen,
sie rauschen ihren Ruf: Alláh!
Alle Nachtigallen singen dort: Alláh.
Bäume und Rosen duften: Alláh!

Die Himmelsmädchen, hell wie Mondlicht,
sie leuchten, strahlen: Alláh!
Die Menschen, die lebten oder litten,
sie werden zu Licht und rufen: Alláh!

Die Tür des Himmels tut sich auf,
sie öffnet sich und klingt: Alláh!
Mein Weg ist frei zum Freunde morgen,
ich will ihn gehen mit dem Ruf: Alláh!

Junus Emre, † 1321, Türkei

Tag für Tag, Herr meines Lebens,
will ich vor dir stehen.
Auge in Auge, mit gefalteten Händen,
Herr aller Welten,
will ich vor dir stehen, Auge in Auge.
Unter dem hohen Himmel in Einsamkeit und Schweigen,
demütigen Herzens,
will ich stehen vor dir, Aug in Auge.

Und wenn mein Werk getan ist in dieser Welt,
du König der Könige, will ich stehen vor dir
allein und wortlos, Aug in Auge.

Hinduistisch

Dein Leben ist von Gott gemessen
und auf die Erde gestellt. Jeder Tag hat sein Maß.
Der Strom deines Lebens wird langsam ausgeschöpft.
Vom Abend bis zum Morgen
läuft der Schatten deines Körpers.

Vom Mutterschoß bis zum Grabe
läuft die Reise deines Lebens.
Leite darum deinen Lebensstrom hin zu Gott.
Wenn er hier versiegt, wird er dort
ein Meer des Lebens sein.

Ephräm der Syrer, 306–373

Wenn ein Mensch inbrünstig betet,
tritt seine Seele an die Pforte des Körpers.
Im Gebet zu sterben,
erspart der entkörperten Seele den Abschied,
nicht nur vom eigenen Leibe,
sondern vom Mutterleibe der Welt.
Dem zu entsteigen, heißt: sterben.
Und doch handelt es sich nach himmlischen Gesetzen
um ein neues Geborenwerden. Die Hülle zerreißt,
aber die ewige Odemknospe lebt ein ewiges Leben,
überlebt ewiglich den Tod.

Else Lasker-Schüler, 1869–1945

Es ist noch eine kurze Zeit,
dann werdet ihr mich nicht mehr sehen.
Und wieder eine kurze Zeit,
dann werdet ihr mich sehen.
Ihr werdet weinen und klagen,
die Welt aber wird sich freuen.
Bekümmert werdet ihr sein,
aber eure Trauer wird in Freude umschlagen.
Eine Frau, die ein Kind zur Welt bringt, hat Schmerzen.
Hat sie aber das Kind geboren,
so denkt sie nicht mehr an ihre Angst,
sondern ist glücklich, dass ein Mensch zur Welt kam.
Ihr seid jetzt traurig, aber ich werde euch wiedersehen

und euer Herz wird sich freuen,
und diese Freude wird niemand von euch nehmen.

JESUS IN JOHANNES 16,19–22

Hier fängt die enge Pforte an.
Das muss ein jeder erwägen und darüber fröhlich werden.
Denn sie ist wohl eng, aber nicht lang.
Es geht hier zu,
wie wenn ein Kind aus der kleinen Wohnung
in seiner Mutter Leib mit Gefahr und Ängsten
in diesen weiten Himmel und diese weite Erde
geboren wird.
So geht der Mensch durch die enge Pforte des Todes
aus diesem Leben.
Und obwohl die Welt, in der wir jetzt leben,
groß und weit scheint,
ist sie doch gegen den zukünftigen Himmel viel enger
und kleiner als der Mutter Leib
gegen den Himmel, den wir heute sehen.
Darum heißt das Sterben der Christen eine »neue Geburt«.
Christus sagt: Eine Frau, wenn sie gebiert, hat Angst.
Wenn sie aber genesen ist,
denkt sie nicht mehr an die Angst,
weil der Mensch in die Welt geboren ist.
So muss man auch in der Angst des Sterbens erwägen,
dass danach ein weiter Raum und große Freude sein wird.

MARTIN LUTHER, 1483–1546

In meines Vaters Haus sind viele Wohnungen.
Ich gehe hin, euch eine Wohnung zu bereiten,
und ich werde wiederkommen und euch zu mir nehmen,
damit ihr seid, wo ich bin.

JESUS IN JOHANNES 14,2–3

Frieden lasse ich euch.
Meinen Frieden gebe ich euch.
Ich gebe nicht, wie die Welt gibt.
Euer Herz erschrecke nicht
und fürchte sich nicht.

JESUS IN JOHANNES 14,27

Der Wind hat dem Körper aus Staub
Geist eingehaucht. Schau!
Der Wind ist wie der Hauch Jesu.

ANWARI, † 1190, IRAN, ISLAMISCH

Schau! Der Wind des Frühlings
ist der Atem Jesu.
Der Staub kommt wieder zum Leben.
In ihm sind der Geist und der Duft der Kräuter.

SADI, 1184–1292

Wenn auch ich
nicht mehr weiß,
dass ich war,
wird durch dich
mir noch leis
offenbar,
dass die Not,
die mich traf,
nur befreit:
Denn der Tod
ist dein Schlaf,
ist dein Kleid.

Ja, dein Traum
wird den Staub,
der ich bin

wie den Baum
junges Laub
neu beblühn;
aus dem Tor,
aus dem Nichts,
aus der Gruft
steig empor,
Herr des Lichts,
der mich ruft.

JOSEF WEINHEBER, 1892–1945

Seit du mich anschaust
krieche ich
samt meinem Drahtverhau
worin ich hänge
zerfetzt
unter deinen Augen
durch
in deine Auferstehung

SILJA WALTER, *1919

Die Lerchen, zur Sonne sich hebend,
singen: Christ ist erstanden!
Die Grasmücken in allen Büschen
singen: Christ ist erstanden!
Die Schwalben um alle Fenster
funkeln: Christ ist erstanden!
Die Herzen der Mädchen, der Jungen
jauchzen: Christ ist erstanden!
Antwort geben die Gräber:
In Wahrheit ist er erstanden!

OSTKIRCHE

Göttliche Erleuchtungsstunden sind Muscheln,
die im Meere unseres Herzens liegen,
der Morgen der Auferstehung wirft sie ans Ufer
und sie springen auf.

<small>HALLADSCH, 858–922</small>

Hier liegt der Leib B. Franklins, eines Buchdruckers,
gleich dem Deckel eines alten Buches,
aus welchem der Inhalt herausgenommen
und das seiner Inschrift und Vergoldung beraubt ist –
eine Speise für die Würmer;
doch wird das Werk selbst nicht verloren sein,
sondern, wie er glaubt, einst erscheinen
in einer neuen, schöneren Ausgabe,
durchgesehen und verbessert vom Verfasser.

<small>BENJAMIN FRANKLIN, 1706–1790,
NORDAMERIKANISCHER STAATSMANN UND SCHRIFTSTELLER</small>

Wenn dich jemand fragt:
»Wie hat Jesus die Toten lebendig gemacht?«
Dann gib mir in seiner Gegenwart einen Kuss
Und sage: »So!«

<small>RUMI, 1207–1273</small>

Oh, Freiheit, oh Freiheit,
oh, Freiheit überkommt mich,
und eh ich wieder Sklave bin,
werd ich in meinem Grab sein
und gehn zu meinem Herrn und frei sein.

Kein Klagen mehr, kein Klagen mehr,
kein Klagen überkommt mich,
und eh ich wieder Sklave bin,

werd ich in meinem Grab sein
und gehn zu meinem Herrn und frei sein.

Kein Weinen mehr, kein Weinen mehr,
kein Weinen mehr, kein Weinen mehr,
und eh ich wieder Sklave bin,
werd ich in meinem Grab sein
und gehn zu meinem Herrn und frei sein.

Oh, Freiheit, oh Freiheit,
oh, Freiheit überkommt mich.
Da wird ein Singen sein, ein Singen,
ein Singen, das mich überkommt.

NEGRO-SPIRITUAL

Mein Leben geht zu Ende, ich weiß und fühle es.
Doch fühle ich auch mit jedem sich neigenden Tage,
wie mein irdisches Leben mit einem neuen,
unendlichen, unbekannten,
aber schon neu heraufkommenden Leben zusammenfließt,
dessen Vorgefühl meine zitternde, bebende Seele
mit Entzücken erfüllt.

DOSTOJEWSKIJ, 1821–1881

Endlich frei! Endlich frei!
Ich danke Gott, ich bin frei!
Endlich frei! Endlich frei!
Ich danke Gott, ich bin frei! Endlich frei.

Dort unten, bei den Gräbern –
ich danke Gott, ich bin frei! –
Mit Jesus werde ich reden,
ich danke Gott, ich bin frei!

Auf den Knien, wenn das Licht vergeht,
danke ich Gott, ich bin frei!

Meine Seele schwingt sich auf.
Ich danke Gott, ich bin frei!

Eines hellen und klaren Morgens –
ich danke Gott, ich bin frei –
begegne ich Jesus hoch dort oben.
Ich danke Gott, ich bin endlich frei.

Negro-spiritual

Wenn sie am Tage des Todes
tief in die Erde mich senken,
dass mein Herz dann noch auf Erden
weile, darfst du nicht denken!
Siehst meine Bahre du ziehen,
lass das Wort Trennung nicht hören,
weil mir dann ewig ersehntes
Treffen und Finden gehören!
Klage nicht Abschied, ach Abschied!,
wenn man ins Grab mich geleitet:
Ist mir doch selige Ankunft
hinter dem Vorhang bereitet!

Rumi, 1207–1273

Ich finde dich, wo ich, o Höchster, hin mich wende,
am Anfang find' ich dich und finde dich am Ende.
Dem Anfang geh' ich nach, in dir verliert er sich;
dem Abschluss späh' ich nach, aus dir gebiert er sich.
Du bist der Anfang, der sich aus sich selbst vollendet,
das Ende, das zurück sich in den Anfang wendet.
Und in der Mitte bist du selber das, was ist;
und ich bin ich, weil du in mir die Mitte bist.

Friedrich Rückert, 1788–1866

Personen- und Sachverzeichnis

Dieses Verzeichnis enthält so gut wie alle Autoren der zitierten Texte, soweit Näheres über sie bekannt ist. Personen, die wir durch Beifügung ihres Herkunfts- oder Wirkungsortes kenntlich machen, finden wir unter dem Namen, nicht dem Ort, so etwa Gertrud von Helfta oder Mechthild von Magdeburg. Die sachlichen Stichworte sind notwendig knapp und bieten keine erschöpfende Auskunft.

Ein Wort noch zu den Texten in diesem Buch. Die meisten von ihnen sind ursprünglich in Sprachen gesprochen, die ich nicht selbst spreche. So habe ich meist mehrere Übersetzungen gesehen und habe durch Vergleichen versucht, zu ergründen, was die Texte eigentlich meinen. Bei manchem Gedicht, das in seiner fremden Sprache viel Glanz entfaltet, habe ich empfunden, es verliere seine Schönheit, wenn es nun auch im Deutschen in Gedichtform wiedergegeben wird, und habe eine Wiedergabe in Prosa vorgezogen.

Manches habe ich vereinfacht, das uns Abendländern, die dem religiösen Nachdenken so fremd gegenüberstehen, nur schwer verständlich wäre, und manches ein wenig tiefer gehängt, das mir allzu hoch im Überschwang gesagt zu sein schien. Und manches Wort musste erst aus großer Fremdheit zu uns herübergeholt werden, damit ein heutiger Leser sich darin wiederfinden kann.

Andererseits habe ich auch manches, das in Prosa überliefert ist, in Sinnzeilen gedruckt wiedergegeben, nicht um Gedichte zu verfassen, sondern um dem Nachdenken und Nachsprechen einen leichter gangbaren Weg zu öffnen. Denn will ich fremde Worte ganz in mich aufnehmen, so werde ich in kurzen Wortzusammenhängen meditierend verweilen müssen – und eben diese Wortzusammenhänge sind das Maß für die Verszeile.

Jörg Zink

Abdul Karim von Bullri,
gest. 1623, Pakistan, moslemischer Dichter

Aborigenes,
die Ureinwohner Australiens, genannt auch die Schwarz-Australier, nach der englischen Einwanderung brutal unterdrückt und dezimiert, finden heute zum Teil zu ihren Wurzeln zurück.

Abu Yazid al Bistami,
803–875, islamischer Mystiker, der erstmals das Motiv »Himmelfahrt« auf das mystische Erleben anwandte.

Ach, Manfred,
*1946

Al Ghasali, Abu Hamid,
1059–1111, Tus, Persien. Bedeutendster mystisch bestimmter Theologe des islamischen Mittelalters. Sein Hauptwerk enthält in vierzig Kapiteln eine Anweisung zum spirituellen Leben. Ihm gelang es, die Frömmigkeit des Sufismus mit der orthodoxen Frömmigkeit zu versöhnen.

Al Ghasali, Achmed,
gest. 1126, persischer Mystiker. Bruder von Abu Hamid al Ghasali.

Ali ibn Abi Talib,
600–661, Vetter und Schwiegersohn Mohammeds, verheiratet mit dessen Tochter Fatima. Starb an den Folgen eines Attentats. Er gilt als der vierte Kalif. Ali und seine Söhne werden von den Schiiten als die rechtmäßigen Nachfolger des Propheten angesehen.

Amenophis IV.,
ägyptischer Pharao, regierte von 1364 bis 1347 v. Chr. Er brach mit den alten Kulten seines Landes und führte die alleinige Verehrung der Sonne als des einzigen Gottes Aton ein. So gab er sich auch den Namen, der diese Neuorientierung der ägyptischen Religion anzeigt: Echnaton, d.h. »wohlgefällig dem Aton«. Aber seine Reform war von kurzer Dauer und wurde unter seinem Nachfolger Tutanchamon rückgängig gemacht.

Amun,
Hauptgott der ägyptischen Religion. Der Name bedeutet »Der Verborgene«. Ursprünglich ein von den Nilschiffern verehrter Wind- und Luftgott. In der 11. Dynastie wurde er mit dem Sonnengott zu Amun-Re verbunden und wurde zum König der Götter und zum Staatsgott des mittleren und neueren Reichs.

Angela von Foligno,
1248–1309, Mystikerin im Dritten Orden des Franziskus. Aufgrund der Tiefe ihrer mystischen Schauungen wird sie »magistra theologorum«, Lehrerin der Theologen, genannt. Selig gesprochen.

Angelus Silesius,
 1624–1677, eigentlich Johann Scheffler. Arzt und Priester. Schrieb die Sinn-
gedichte des »Cherubinischen Wandersmannes«, die einer starken, von Weigel und Böhme beeinflussten Mystik Ausdruck geben.

Anselm von Canterbury,
 1033–1109, scholastischer Philosoph und Theologe. Erzbischof von Canterbury. Hauptwerk »Cur Deus homo?« mit seiner Lehre von der Genugtuung,
die Christus für die Sünde der Welt geleistet habe.

Anwari Auhad od-Din Mohammed,
 gest. 1190, persischer Dichter, vor allem von Oden und Preisliedern aller Art.

Aratos von Soli,
 315–245 vor Christus, griechischer Dichter und Astronom, der Himmelser-
scheinungen, aber auch Mythen über die Sternbilder in ein großes Lehrge-
dicht fasste.

Arjun,
 1581–1606, Indien.

Arjuna,
 sagenhafte Heerführergestalt aus der Bhagavadgita. Auf dem Schlachtfeld
von Kurukshetra tritt Krischna als sein Wagenlenker auf und belehrt ihn
über die Aufgabe eines Menschen, der nach den höchsten Ziel strebt.

Arndt, Johann,
 1555–1621. Die Blütezeit der evangelischen Mystik war das 16. und 17.
Jahrhundert. Johann Arndt steht an ihrem Anfang. Seine »Vier Bücher vom
wahren Christentum« haben die Väter des Pietismus stark bestimmt.

Arnold, Gottfried,
 1666–1714, evangelischer Theologe und Dichter von Kirchenliedern, Pietist
und Mystiker.

Assurbanipal,
 assyrischer König. Regierte von 669 bis etwa 627 vor Christus. Legte eine
umfassende Bibliothek an, der wir die Erhaltung der wichtigsten Werke der
babylonisch-assyrischen Literatur verdanken.

Attar, Farid od-Din Mohammed,
 1142–1220, persischer Dichter und Mystiker, Verfasser zahlreicher Epen und
einer Sammlung von Heiligenbiographien; seine Heimatstadt war
Nischapur (Iran).

Augustinus, Aurelius,
 354–430. Nach verschiedenen Versuchen, in Philosophien oder Religionen
Fuß zu fassen, 381 vom Ambrosius getauft, 396 Bischof von Hippo. Sein be-
kanntestes Werk seine »Confessiones«, sein wirksamstes »Der Gottesstaat«.
Wirkte intensiv und nachhaltig auf die Frömmigkeitsgeschichte des Abend-
landes ein.

Ausländer, Rose,
1907–1988. Bedeutende jüdische Lyrikerin, stammte aus Czernowitz, lebte in Wien, USA, zuletzt Düsseldorf. War 1941–44 im Ghetto. Ihre Themen sind Verfolgung, Emigration, Einsamkeit, bewältigt im Geist der chassidischen Mystik.

Azteken,
Indianervolk, das zur Zeit der spanischen Eroberung weite Gebiete Mexikos beherrschte. Ihre Nachkommen sind die heute Nahvatl sprechenden Mexikaner.

Bachmann, Ingeborg,
1926–1973, österreichische Schriftstellerin mit einem vielfältigen lyrischen und dramatischen Werk.

Baeck, Leo,
1873–1956, aus Polen, jüdischer Gelehrter, wirkte in Berlin an der »Hochschule für die Wissenschaft des Judentums«, die 1939 geschlossen wurde. 1943–45 im KZ Theresienstadt. Bemühte sich nach dem Krieg um die Wiederaufnahme des jüdisch-christlichen Dialogs. Gilt als der führende Theologe des Judentums vor und nach dem 2. Weltkrieg.

Baha U'llah (Glanz Gottes),
eigentlich Mirsa Husain Ali, 1817–1892. Gründer einer humanitär-aufklärerischen Religionsgemeinschaft, die sich als Zusammenfassung und Steigerung aller bisherigen Religionen versteht und in der die Bibel und der Koran am meisten geschätzt sind.

Benêt, Stephen Vincent,
1898–1943, amerikanischer Schriftsteller, schrieb vor allem zur amerikanischen Geschichte.

Bengel, Johann Albrecht,
1687–1752, führender Vertreter des württembergischen Pietismus.

Bernhard, Thomas,
1931–1989, österreichischer Schriftsteller

Bernhard von Clairvaux,
geboren um 1090 auf Schloss Fontaine bei Dijon, gestorben 1153 in Clairvaux. Stammte aus burgundischem Adel. Ab 1112 Mönch in Citeaux, 1115 Gründer des Klosters Clairvaux, prägte den Orden der Zisterzienser nachhaltig. Mystiker mit weitem Einfluss, Ausleger des Hohenliedes im mystischen Sinn, Prediger und Politiker von weitreichender Wirkung.

Bertram, Ernst,
1854–1957, Professor für deutsche Literatur in Köln, Dichter mit Schwerpunkt in Lyrik.

Bhagavadgita (des Erhabenen Sang):
Ein mit dem Epos Mahabharata verflochtenes Gedicht, das eine Phase im

Kampf zwischen zwei Bharata-Familien, den bösen Kairavas und den guten Pandavas darstellt. Es entstand in seinen Anfängen im 2. Jahrtausend vor Christus und wurde weiterentwickelt in den Jahrhunderten nach Christus. Die Bhagavadgita, das 6. Buch aus dem monumentalen Gesamtwerk, schildert die Situation vor der achtzehntägigen Entscheidungsschlacht, als der Heerführer Arjuna von seinem Wagenlenker Krishna über den Sinn des Menschenlebens und den Weg zum Guten belehrt wird. Es ist der philosophisch wichtigste Teil des Mahabharatas und war von großem Einfluss auf die moralische Entwicklung der indischen Völker.

Bhakti (Liebeshingabe an Gott),
seit der Bhagvadgita ein zentraler Begriff der vishnuitischen Theologie.

Blake, William,
1757–1827, englischer Dichter und Maler, Mystiker. Zählte unter die Frühromantiker.

Bo Dju-I, auch Bo Djü-i,
772–846, China, Dichter der Tang-Zeit. Dem Buddhismus zugeneigt. Schrieb Lieder, die überall vom Volk in China, Korea und Japan gesungen wurden, 3800 davon sind erhalten.

Böhme, Jakob,
1574–1624, deutscher Mystiker und Theosoph. Er beschäftigte sich vor allem mit der Frage nach dem Bösen und löste sie so, dass er das dunkle, negative Prinzip in Gott selbst wiederfand. Er veröffentlichte erstmalig philosophische Bücher in deutscher Sprache und galt danach als »der deutsche Philosoph«.

Boff, Leonardo,
*1938, brasilianischer Franziskaner, Prof. für Theologie. Einer der profiliertesten Vertreter der Befreiungstheologie. Verließ den Orden 1992.

Bonhoeffer, Dietrich,
1906–1945, deutscher Theologe. Hatte Rede- und Schreibverbot seit 1941, schloss sich der politischen Widerstandsbewegung an. 1943 verhaftet, in den letzten Kriegstagen hingerichtet.

Borchert, Wolfgang,
1921–1947, deutscher Dichter. Beschrieb das Elend und die Einsamkeit der Kriegsgeneration nach dem Kriegsende.

Brigitta, auch: Brigid,
453–523, Schutzheilige Irlands, Gründerin vieler Klöster. Wurde später mit der keltischen Göttin Brigid, einer Göttin des Hauses und der Gastfreundschaft, zusammen gesehen.

Bruchac, Joseph,
*1942 von indischer und slowakischer Abstammung. Lyriker, Erzähler, Sammler von Volksgeschichten.

Buber, Martin,
1878–1965. Jüdischer Religionsphilosoph, Übersetzer der Bibel. Ging 1938 nach Palästina, gestorben in Jerusalem. Suchte die geistige Erneuerung des abendländischen Judentums aus dem Geist des Chassidismus.

Buddha,
560–480 v. Chr., Siddharta Gautama, Buddha genannt, der »Erleuchtete«. Stifter des Buddhismus. Verließ seine Familie und fand unter einem Feigenbaum die Erleuchtung. Seine Lehre hat ihre Schwerpunkte in den vier Wahrheiten: vom Leiden, von der Entstehung des Leidens, der Vernichtung des Leidens und von dem zur Aufhebung des Leidens führenden Weg. Dieser Weg ist der achtfache Pfad. Mittel sind Gewaltlosigkeit, mitleidende Liebe und Enthaltsamkeit.

Buddhismus
Lehre und Gemeinschaft Buddhas und seiner Schüler und Anhänger. Man unterscheidet drei Gruppen dieser Religionsgemeinschaft: Der Hinayana-Buddhismus (das kleine Fahrzeug, wahrscheinlich die älteste Form) hat sich in Sri Lanka, Burma, Thailand, Kambodscha, Laos und Vietnam erhalten; der Mahayana-Buddhismus (das große Fahrzeug) besteht heute vor allem in Tibet, China und Japan; der Vajrayana-Buddhismus (das Diamant-Fahrzeug) vor allem in Tibet.

Burjaten,
Volk mongolischer Sprache in Südsibirien, im Gebiet des Baikalsees. Viehzüchtende Nomaden. Ihr Schamanismus, der ein Geistglaube war, wurde seit dem 17. Jh. durch den lamaistischen Buddhismus verdrängt.

Busta, Christine,
1915–1987. Wiener Dichterin, Bibliothekarin, Lyrikerin mit herber, schlichter Sprache.

Camara, Dom Helder,
1909–1999. Erzbischof von Recife, Brasilien. Einer der entschiedensten Vertreter des progressiven Flügels der katholischen Kirche. Kämpfte für einen im Evangelium gegründeten Sozialismus.

Canetti, Elias,
*1905–1994, jüdisch-spanischer, deutsch schreibender Schriftsteller. Nobelpreisträger.

Carlyle, Thomas,
1795–1881, schottischer Essayist und Geschichtsschreiber, der dem britischen Volks als dem auserwählten das Recht und die Verpflichtung zusprach, seinen Glauben und seine Zivilisation in der Welt zu verbreiten.

Chantal, Jeanne-Françoise Frémyot de,
1572–1641, französiche Mystikerin, befreundet mit Franz von Sales. 1610 gründete sie den Orden der Salesianerinnen und baute ihn aus bis zu einem

Bestand von 81 Klöstern in Frankreich. Der Orden dient bis heute der Krankenpflege und der Erziehung.

Chassidismus
Eine Strömung im Judentum, deren Zugehörige sich »Chassidim« nannten, die »Frommen«. Entstand und lebte vor allem im Süden Polens und im heutigen Weißrussland. Sein Urheber war R. Israel Ben Elieser, genannt »Baal Schem«. Er gründet auf dem kabbalistischen Denken des jüdischen Mystikers Isaak Luria und erstrebt eine in der Liebe Gottes verwurzelte Innerlichkeit des religiösen Lebens. Sein Ziel ist nicht die Indentität der Seele mit Gott, sondern das »Anschmiegen der Seele an Gott«. Für ihn gibt es nichts, in dem Gott nicht wäre, aber Gott bleibt das Gegenüber des Menschen, und Gott ist der Leidende, der im Exil Lebende. Dennoch ist das Lebensgefühl des Chassid die Freude an allem, auch an Gesang und Tanz. Der Chassidismus wurde dem Westen von Martin Buber erschlossen.

Chung Hyun Kyung
*1956, koreanische evangelische Theologin, Professorin, verbindet buddhistische Anrufung aller Geschöpfe und die christliche Anrufung des Heiligen Geistes. Autorin des Buches: »Schamanin im Bauch, Christin im Kopf«.

Claudius, Matthias,
1740–1815, deutscher Dichter und Publizist, Herausgeber des »Wandsbecker Boten«.

Comenius, Johann Amos,
1592–1670, Bischof der böhmischen Brüdergemeinde, Volkserzieher und Reformator des Schulwesens.

Dalai Lama,
»Ozean des Wissens«, Oberhaupt des tibetischen Lamaismus. Der gegenwärtige Tenzin Gyatso, *1935, floh nach der Besetzung Tibets durch China nach Indien, setzt sich für die Toleranz zwischen den Religionen und für die globale Verantwortung der Menschheit ein.

Dei-Anang, Michael Francis,
geboren 1909 in Mompong, Goldküste. 1927 bis 1938 Studium in London. Seit der Unabhängigkeit Ghanas Sekretär des Gouverneurs. Schriftsteller.

Delp, Alfred,
1907–1945, katholischer Priester, arbeitete im Kreisauer Kreis mit am Entwurf einer christlichen Sozialordnung. 1944 verhaftet und hingerichtet.

Demeter
Göttin, siehe Eleusis

Dhammapada
Zweiter Teil des Khuddaka-Nikaya, einer buddhistischen Grundschrift. Das Dhammapada kann als die wichtigste Schrift des Buddhismus angesehen werden. In ihm werden die Grundlagen der buddhistischen Lehren mit be-

sonderer Klarheit dargestellt. Es ist zugänglich in der Übersetzung von Neumann: Die Reden Gotama Buddhas, Zürich, 3. Band, S. 617–701.

Dhu'n-Nun, Thauban ibn Ibrahim,

796–860. Ägypter nubischer Herkunft, bedeutender Mystiker, berühmt durch psalmartige Gebete; übernahm für die islamische Mystik Gedanken des Neuplatonismus.

Dionysius Areopagita,

5. Jh., vielleicht identisch mit »Petrus, dem Walker«, einem Partriarchen der monophysitischen Kirche Syriens. Verband Christentum und Neuplatonismus. Er wurde bedeutsam für die gesamte christliche Tradition der Mystik.

Domin, Hilde, eigentlich H. Palm,

*1912, lebte während des 3. Reiches im Exil, kam 1954 nach Deutschland zurück. Dichterin. Schreibt Gedichte von zarter Eindringlichkeit, aber auch Romane und Essays, die sich unter anderem mit der Erfahrung des Exils beschäftigen.

Dostojewskij, Fjodor M.,

1821–1881, russischer Dichter. Vertrat einen utopischen Sozialismus, deshalb zum Tode verurteilt und zu vier Jahren Sibirien begnadigt. Seine von Liebe zu allen Leidenden und von religiösem Mystizismus geprägten großen Romane gehören zu den wichtigsten der Weltliteratur.

Dschuang Dsi oder Chuang-Tzu oder Tschuang tse,

um 369–286 v. Chr. Gemeinsam mit Laotse Begründer des philosophischen Taoismus. Da er keinem Fürsten dienen wollte, lebte er in ärmlichen Verhältnissen. Sein »Buch vom südlichen Blütenland« wendet sich im Sinne des Taoismus gegen den Konfuzianismus.

Ebner, Christina,

1277–1356, stammte aus Nürnberg. Dominikanerin. Mystikerin. Priorin ihres Klosters. Von ihr sind zahlreiche Visionen und Entrückungen berichtet.

Echnaton

siehe Amenophis IV.

Eckhart, Meister

geboren 1260 in Hochheim bei Erfurt, gestorben 1328. Dominikaner. 1302 erhielt er in Paris die Magisterwürde und heißt von da an »Meister«. Lehrer an der dortigen Universität. Ordensprovinzial in vielen Bereichen. Ab 1314 in Straßburg, wo er die elsässischen und schweizerischen Frauenklöster betreute. 1326 angeklagt werden Verbreitung irriger Lehren. Er begab sich 1327 an den Hof des Papstes in Avignon, um sich zu rechtfertigen. Starb dort noch vor seiner Verurteilung. Wohl der bedeutendste deutsche Mystiker. Prediger und Autor vieler Schriften. Nach Eckhart wird Gott »ohn Unterlass« in der Seele geboren, dies aber fordert klares Nachdenken, konsequente Asketik und Verzicht auf Rausch und geistliche Träumerei.

Eggimann, Ernst,
*1936 in Bern, Aufenthalte in Berlin, der Provence und in Indien. Verbindet westliche und östliche Gotteserfahrung. 1967 Literaturpreis der Stadt Bern, 1968 Literaturpreis des Kantons Bern.

Eine Deutsche Theologie
Mystische Schrift aus der Zeit um 1430, von einem »Frankfurter« geschrieben, einem Kustos des Deutschherrenordens. Von Martin Luther erstmals 1516 veröffentlicht. Sie ist für die auch mystische Orientiertheit des jungen Luthers kennzeichnend.

Eleusis
Griechische Stadt am saronischen Golf. Im Altertum mit seiner Höhle Zentralort des Fruchtbarkeitskultes der Göttinnen Demeter und Kore-Persephone, der sich später zu den »Eleusinischen Mysterien« weiterentwickelte. Dionysische und orphische Elemente machten sie zum Kult eines Geheimbundes, über den absolutes Stillschweigen geboten war. Der Kult versicherte den Teilnehmern, den Mysten, ewiges Leben.

Emre, Junus, auch: Yunus,
1250–1320, anatolischer mystischer Dichter, dessen Verse Jahrhunderte hindurch in türkischen Derwischkreisen gesungen wurden.

Engelbrecht, Hans,
1599–1642 aus Braunschweig stammend, enthusiastischer Mystiker, Bußprediger. Hatte seherische Erfahrungen und regte solche auch bei seinen Hörern an, vertrat aber eine praktische, tolerante Frömmigkeit.

Enki
Sumerischer Gott. Der Name bedeutet: »Herr der unteren Welt«. Er ist der Gott des unterirdischen Süßwasserozeans und der Quellen der Flüsse. Er ist auch der Erfinder der Viehzucht und des Ackerbaus und der Spender der Weisheit.

Enzensberger, Hans Magnus,
*1929. Lyriker, Gesellschaftskritiker, Analytiker der politischen und sozialen Entwicklung.

Ephräm der Syrer,
306–373, lebte in Edessa in Syrien, verfasste Kommentare zur Bibel. Ein Wissenschaftler von großer Vielseitigkeit. »Kirchenlehrer«. Dichter von Hymnen und Liedern.

Epiktet,
50–140 n.Chr., stoischer Philosoph, geboren in Hierapolis in Phrygien, gestorben in Nikopolis (Epirus), freigelassener Sklave. E. stellt die Philosophie der Stoa völlig in den Dienst der praktischen Lebensweisheit. Die oft an christliche Ethik anklingenden Töne haben zu vielen christlichen Bearbeitungen seines »Encheiridions« geführt.

Foucauld, Charles de
1858–1916 (aus ungeklärten Gründen ermordet). Französischer Offizier, dann Mönch und Priester. Lebte als Missionar unter den Tuareg und erforschte ihr Sprache. Seine Weise der Evangelisation durch das Vorbild des Lebens setzen die »Kleinen Brüder und Schwestern Jesu« fort.

Franklin, Benjamin,
geboren Boston 1706, gestorben Philadelphia 1790. Amerikanischer Naturwissenschaftler, Schriftsteller und Politiker, seinem Beruf nach Buchdrucker. 1776 Gesandter in Frankreich. Entdecker der atmosphärischen Elektrizität und des Blitzableiters. Zuletzt Gouverneur von Pennsylvania.

Franz von Sales,
geboren 1567 auf Schloss Sales bei Annecy, gestorben 1622 in Lyon. Ab 1602 Bischof von Genf. Vertreter eines christlichen Humanismus. Gründete mit Frau von Chantal den kontemplativen Orden der Salesianerinnen. Seelsorger, Erzieher und Lehrer einer stillen, innerlichen Mystik. Vertrauter vieler verfolgter Mystiker seiner Zeit.

Franz von Assisi, eigentlich Giovanni Bernardone,
1181–1226, trennte sich von seiner wohlhabenden Familie und führte ein Leben als Bettler. Seit 1209 bildete sich ein Kreis von Gefährten um ihn, dem er eine Regel gab als »Mindere Brüder« und die er zum Dienst an den Menschen und zur Armut verpflichtete. Im folgenden Jahrzehnt wuchs dieser Orden stark an, vermehrt durch einen weiblichen Orden der Klarissinnen und den dritten Orden von nach seinen Maßstäben lebenden Laien. 1220 trat er von der Leitung seines Ordens zurück. Der größte und wirkungsmächtigste Heilige der Kirche.

Gandhi, Mohandas Karamchand, genannt »Mahatma« (große Seele),
geboren in Porpandar 1869, ermordet in New Delhi 1948. Bis 1914 Rechtsanwalt für die Inder in Südafrika, danach Führer der Bewegung für »Noncooperation« gegen die Kolonialmacht England. Von hoher hinduistischer Religiosität, setzte in der Politik die Idee des Ahimsa, des Nicht-Gewalt-Anwendens, durch, bestimmt auch von der Bergpredigt Jesu und von Tolstoi. Er sagte von sich: »Ich bin ein Jünger Buddhas, ein Jünger Jesu, ein Jünger Krischnas, ein Jünger Mohammeds.«

Gelmann, Juan,
*1930, argentinischer Lyriker mit dem Schwerpunkt auf sozialkritischen Themen.

Gerlach, Peters,
1378–1411, holländischer Theologe. Bedeutendster Mystiker der »devotio moderna« genannten Erneuerungsbewegung des 15. Jh., die, dem Humanismus verwandt, auf eine persönliche, innerliche Frömmigkeit abzielte. Sie wurde getragen von den Brüdern und Schwestern vom gemeinsamen Leben.

Klassischer Ausdruck dieser Bewegung war das Buch von Thomas von Kempen »Nachfolge Christi«.

Gertrud von Helfta,
1256–1302, kam mit fünf Jahren ins Kloster Helfta, wo sie eine gründliche humanistische und theologische Ausbildung erhielt. Mit fünfundzwanzig Jahren hatte sie ihre erste Christus-Vision. Danach begann sie, ihre mystischen Erfahrungen niederzuschreiben.

Gaia,
griechische Erdgöttin, wörtlich die »Erde«, Trägerin von Leben und Vegetation, bei Hesiod Gattin des Uranos und Mutter der Titanen. Sie trat später hinter Demeter als Göttin der Fruchtbarkeit zurück.

Gathas (awestisch: Gesänge),
das Vermächtnis des altiranischen Propheten Zarathustra. Ihre Deutung ist noch vielfach umstritten. Sie bestehen aus 16 Gesängen mit 229 Strophen.

Gide, André,
1869–1951, französischer Dichter, eine der vielseitigsten und einflussreichsten Persönlichkeiten des literarischen Lebens zu Beginn des 20. Jh.

Gilgamesch,
König des frühgeschichtlichen Uruk, ca. 29. Jh. v. Chr. Baute die große Mauer um Uruk, die heute noch in Resten steht. Ab 2 600 wurde er göttlich verehrt und mit dem Unterweltsgott identifiziert. Um seine Gestalt bildete sich ein Zyklus mythischer Dichtungen, der seit 1900 v. Chr. in Fragmenten überliefert wird.

Gilgameschepos
Sumerische Urdichtung, die bis in die Zeit um 2000 vor Christus zurückreicht. Er ist uns auf zwölf Tontafeln aus der Bibliothek des assyrisch-babylonischen Königs Assurbanipal (7. Jh. v. Chr.) erhalten. Es ist die Geschichte von Gilgamesch, die in schwermütige Überlegungen zur Hinfälligkeit des Menschen und seinem Todesschicksal eingebettet ist. Wichtig an ihm sind für uns auch die Parallelen, die das Epos zur Bibel enthält und die in gewissem Sinn die Erzählungen der Bibel mitbestimmt haben, zum Beispiel die Schöpfungs- und die Sintflutgeschichte.

Gregor von Nyssa,
335–394, Bischof und führender Theologe seiner Zeit. Verteidigte das nizänische Glaubensbekenntnis von der Dreieinigkeit Gottes kirchenpolitisch und literarisch. Gilt als der »Vater der christlichen Mystik«.

Gregor Sinaita,
Ende 13. Jh.–1346, Lydien, Thrakien. Mönch auf Cypern, dann auf dem Sinai, auf Kreta, und schließlich auf dem Athos. Er vertrat einen gemäßigten Hesychasmus. Das von ihm gegründete Kloster Paroria wurde zum geistigen Zentrum der Balkanländer.

Guyon, Jeanne Marie Bouvière de la Mothe,
geboren 1648 in Montargis, gestorben 1717 in Blois. Französische Mystikerin, Schriftstellerin, schrieb über Kontemplation und die »interesselose Liebe« als Ziel des spirituellen Lebens. Ihre Bücher wurden indiziert, sie selbst wiederholt in der Bastille gefangen gesetzt. Lebte vor allem mit Bischof Fénelon in geistigem Austausch. Hauptvertreterin des französischen Quietismus, der die rheinische Frömmigkeit eines Gerhard Tersteegen beeinflusst hat.

Halladsch, Husain ibn Mansur Al Halladsch,
858–922. Bedeutendster frühislamischer Mystiker, dem Sufismus zugehörig. Lehnte dogmatische Lehre und formale Glaubenspflichten ab und gelangte zu pantheistischen Aussagen, die ihn in tödlichen Gegensatz zur islamischen Orthodoxie brachten. Gestorben durch Kreuzigung. Gilt später als das Modell des Liebenden, der seine liebende Ekstase mit dem Tod büßt.

Hammarskjöld, Dag,
geboren 1905 in Jönköping, gestorben 1961 bei Kinshasa durch Flugzeugabsturz. Schwedischer Diplomat. 1953–1961 Generalsekretär der UNO. Versuchte, die UNO als friedenstiftende Macht in der Welt durchzusetzen. Seine posthum erschienenen Tagebuchaufzeichnungen, 1963 unter dem Titel »Wegmärken« erschienen, zeigen ihn als Mystiker von großer Gedankentiefe und Lauterkeit. Friedensnobelpreis posthum 1961.

Harjo, Joy,
Indianerin des Cree-Stammes

Hausmann, Manfred,
1898–1986, deutscher Schriftsteller und Dichter.

Hehaka Sapa (Black Elk),
1863–1950, Indianer, heiliger Mann der Ogtala-Lakota.

Heine, Heinrich,
1797 (Düsseldorf) – 1856 (Paris), deutscher Dichter aus jüdischer Kaufmannsfamilie. Seit 1835 waren seine Werke in Deutschland verboten. Er schuf den modernen feuilletonistischen Stil. Seine Versdichtungen und Gedichte erschienen unter den Titeln »Das Buch der Lieder«, »Deutschland, ein Wintermärchen«, »Atta Troll« und »Romanzero«.

Herbert, Zbiginiew,
*1924 in Lemberg, polnischer Schriftsteller, schreibt Dramen, Hörspiele und Essays. Sein Thema sind u.a. die Spannungen zwischen der kulturellen Tradition und der Moderne.

Hesse, Hermann,
1877–1962, deutscher Schriftsteller. Mit seinen Werken »Steppenwolf«, »Narziss und Goldmund« und »Glasperlenspiel« und seinen Gedichten großer Einfluss auf seine Generation. Begegnete in seinem Leben und Werk der indischen Philosophie und der Psychoanalyse.

Hildegard von Bingen,
1098–1179, deutsche Mystikerin. Trat als Benediktinerin ins Kloster Disibodenberg an der Nahe ein und gründete mit fünfzig Jahren das Kloster Rupertsberg bei Bingen. Hatte schon als Kind und danach zeitlebens Visionen, die sie in lateinischer Sprache niederschrieb. Beschäftigte sich universell mit Medizin, Naturwissenschaft, Theologie und mit geistlicher Musik.

Hillesum, Etty,
1914–1943, holländische Jüdin. Studierte Rechtswissenschaft, Slawistik und Psychologie. Ab 1941 im Konzentrationslager Westbork, 1943 mit der ganzen Familie in Auschwitz ermordet. Ihre Tagebücher erschienen 1982 mit dem Untertitel: »Das denkende Herz des Barackenlagers«.

Hinduismus
Bezeichnung für noch heute in Indien und einigen Ländern Südostasiens verbreitete Religion, deren oberste Götter Brahma, Vishnu und Shiwa sind. Ihre Lehre und Praxis ist in den Veden, Upanischaden und Puranas sowie in den Epen Mahabharata und Ramayana festgelegt. Ihr gehört die Lehre von der Seelenwanderung und vom Karma an, ferner die pantheistische Akzentuierung ihrer Welt- und Lebenssicht, wobei aber die theistische nicht ganz ausgeschlossen wird.

Homer
lebte im 8. Jh. vor Christus im ionischen Kleinasien. Griechischer Dichter, geb. in Smyrna. Gilt als Verfasser von »Ilias« und »Odyssee« und einer Reihe von Hymnen, was aber umstritten ist.

Huang Po Hsi-yün,
gestorben 850 n. Chr. Einer der größten chinesischen Zenmeister. Verfasser einer der tiefgründigsten Schriften des Zen, der »Worte und Unterweisungen des Meisters Huang Po«. Gründete das Kloster, das nach ihm benannt wurde. Er gilt als einer der Vorväter der Rinzai-Schule.

Hüsch, Hanns Dieter,
*1925, Schriftsteller und Kabarettist, der sowohl politische als auch religiöse Themen fantasievoll behandelt.

Husain ibn Alî,
*626, der 3. Imam der Schiiten, der jüngere Sohn Alîs und Fâtimas, Enkel des Propheten Muhammad, fiel bei Kerbela 680 und gilt als Erzmärtyrer des schiitischen Islam. Seine Grabmoschee in Kerbela ist die wichtigste Wallfahrtsstätte der Schiiten.

Ibn Ata Allah al Iskandari,
gestorben 1309 in Alexandria, gehörte dem Schadhiliyya-Orden an, der einen nüchternen Sufismus vertrat.

Ilya Abu Nadi,
*1889, syrischer Dichter.

Indianische Gruppen

Die heute noch lebenden Stämme der Indianer gliedern sich in erstens die subarktischen Indianerstämme der Athapasken und der Atgonkin in Alaska und Kanada, zweitens die Prärie- und Plainsindianer in der Mitte Nordamerikas, zu denen die Sioux, die Pawnee, die Cheyenne, die Apachen und die Comanchen gehören. Drittens die Plateauindianer im Westen, unter anderem die Salisch, viertens die Küstenindianer, unter anderem die Chinrok, weiter die Indianer des großen Beckens, die kalifornischen Indianer, die Südwestindianer, unter anderem die Navajo und die Hopi und schließlich die Indianer des östlichen Waldlandes, unter anderem die Huronen, die Murhawk und die Cherokee. Überall hat eine neue Suche nach der indianischen Identität und nach alten Texten und Ritualen eingesetzt, die zum Sensibelsten gehören, was die Religionen der Welt vorzuweisen haben.

Iqbal, Mohammad,

1873–1938, Dichter und Philosoph des indischen Islam. Geistiger Vater eines von Indien getrennten Pakistan.

Isis,

Wichtigste ägyptische Göttin. Schwester und Gemahlin des Osiris. Mutter des Horus. Ihr Zeichen ist die Sonnenscheibe. Sie wurde auch zusammengesehen mit Hathor, deren Zeichen, das Kuhgehörn, sie später zusammen mit der Sonnenscheibe auf dem Haupt trägt. Ihr Bild als Mutter mit dem Horusknaben an der Brust wirkte in der Ikonografie der Maria und des Jesuskindes nach. In römischer Zeit breitete sich ihr Kult in alle Länder der alten Welt aus.

Janabai,

13./14. Jahrhundert nach Christus. Hindufrau, Haussklavin von Nam Dev (1270–1350), dem großen Bhaktimystiker. Gott ist für sie Vishnu.

Johannes XXIII., Papst,

1881–1963, eigentlich Angelo Roncalli. Berief das Zweite Vatikanische Konzil ein mit dem Ziel, den Zentralismus der Katholischen Kirche aufzulockern und die Begegnung mit anderen Kirchen und Religionen der Welt zu fördern. Eine der großen Gestalten der Geschichte des Papsttums.

Johannes vom Kreuz (Juan de la Cruz),

geboren 1542 in Fonticeros (Avila), gestorben 1591 Ubeda (Jaén). Spanischer Mystiker, Kirchenlehrer und Dichter. Seit 1563 Karmelitermönch. Schloss sich unter dem Einfluss der Teresa von Avila der strengen Richtung der unbeschuhten Karmeliter an. Seine mystischen Schriften stellen das wohl bedeutendste System der neuzeitlichen Mystik dar. Seine schweren Leiden unter der Verfolgung der offiziellen Kirche gaben seiner Theologie der »dunklen Nacht« ihr Gepräge. Seine Schriften gehören zum Grundbestand jeder christlichen Leidensmystik.

Julian,

Kaiser des spätrömischen Reiches, regierte 360–363, versuchte dem Christentum eine im neuplatonischen Geist erneuerte hellenistische Religion entgegenzustellen. Wurde von der Kirche später als Apostata, »Abtrünniger«, bezeichnet.

Juliana von Norwich,

geboren 1343, gestorben 1413. Englische Mystikerin, wahrscheinlich Rekluse, das heißt Einsiedlerin bei St. Julias in Norwich. Visionärin. Schrieb »Die sechzehn Offenbarungen der göttlichen Liebe«, beeinflusst von dem damals erschienenen mystischen Werk »Wolke des Nichtwissens«. Ihre »Schauungen« führten sie nicht in irgendeine Traumwelt hinauf, sondern zur Passion Christi und zur Compassio mit ihm. Ihr Werk ist ein Buch der Schöpfungsspiritualität, der Liebe zur Erde und des Glaubens an die Gegenwart Gottes in allen Geschöpfen.

Kabir,

1440–1518, hinduistischer Dichter und Mystiker, der versuchte, Islam und Hinduismus zu verbinden. Beeinflusst auch von der Liebesmystik des abendländischen Mittelalters.

Kagawa, Toyohiko,

Japan, 1888–1960, Theologe und Schriftsteller. Christlicher Sozialreformer, beteiligt an der Entstehung der ersten Gewerkschaft 1921 und der Antikriegsbewegung.

Kaléko, Mascha,

geboren 1907 in Polen, gestorben 1975 in der Schweiz. Als Tochter eines russischen Vaters und einer österreichischen Mutter in Polen geboren, studierte sie in Berlin. Schrieb seit 1930 Feuilletons für die »Vossische Zeitung« und das »Berliner Tagblatt«. Ihre Gedichte machten sie rasch bekannt und beliebt. 1933 und 1934 erschienen ihre ersten Gedichtbände. 1938 wegen ihrer jüdischen Herkunft Exil in den USA, wo sie bis kurz vor ihrem Tod lebte.

Kalevala,

d.h. Land des Kaleva, Finnland. Nationalepos der Finnen, das einen Schöpfungsmythus und die Geschichte von Götterhelden enthält. Es besteht aus fünfzig Gesängen mit zweiundzwanzigtausend Versen und wurde im 19. Jahrhundert aus alten Überlieferungen zusammengestellt.

Kalidasa,

lebte im 4. oder 5. Jahrhundert nach Christus. Großer Sanskrit-Dramatiker und -Dichter; berühmt durch sein Drama »Akuntala«. Am Ende auf Ceylon ermordet.

Katharina von Genua,

1447–1510, widmete sich seit 1479 der Krankenpflege. Leiterin des »großen Hospitals«, bewährte sich besonders in den Pestjahren 1493 und 1501. Erlebte unter schweren körperlichen und seelischen Leiden immer wieder Visionen und Ekstasen. Schrieb einen Dialog »Zwiegespräch über die göttliche Liebe.«

Kharaqani, Abu l'Hasan Ali,
gestorben 1034, persischer Mystiker.

Khidr
ist der mythische Geleitsmann aus der anderen Welt, der aus der Quelle des Lebens getrunken hat, der dem Dürstenden das Wasser des Lebens anbietet und der als Helfer der Irrenden unerkannt in der Welt umherschweift. Die Sufis verstehen sich gleich ihm als die, die für die Menschen in ihren Wasserschüsseln das Lebenswasser tragen.

Kierkegaard, Sören,
1813–1855, dänischer Theologe und Philosoph, zunächst Prediger in Kopenhagen, dann freier Schriftsteller, der sich mit der Deutung des Menschenlebens in seinen verschiedenen Phasen befasste, vor allem unter den Stichworten Existenz, Angst und Freiheit. Er wurde später sowohl zum Ausgangspunkt der Existenzphilosophie als auch der dialektischen Theologie.

Kitahara Hakushu,
1886–1942, Japan. Dort vielleicht der wichtigste Dichter der ersten Hälfte des 20. Jahrhunderts. Schrieb Kinder- und Volkslieder.

Kleine Schwestern
Siehe Foucauld.

Kolmar, Gertrud,
*1894 in Berlin, ermordet in Auschwitz 1943, jüdische Lyrikerin und Balladendichterin zu religiösen und politischen Themen. Schließt vielfach an den französischen Symbolismus an.

Koran,
arabisch: die Lesung, das Buch des Islam, in dem die Offenbarungen dargestellt sind, die Mohammed zwischen 608 und 632 empfangen hat. Er ist gegliedert in 114 Suren. Er ist nicht nur die Grundlage der religiösen Lehre, sondern auch des Rechts. Er gilt als ein Wunder, an dem nichts ausgelassen oder durch Interpretation verändert werden darf.

Krischna,
Gottheit des Hinduismus, sein Name bedeutet »der Schwarze«. Er gilt als 8. Inkarnation Vishnus und ist die populärste Gottheit, in der der alte Heldengott Vasadeva mit Vishnu und Narayana verschmilzt. Erscheint in der Kunst mit dunkelblauer Hautfarbe. Verbunden mit seiner Geliebten Radha wird er als personifizierte Gottesliebe verehrt. In der Bhagavadgita tritt er als Wagenlenker des Prinzen Arjuna auf, dem er vor einer Schlacht die göttlichen Wahrheiten des Menschenlebens offenbart.

Kung fu tsu oder Konfuzius,
551–449 v. Chr., chinesischer Philosoph. Er ist der Begründer der an Staat und Gemeinschaft orientierten Morallehre des Konfuzianismus. Dieser wurde neben Taoismus und Buddhismus zur einflussreichsten Lehre in China und Ostasien.

Lame Deer,
Medizinmann der Sioux, ca. 1900–1974.

Lao-tse oder Lao-tzu,
früher im 6. Jh. v. Chr., heute mehr im 4. Jh. vermutet. Vater des philosophischen »Taoismus«. Verfasser des Tao te King (oder Dau-dö-djing). Das Buch ist der Gegenentwurf gegen den nüchtern-moralischen Konfuzianismus. Es enthält seine Lehre vom Nichttun, vom Geringsein, vom einsamen, machtlosen Leben. Das Werk besteht aus einundachtzig kurzen Abschnitten. Es kreist um das Tao, die lebendige Urkraft und um das »Te«, d.h. die Kraft, die der Mensch aus seiner betrachtenden Versenkung in das Tao gewinnen kann. Laotse war zunächst Hofbeamter, dann Eremit. Das Tao ist ihm die mütterliche Urkraft, aus der alle lebendigen Wesen kommen. Seine Lehre wurde vor allem von Dschuang Dsi (siehe dort) vollendet und interpretiert.

Lasker-Schüler, Else,
1869–1945. Deutsche, jüdische Dichterin, geboren in Wuppertal, gestorben in Jerusalem. Emigrierte 1933 in die Schweiz, nach Ägypten und Palästina. Gilt als Vorläuferin, Repräsentantin und Überwinderin des literarischen Expressionismus.

Li Bo,
701–762, Westturkistan, chinesischer Dichter, der dem Taoismus in seinen Liedern Ausdruck gab, führte das Wanderleben eines Abenteurers. Mit dem Dichter Meng Hau-jan befreundet, dessen Tod er mit dem Lied vom »gelben Kranich« besang.

Little Bird, Harold,
Indianer

Lomatewama, Ramson,
Hopi-Dichter, 20.Jh.

Lullus, Raimundus,
1232–1315, katalanischer Dichter, Theologe und Philosoph. Er wurde als »Doktor illuminatus« bezeichnet. Seine Lehre ist zu verstehen aus dem Abwehrkampf der spanischen Kirche gegen den Islam.

Luther, Martin,
1483–1546, Reformator der mittelalterlichen Kirche und Begründer einer Kirche, in der das Evangelium alleinige Richtschnur sein sollte. Übersetzer der Bibel. Schuf mit ihr eines der wichtigsten Denkmäler der deutschen Sprach- und Literaturgeschichte.

Magiera, Kurt Martin
1928–1975
Malkowski, Rainer,
*1939
Manichäer
Von dem Perser Mani (216–277) gestiftete gnostische Erlösungslehre.
Schroff dualistische Vorstellung, wonach der Weltprozess und die Entstehung des Menschen durch eine schuldhafte Vermischung von Licht und Finsternis bedingt seien. Der Mensch also habe sich auf dem Wege der Askese aus der Bindung an die Welt, das heißt an die Finsternis, zu befreien. Diese Religion breitete sich im 4. Jh. über das ganze Mittelmeergebiet aus und erhielt sich in China bis in das 14. Jh.
Manikka, Vashagar,
Tamil-Dichter des 8. Jh., ursprünglich reich und von hohem Einfluss. Erlebte eine Bekehrung zu Shiva und zog später als Hymnensänger von einem Tempel Shivas zum anderen. (Tamil ist die von den Tamilen gesprochene Sprache des südöstlichen Indien.)
Mayer, Rupert,
1876–1945, katholischer Priester, stand im Widerstand gegen Hitler, mehrfach verhaftet, überlebte das KZ.
Mayröcker, Friederike,
*1924, österreichische Schriftstellerin und Dichterin.
Mechthild von Hackeborn,
geboren 1241, gestorben in Helfta 1299. Zisterzienserin im thüringischen Kloster Helfta bei Eisleben. Schriftstellerin. Geistlich von Mechthild von Magdeburg beeinflusst.
Mechthild von Magdeburg,
geboren 1210 in Niedersachsen, gestorben 1282 in Helfta (Eisleben). Deutsche Mystikerin. Lebte als Begine unter dominikanischer Leitung in Magdeburg. Zog sich gegen Ende ihres Lebens zu den Zisterzienserinnen ins Kloster Helfta zurück. Bedeutende Mystikerin, Kritikerin ihrer Zeit und Kirche. Ihr Buch »Das fließende Licht der Gottheit« ist eine der stärksten Äußerungen der mittelalterlichen Frauenmystik.
Mello, Anthony de,
1931–1987, Jesuit. Meditationsleiter und Exerzitienmeister in Indien und USA.
Merton, Thomas,
1915–1968, Trappistenmönch, praktizierte fernöstliche Formen der Frömmigkeit, blieb aber christlicher Theologe. In den USA von großem Einfluss auf die Entstehung einer modernen Mystik.

Michelangelo Buonarroti,
1475–1564, italienischer Bildhauer, Maler, Baumeister und Dichter. Für den Zusammenhang mit unserer Sammlung sind seine seit 1534 entstandenen schwermütigen Sonette und Madrigale bedeutsam.

Milosz, Czeslaw,
*1911, litauisch-polnischer Dichter, lebt heute als Professor für Slawistik in den USA. 1980 Nobelpreis für Literatur.

Mohammed,
eigentlich Abul Kasim Muhammad Ibn Abd Allah, geboren in Mekka um 570, gestorben in Medina 632, Stifter des Islam. Seine religiösen Fragen scheinen u.a. durch Begegnung mit christlichen und jüdischen Gruppen geweckt worden zu sein. Seine Andachtsübungen verdichteten sich in seinem 40. Lebensjahr zu visionären Offenbarungserlebnissen, die dann im Koran ihren Niederschlag fanden. M. fühlte sich zum gottgesandten Propheten erwählt, um die Araber zum Islam zu führen. Wanderte 622 nach Medina aus (Hedschra). In mehreren kriegerischen Auseinandersetzungen konnte sich M. schließlich gegen Mekka durchsetzen. Im Januar 630 konnte er in Mekka einziehen und den Kult des Wallfahrers (Hadsch) im heiligen Bezirk vollziehen.

Momaday, N. Scott,
*1934, amerikanischer Schriftsteller aus dem Indianerreservat der Kiowa. Wegbereiter der modernen indianisch-amerikanischen Literatur.

Montaigne, Michel Eyquem de,
1533–1592, französischer Schriftsteller, Philosoph und Moralist. Mit seinem Hauptwerk »Les essais« der Begründer des Essays als literarischer Form. Er leitete die Tradition der französischen Moralisten ein.

Morgenstern, Christian,
1871–1914, Schriftsteller. Schrieb anfangs Kabaretttexte für Max Reinhardts »Überbrettl«. Wurde bekannt durch seine humoristische Sprachschöpfung »Galgenlieder«, »Palmström«, aber auch durch seine sensible Lyrik. Stand Rudolf Steiner nahe.

Morus, Thomas,
1478–1535, Lordkanzler am englischen Hof. Bedeutender Humanist, wegen Verweigerung des Suprematseides hingerichtet.

Mo Ti oder Mo Di,
480–390 vor Christus, chinesischer Philosoph, Gegner des Konfuzianismus.

Mozart, Wolfgang Amadeus,
1756 (Salzburg) – 1791 (Wien), österreichischer Komponist. Er komponierte, Sinfonien, Konzerte, Messen, Kantaten, ein Requiem, Singspiele und Opern. Er hinterließ auch eine große Anzahl von Briefen.

Nanak,
1469–1538. Dichter. Stifter der Religionsgemeinschaft der Sikhs. Versuchte, Hinduismus und Islam auf der Grundlage eines bilderfreien Monotheismus zu verbinden. Die Religionsgemeinschaft umfasst heute ca. 8 Millionen Mitglieder.

Nicolas, Armelle,
1606–1671, lebte bei und in Vannes in der Bretagne, französische Mystikerin, deren Buch »Die Schule der reinen Liebe Gottes« den Untertitel trägt: »Den Gelehrten und Ungelehrten eröffnet in dem Wunderleben einer armen, unwissenden Weibsperson, die von Geburt eine Bäuerin und dem Stande nach eine Dienstmagd gewesen«. Augsburg 1736.

Nietzsche, Friedrich
1844–1900, deutscher Philosoph. Seit 1878 brach er radikal mit der idealistischen und christlichen Tradition, verkündete den »Tod Gottes« und forderte eine »Umwertung aller Werte«. Großer Einfluss auf die deutsche Philosophie.

Niffari, Abdul Jabbar,
gestorben 965, irakischer Mystiker. Moslem.

Nikolaus von Kues,
1401–1464, Philosoph, Theologe und Staatsmann, Kardinal. Auch Mathematiker. Befasste sich vor allem mit den Grenzen des menschlichen Erkennens. Suchte nach einer Weltreligion, in der die Religionen sich zusammenfinden sollten.

Nirvana
Das »Verlöschen einer Lampe«. Das Aufhören der Wiedergeburten, die Seligkeit und die Erlösung. Weil nicht beschreibbar, ist es ohne Eigenschaften gedacht.

Nizami,
1141–1203, persischer Epiker, dessen Khamsa, »Quintett«, d.h. ein Werk bestehend aus fünf romantische Epen, das Modell für zahlreiche Dichtungen im Iran, der Türkei und in Indien bildete. Moslem.

Noël, Marie,
geboren 1883 in Auxerre, gestorben 1967 ebenda. Französische Schriftstellerin. Bedeutende Mystikerin. Schrieb Gedichte und Erzählungen, vor allem seit 1920 ihr Tagebuch »Notes intimes«, das ein Dokument ihrer schweren und dunklen Erfahrungen in ihrer Auseinandersetzung mit Gott darstellt.

Notker Labeo,
950–1022, Benediktiner und frühscholastischer Theologe. Übersetzer lateinischer wissenschaftlicher Texte, wodurch er eine philosophische und theologische althochdeutsche Sprache schuf.

Oden Salomos

Eine christlich-gnostische Schrift, ursprünglich syrisch geschrieben, aus dem frühen 2. Jh. n. Chr. Ihr Inhalt sind Lobpreisungen Gottes und der Erlösung in einer Sprache, die an das Evangelium des Johannes erinnert.

Origenes,

geboren ca. 195 in Alexandria, gestorben ca. 253 in Tyros. Leiter der alexandrinischen Schule. Bedeutendster Lehrer der frühen griechischen Kirche. Vorbild und Wegbereiter des Mönchstums. Während der Verfolgung unter Kaiser Decius starb er an der Folge von Folterungen. Wegen seiner an den Neuplatonismus anklingenden Lehre von der Kirche nicht anerkannt. Lehrte unter anderem die Wiederbringung aller, die »Apokatastasis panton«.

Orphik

Griechische religiöse Strömung. Vertreten von Weihepriestern, die Orakelsprüche über das Schicksal der Seele verkündigten und dem Eingeweihten ewiges Leben zusagten. Nach dem Urteil Platons haben sie gelehrt, die menschliche Seele habe in diesem Leben für die Untaten zu büßen, die sie früher begangen habe. Zusammenhänge mit der Bewegung der Pythagoräer sind zu vermuten.

Paichang Huaihai,

720–814, China. Einer der großen Zenmeister der Tangzeit. Er begründete die für das Zen eigentümliche monastische Tradition, indem er genaue Regeln für das Leben in einem Zenkloster aufstellte. Anstelle des täglichen Bittgangs tritt bei ihm der Lebensunterhalt durch Arbeit. Der ihm später beigelegte Name »Huaihai« bedeutet: »der den Ozean der Weisheit im Busen trägt«.

Paracelsus, Theophrastus Bombastus von Hohenheim,

1493–1541, Arzt, Naturforscher und Philosoph. Strebte eine Reform der Medizin an und verfasste theologische, philosophische und sozialpolitische Schriften.

Pascal, Blaise,

1623–1662, französischer Philosoph, Mathematiker und Physiker. Nach einem mystischen Erweckungserlebnis 1654 zog er sich immer wieder in das Kloster Port Royal zurück. In seinen »Pensées« stellte er seine Sicht der Welt und des Menschen dar. Einer der wichtigsten Vertreter einer »Philosophie des Herzens«.

Paulus,

ursprünglich Saul, lebte in der ersten Hälfte des 1. Jahrhunderts. Verfasser zahlreicher Briefe, die er auf seinen missionarischen Wanderungen an die von ihm besuchten Gemeinden schrieb. Er schuf aus der Erfahrung der Gegenwart des auferstandenen Christus eine breit entfaltete Christus-Mystik.

Perestrello, Marialzira
Brasilien
Petrus von Alcantara,
geboren 1499 zu Alkantara in Spanien, gestorben 1562. Minoritenbarfüßer in Manjaretesa, 1524 Priester, 1538 Provinzial. Er gründete das Kloster Pedrosa und damit eine neue Kongregation strengster Observanz. Petrus förderte auch bei der Reform des Karmeliterordens Teresa von Avila.
Picard, Max,
1888–1965, stammte aus Schopfheim, Baden, ursprünglich Arzt. Verfasser kulturkritischer Schriften.
Plotin,
205–270, griechischer Philosoph. Begründer des Neu-Platonismus. Wirkte in der abendländischen Geschichte nachhaltig vor allem dadurch, dass durch ihn die platonisch-mystische Tradition bis ins Mittelalter fortgeführt wurde.
Prajapati
Beiname mehrerer indischer Götter, der »Herr der Geschöpfe« bedeutet. Als Prajapatis werden auch die zehn oder mehr geistgeborenen Söhne Brahmas bezeichnet.
Purana
Die Puranas sind hinduistische Schriften, die zwischen dem 6. Jh. v. Chr. und dem 16. n. Chr. entstanden sind. Sie wenden sich an die Trinität von Brahma, dem Schöpfer, Vishnu, durch den alles erhalten wird, und Shiva, durch den alles sein Ende findet. Diese Dreiheit meint jedoch immer nur den einen Gott.
Pythagoras,
582–496 v. Chr., griechischer Philosoph und Naturwissenschaftler, geboren in Samos. Gründete nach 530 in Kroton in Unteritalien den Geheimbund der Pythagoräer, dem er priesterlich-mystische Weisheit anvertraute.
Qumran
Chirbet Qumran ist eine Ortslage am Nordwestende des Toten Meeres, wahrscheinlich die klosterähnliche Siedlung einer jüdischen Gemeinschaft. Ob es sich bei ihr um die Essener gehandelt hat, ist heute ungewiss. Sie wurde während des römisch-jüdischen Krieges im Jahr 68 zerstört, 1947 wieder entdeckt nach Auffindung einiger Schriften im Gebirge westlich der Siedlung. Diese Schriften sind bedeutsam für die Zeitgeschichte des entstehenden Christentums.
Râbia al-Adawiyya,
gestorben 801. In der ganzen islamischen Welt bis heute hochverehrte Mystikerin aus Basra (Irak). Sie vertrat erstmals den Gedanken der reinen Gottesliebe als Sinn und Substanz des spirituellen Lebens.
Radha,
mythische Figur im Zusammenhang der Bhakti-Mystik und ihrer Liebesalle-

gorik. Radha ist im 10. Buch der Bhagavadgita die Gespielin Krischnas, umgeben von den Gopis, den Hirtinnen, die mit Krischna in Liebe verbunden sind. Die Liebe Krischnas zu seinen Freundinnen versinnbildlicht die Liebe Gottes zu den Seelen der Menschen, die Liebe der Gopis die Liebe der Menschen zu Gott. Die Hauptgeliebte und Gattin aber, Radha, ist das Urbild der Gottesliebe, der »Göttin Bhakti«.

Rasmussen, Knud,
1879–1933, dänischer Polarforscher und Schriftsteller. Erforschte vor allem die Eskimos, veröffentlichte Reisebeschreibungen, Dichtungen und Nachdichtungen von Eskimosagen und -mythen.

Rigveda
Siehe Veden und Upanischaden.

Rinpoche, Sogyal
Tibetischer Lama der Gegenwart.

Rinser, Luise,
*1911, deutsche Schriftstellerin, die als Lehrerin 1940 Berufsverbot bekam und wegen Hochverrats im Kriege inhaftiert war. Schreibt Romane und Essays.

Rotzetter, Anton,
*1939, Kapuzinerpater im Kloster Wessemlin, Luzern.

Rózewicz, Tadeusz,
*1921, polnischer Dichter, 1943–44 im polnischen Widerstand. Seine Lyrik ist bestimmt durch einen skeptischen Moralismus und durch den Willen zur Wahrheit des Ausdrucks.

Rückert, Friedrich,
1788–1866, spätromantischer Dichter, Professor für orientalische Sprachen. Erschloss wichtige Werke der persisch-arabischen Dichtung für Deutschland, auch durch vorzügliche Nachdichtungen von Rumi oder Hafis. In seiner »Weisheit des Brahmanen« sammelte er die östliche Welt- und Gottesweisheit.

Rumi, eigentlich Djalal o-Din Rumi, auch Maulana genannt,
1207–1273, Konja, Türkei. Größter mystischer Dichter des Islam. Verfasser von mehr als 35 000 Versen persischer Lyrik und einem mystischen Epos, Mathnawî, von circa 26 000 Versen, Inspirator des Ordens der Tanzenden Derwische.

Russel, Norman H.,
geboren 1921, Biologe und Hochschullehrer. Seine indianischen Vorfahren gehörten zu den Cherokee.

Ruysbroeck, Jan van,
geboren 1293 in Ruysbroeck bei Brüssel, gestorben 1381 in Groenendaal bei Brüssel. Flämischer Mystiker, Prior der Augustiner-Propstei Groenendaal.

Hauptwerk: »Zierde der geistlichen Hochzeit«. Seine Mystik ist Christusmystik mit strengen moralischen Regeln. Hochangesehener Lehrer und Seelsorger seiner Zeit.

Sadi Muslihuddin,
1184–1292, stammte aus Schiraz. Persischer Dichter. Lehrte eine heitere Lebensweisheit, zum Beispiel in dem Buch »Der Rosengarten«, das schon im 17. Jahrhundert in Europa bekannt war.

Saint-Exupéry, Antoine de,
1900–1944, eigentlich Marie Roger Graf von St.-Exupéry, französischer Dichter, der vor allem seine Erlebnisse und Abenteuer als Berufsflieger dichterisch gestaltete, deutete das Menschenleben als kosmische Einsamkeit. So im »Kleinen Prinzen«. Kam 1944 von einem Aufklärungsflug von Korsika nach Südfrankreich nicht zurück.

Sami No Mansei,
8. Jh., japanischer Dichter und Politiker.

Sanaj, Abu l'Magjd
1048–1141, der erste große mystische Dichter in Persien, lebte am Hof in Ghazna. Moslem. Wirkte stark auf Rumi.

Schamasch
Der Sonnengott der Völker im syrisch-assyrisch-babylonischen Raum. Schamasch sieht alles, was geschieht, gilt darum als Richtergott und als Wahrer des Rechts. Er repräsentiert den segensreichen Aspekt der Sonne und der göttlichen Gegenwart, ohne jedoch mit dem Gestirn Sonne identisch zu sein. Er wird oft zusammen mit Sin, dem Mondgott, verehrt.

Scharani Abd al' Wachhab ibn Achmas,
1491–1565. Kairo. Volkstümlicher islamischer Mystiker, der die Gedankenwelt des Ibn al-Arabi vertrat.

Schi Djing (Shih-Ching)
Buch der Lieder, ältestes Dokument der chinesischen Literatur. Entstanden im 5. Jahrhundert vor Christus, enthält 305 Volks- und Kultlieder. Steht dem Konfuzianismus nahe.

Schneider, Reinhold,
1903–1958, freier Schriftsteller und Dichter, stand im katholischen Widerstand gegen Hitler, 1945 des Hochverrats angeklagt. Schrieb in der christlich-humanistischen Tradition.

Schüssler-Fiorenza, Elisabeth
*1938 USA. Führende christliche Feministin.

Schwenckfeld, Caspar von,
geboren 1489 in Ossig bei Liegnitz, gestorben 1561 in Ulm. Reformatorischer Theologe und Mystiker. 1525 Bruch mit Luther. Seine Lehre stand dem Neuplatonismus nahe. Wollte die Urgemeinde wiederherstellen und son-

derte sich so von der Gesamtkirche ab. Seine Anhänger leben heute vor allem in den USA.

Sedulius Caelius,
gestorben nach 450, altkirchlicher lateinischer Dichter. Lebte in Achaia,
vielleicht als Priester. Seine Dichtungen waren lebendig bis ins Mittelalter.

Seuse (Suso), Heinrich,
geboren 1295 in Konstanz, gestorben 1366 in Ulm. Mystiker, Dominikaner,
Schüler Meister Eckharts. Er ging von allerlei übersinnlichen, auch ekstatischen Erfahrungen aus und führte das Leben eines »Dieners der himmlischen Minne« oder »Dieners der ewigen Weisheit«. Lehrte eine Verbindung
von Liebes- und Leidensmystik und war dabei von großem Einfluss.

Shiva
Indischer Gott. Häufig tanzend dargestellt als der kosmische Gott, der im
Tanz die Welt erschafft und der sie im Tanz wieder zerstört. Er hat seinen
Wohnsitz auf dem Kailasa (Kailasch), einem Berg im Himalaya und gilt als
der Spender des Lebens und als Herr der Tiere.

Sikhismus
Synkretistische Reformbewegung, die anfangs versuchte, Hinduismus und
Islam zu einer Einheit zu verschmelzen. Ihr Entstehungsraum ist die Provinz
Punjab, Indien, in der heute 14 Millionen Anhänger leben. Die Gemeinschaft
wurde begründet durch Nanak († 1539).

Silko, Leslie M.,
*1948, indianische Schriftstellerin und Lyrikerin aus der Laguna-Pueblo-Re-
servation in New Mexiko.

Söderblom, Nathan,
1866–1931, schwedischer lutherischer Erzbischof, weltweit wirksam durch
seine Bemühungen um die Einheit der Kirchen, Anreger der Stockholmer
Weltkirchenkonferenz und der »Bewegung für praktisches Christentum«.

Sölle, Dorothee,
*1929, evangelische Theologin, Schriftstellerin. Vertritt eine kirchenkritische,
politisch engagierte, mystische Position. Feministin. Professorin in den USA.

Solowjew, Wladimir,
1853–1900, russischer Philosoph und Dichter. Ausgehend von Plato, christlicher Mystik und deutschem Idealismus schuf er ein christlich-platonisches
System der Sophiologie. Nach ihm ist die Welt Materie gewordene »Weltseele«, die zurück zur »göttlichen Fülle« strebt. Seine Gedichte (deutsch
1925) gelten als Anfang des russischen Symbolismus und haben bedeuten-
den Einfluss auf die russische Literatur und Philosophie.

Solschenizyn, Alexander,
*1918, russischer Dichter, lange Zeit in Straflagern bzw. in der Verbannung,
1974 aus der Sowjetunion ausgewiesen. Nobelpreisträger.

Stein, Edith (Ordensname Teresia Benedicta a Cruce),
1891–1942, Karmelitin. Ursprünglich Philosophin und Pädagogin. Assistentin von Edmund Husserl. Jüdin, die zum katholischen Glauben übertrat. Sie wurde im Kloster in Echt verhaftet und fand den Tod in einem Konzentrationslager.

Stier, Fridolin,
1902–1981, katholischer Theologe, Professor für den alten Orient, für Altes und Neues Testament.

Storm, Theodor,
1817–1888, deutscher Dichter. Als Lyriker und Erzähler Vertreter eines politischen Realismus, der sich mit der Unmittelbarkeit des Gefühls und mit der Musikalität der Sprache verbindet.

Sufismus
Bezeichnung für die islamische Mystik, nach dem »suf«, dem weißen Wollmantel, den die Asketen dieser Bewegung des 8.–14. Jh. trugen. Er ist gekennzeichnet durch eine Verbindung von Weltverzicht und Weltflucht einerseits, brennender Gottesliebe und Liebe zu allen Geschöpfen andererseits und durch den Willen, die eigene Person verschwinden zu lassen, bis an ihre Stelle Gott selbst getreten ist. Er hat seinen Ursprung vermutlich in Indien und im christlichen Mönchtum. Seine wichtigsten Vertreter sind Al Halladsch, Al Gazzali, Du'n Nun und Ibn al Arabi, seine großen Dichter Dschelaleddin Rumi und Schamsoddin Muhammad Hafis.

Symeon, der Theologe,
geboren 949 in Galata in Paphlagonien, gestorben 1022. Byzantinischer Mystiker. Mönch, 1009 ins Exil geschickt, wo er starb. Größter geistlicher Schriftsteller seiner Zeit. Vertrat eine klare Christusmystik und gab ihr Gestalt in einer Mystik der Eucharistie. Seine Hymnen sind bis heute gültig und viel gelesen.

Sutta-Nipata
Buddhistischer Text. 5. Teil des Palikanons und einer seiner ältesten und wichtigsten Teile. Zugänglich in Neumann: »Die Reden Gotama Buddhas«.

Szenesch, Hanna,
*1921 in Budapest. Jüdische Freiheitskämpferin, nahm am Krieg gegen Hitler als Fallschirmjägerin, später als Freischärlerin teil. 1944 von den Nazis gefangen und erschossen.

Szymborska, Wislawa,
*1923, polnische Lyrikerin. 1996 Nobelpreis für Literatur.

Tagore, Rabindranâth,
1861–1941, Dichter aus Bengalen. Nobelpreis für Literatur 1913. Trat für Zusammenarbeit Indiens mit dem Westen ein. Gründete eine Kulturhochschule bei Bolpur. Aus seinen Dichtungen spricht weltbejahende und schön-

heitstrunkene Diesseitigkeit, aber auch christlich beeinflusste Passions- und Todesmystik.

Ta-hui Tsung-kao,
1089–1163. China. Zenmeister der Yogi-Linie des Rinzai-Zen. Prägte die Arbeit mit dem Koan als Hilfsmittel der Zenschulung.

Talmud (hebräisch: Lehre)
Zusammenfassender Name der beiden großen Schriften des Judentums, der Mischna und der Gemara. Beide entstanden in langen Prozessen seit der Rückkehr der Juden aus der babylonischen Gefangenschaft. In Jerusalem entstand die Fassung des »Jeruschalmi«, in Babylon der »Babli« zwischen dem 5. und dem 7. Jh. n. Chr. Er enthält Sätze der jüdischen Gelehrsamkeit ebenso wie Auslegungen der Heiligen Schrift, der Hebräischen Bibel.

Taoismus
Siehe Tao-te-ching.

Tao-te-ching
Wörtlich: »Buch vom Weg und seiner Kraft«. Laotse zugeschrieben. Tao heißt »Weg«, te heißt »Kraft«. Das wichtigste Grundwerk des chinesischen Taoismus. Es besteht aus einundachtzig kurzen Abschnitten. Es geht ihm um die Absichtslosigkeit des Handelns und um die Rückkehr aller Dinge zu ihrem Ursprung. Dabei ist »Tao« das letzte Prinzip, das älter ist als Himmel und Erde. Es schafft alles und tut das ohne zu handeln. Ziel ist, die Einheit mit dem Tao zu erreichen. Es wird erreicht durch Leerheit und Einfachheit, durch Gewaltlosigkeit und Friedensbereitschaft. Das Buch wurde von einer Reihe chinesischer Kaiser zur Grundlage ihrer Form des Herrschens gemacht.

Tauler, Johannes,
geboren 1300 in Straßburg, gestorben etwa 1361. Dominikaner. Schüler und Fortsetzer der Mystik Meister Eckharts. Er war der Mittelpunkt der »Gottesfreunde«. Askese war für ihn der Weg zu Gott, und die Anwendung der mystischen Einsicht auf das Leben der Sinn mystischer Bemühungen. Er wirkte stark auf den jungen Luther.

Taju Manavar oder Tayumanavar,
1705–1742. Lebte in Südindien. Berater des dortigen Königs. Seine Hymnen in der Tamilsprache entstammen seiner Shiva-Frömmigkeit.

Teresa von Avila,
geboren 1515 in Avila, gestorben 1582 in Alba de Tormes. Spanische Mystikerin. Kirchenlehrerin. Sie reformierte den Karmeliterorden in der neuen Gemeinschaft der »unbeschuhten Karmeliter«. Befreundet mit Johannes vom Kreuz. Gründete mit ihm zusammen viele neue Frauenklöster. Bedeutend sowohl als menschliche Gestalt von großer Strenge und zugleich Freiheit wie auch als Reformerin des spanischen Ordenslebens. Begründerin der karmelitischen Mystik. Ihr wichtigstes Buch »Von der Seelenburg«.

Tersteegen, Gerhard,

1697–1779, eigentlich Gerrit ter Steegen. Deutscher, evangelischer Mystiker, Kaufmann und Bandwirker. Schriftsteller und pietistischer Seelsorger. Weitgehend bestimmt durch den französichen Quietismus von Franz von Sales oder Madame de Guyon.

Therese von Lisieux,

1873–1897, die »kleine Therese« im Gegensatz zur »großen« Teresa von Avila. Französische Karmelitin.

Thomas von Aquin,

1224–1274, Kirchenlehrer. Scholastischer Theologe und Philosoph, Dominikaner. Studierte bei Albertus Magnus, lehrte an mehreren Hochschulen. Entwickelte eine globale Synthese von Glauben und Wissen, Offenbarung und Vernunft. Sein Hauptwerk »Summa theologiae« ist der Höhepunkt der Scholastik.

Thomas von Kempen, eigentlich Thomas Hamerken,

geboren 1379 in Kempen, gestorben 1471 im Kloster Agnetenberg bei Zwolle. Augustinermönch, den »Brüdern vom gemeinsamen Leben« in den Niederlanden zugehörig. Bekanntester Vertreter der »Devotio moderna«, einer religiösen Erneuerungsbewegung, die auf persönliche innerliche Christusfrömmigkeit zielte. Seine »Nachfolge Christi« gehört zu den wichtigsten geistlichen Schriften des ausgehenden Mittelalters und der gesamten Neuzeit.

Thomas Morus, Sir Thomas More

1478–1535, London, englischer Staatsmann und Schriftsteller, 1529 Lordkanzler. Im Widerstand gegen die caesaro-papistischen Pläne des Königs legte er sein Amt nieder. 1535 wegen Hochverrats verurteilt und enthauptet. Heiliger der katholischen Kirche.

Tibetanisches Totenbuch – »Bardo Thödöl«

Ein Buch der Einwirkung eines Priesters auf den Menschen in der Zeit nach dessen Tod. Es hat die Erlösung aus dem Zwischenzustand zwischen Tod und Wiederverkörperung zum Ziel. Sein Inhalt wird dem Verstorbenen ins Ohr geflüstert, um ihn aus dem Kreislauf des Daseins zu erlösen oder ihm wenigstens eine günstige Wiedergeburt zu sichern.

Tirumular,

9. Jh., aus Tamit Nadu, Hindu, Verehrer Shivas.

Tsen Schen,

8. Jh., chinesischer Dichter der Tangzeit.

Tucholsky, Kurt,

1890–1935. Satiriker. Zeitkritiker, vertrat einen links gerichteten pazifistischen Humanismus.

Tulsidas, auch Tulasidas,
1532–1623. Sein Werk, das Ramayana, ist in Hindi geschrieben. Er fordert die Hingabe an Rama. Das Ramayana ist das wichtigste Glaubensbuch von Millionen Hindus.

Upanischaden
Lehrschriften des Hinduismus. Entstanden seit ca. 800 v. Chr. Die über einhundert Upanischaden, das heißt Lehren, die der Schüler, niedersitzend vor dem Guru, hört (das die Wortbedeutung), schließen sich an die Veden an und bilden ihren wichtigen Schlussteil. Der Geist der Schrift ist freilich ein anderer als der der Veden. Im Gegensatz zu diesen sind sie weltabgewandt, asketisch und um Versenkung bemüht. Sie lösen den Opferkult ab durch ein geistiges Schauen der mystischen Bedeutung der Veden und suchen die Erfüllung durch Entsagung. Zwölf von ihnen bilden zusammen mit den Veden das Korpus der heiligen Schriften des Hinduismus. Sie bilden den lehrmäßigen Schlussteil der Veden und schließen je an einen Veda an. Zum Rigveda gehören die Aitareya und die Kanshitaki, zum Samaveda die Chandogya und die Kena, zum Yajurveda die Taittirya, Katha, Shvetashvatara, Brihadaranyaka und Isha, zum Atharvaveda die Prashna, Nindaka und Mandukya.

Väinämöinen,
Sagengestalt, zaubermächtiger Sänger, Erfinder der zitherähnlichen Kantele, Hauptfigur der Kalewala, des Nationalepos der Finnen.

Valery, Paul,
1871–1945, französischer Schriftsteller und Lyriker, Lehrer für Poetik in Paris.

Varuna
In den Veden (siehe dort) der oberste Gott. Hüter der ewigen Weltordnung.

Veden
Nach Veda, wörtlich: Wissen, Lehre. So nennt man die ältesten indischen Texte, denen der Hindu göttlichen Ursprung und letzte Autorität zuschreibt, von etwa dem sechsfachen Umfang der Bibel. Sie gliedern sich in vier Schichten: 1. den ältesten, den Rigveda, den Veda der Dichtungen, 2. den Samaveda, den Veda der Lieder, 3. den Yajurveda, den Veda der Opfersprüche, und 4. den Atharvaveda, den Veda des Feuerkults. Entstanden ist das Werk von 1500 v. Chr. an, es wuchs zu seinem endgültigen Umfang bis in die ersten Jahrhunderte n. Chr. Seine Spiritualität ist weltzugewandt und zuversichtlich, die natürlichen Phänomene erscheinen als Götter.

Vidyapati Thakur,
15. Jh., Dichter, vor allem mit Wirkung auf die bengalische Frömmigkeit. Schrieb Lieder über die mystische Liebe Radhas und Krischnas wie auch Chandidas.

Vishnu
hinduistischer Gott; neben Brahma und Shiva zur hinduistischen Dreifaltigkeit (Trimurti) gehörend. Er ist der Gott der Erhaltung im Unterschied von Shiva, dem Zerstörer, und Brahma, dem die Schöpfung zugeschrieben wird. Vishnu kam in vielen Inkarnationen (Avataras) auf die Erde. Krishna ist eine seiner berühmtesten Inkarnationen.

Vivekananda,
1863–1902, ein wichtiger Reformer des modernen Hinduismus.

Walter, Silja, eigentlich Sr. Maria Hedwig, OSB,
*1919, Zürich. Kloster Fahr, Lyrikerin, geistliche Schriftstellerin.

Walther von der Vogelweide,
1170–1230. Deutscher Minnesänger. Vollender der Formkunst der höfischen Minnelyrik. Trat öffentlich ein für den Reichsgedanken der staufischen Kaiser und drückte am Ende seine Trauer aus über dessen Zerfall.

Weigel, Valentin,
geboren 1533 in Großenhain, gestorben 1588 in Zschopau. Lutherischer Pfarrer. Gelangte durch Paracelsus zu einer mystischen Spiritualität, die ihn dahin bestimmte, die äußere Kirche zu verwerfen und sich gegen Krieg und Todesstrafe zu wenden. Nachwirkungen bei Jakob Böhme und Leibniz.

Weil, Simone,
1909–1943. Französische Philosophin aus jüdischer Familie. Arbeitete im Befreiungskomitee de Gaulles. Sozialpolitisch setzte sie sich für die Humanisierung der Arbeit in einer von Gott gestifteten Ordnung ein. Grundlegend ist ihr mystisches Denken und dessen praktischer Vollzug durch Übernahme der Fabrikarbeit in das eigene Leben.

Weinheber, Josef,
1892–1945, österreichischer Dichter.

Wiechert, Ernst,
1887–1950, deutscher Dichter und Schriftsteller.

Wiemer, Rudolf Otto,
1905–1997, Dichter und Schriftsteller.

Whitman, Walt,
1819–1892. Amerikanischer Dichter. Lyriker mit viel mystischem, prophetischem Gedankengut. Essayist, der die geistige Autonomie der USA feiert.

Wittgenstein, Ludwig,
1889–1951, österreichisch-englischer Philosoph, führender Vertreter des Neupositivismus, fasste die Philosophie als Kritik an der unzulänglichen Sprache auf.

Yahya ibn Muadh,
gest. 871. Persischer Mystiker.

Zahrnt, Heinz,
  *1915, deutscher evangelischer Theologe, Schriftsteller und Journalist.
Zarathustra,
  Religionsstifter und Prophet, in Baktrien vermutlich um 630 v. Chr. geboren, gestorben um 553, trat um 600 gegen den orgiastischen Mithraskult auf und stiftete die parsistische Religion mit ihrer strengen Moral und ihrer klaren Scheidung von Licht und Finsternis. Seine Hymnen sind in den »Gathas« des Awesta gesammelt.
Zen
  Meditation, Versenkung. Buddhistische Schule, die durch Meditation die Erleuchtung und die Einheit mit Buddha, d.h. mit dem Absoluten, sucht. Sie ist vor allem in Japan verbreitet, heute wird sie auch im Westen praktiziert.
Zenetti, Lothar,
  *1926, katholischer Priester und Dichter.
Zink, Jörg,
  *1922, evangelischer Theologe und Publizist
Zuckmayer, Carl,
  1896–1977, Lyriker und Dramatiker.
Zunaid,
  gest. 910 in Bagdad, der größte Meister des frühen Sufismus, Lehrer von Al Halladsch.

Quellennachweis

Die hier vorgelegte Textsammlung beruht auf der Arbeit von Jörg Zink die viele Jahre zurückreicht. Trotz intensiven Nachforschens war es nicht in allen Fällen möglich, die genaue Quelle bzw. die Rechteinhaber ausfindig zu machen. Das nachfolgende Verzeichnis ist also nicht lückenlos. Für Hinweise sind wir dankbar.

Den Autorinnen, Autoren und Verlagen, die bei der Suche nach den Quellen wertvolle Hilfe leisteten, sei an dieser Stelle für die freundlicherweise erteilte Abdruckerlaubnis gedankt.

Afrikanisch:
Aus Obervolta S. 90, aus Ostafrika S. 92 f., Wiegenlied Zentralafrika S. 148 f., Wiegenlied Urundi S. 150 aus: Adalbert Ludwig Balling, Unseren täglichen Reis. Herderbücherei Bd. 1119/8119. Verlag Herder, Freiburg 1984.
S. 126, 128 f. aus: Fritz Pawelzik, Ich werfe meine Freude an den Himmel, © R. Brockhaus Verlag, Wuppertal 1992.
S. 239 f. aus: Fritz Pawelzik, Die Sonne brennt meine Haut. © Fritz Pawelzik

Aztekisch:
S. 13, 18 f., 397 aus: Lanzkowski, Frühwelkende Blumen. Herderbücherei Bd. 1072/8072. Verlag Herder, Freiburg 1983

Indianisch:
Gebet der Pawnee S. 28 f., Najagneque, Eskimo-Schamane S. 72 f., Norman H. Russel, Cherokee S. 86, Morgenlied der Kurabus, Pawnee, S. 129, Gebet eines Schamanen der Omaha-Indianer S. 145 f., Leslie M. Silko S. 149, Joy Harjo S. 151 f., Duke Redbird S. 230 f., 397 f., Robert C. White S. 240 f., Harold Little Bird S. 353 f., Indianisches Sterbelied S. 401 f. aus: Rudolf Kaiser, Indianischer Sonnengesang. Herder/Spektrum Bd. 4143. Verlag Herder, Freiburg 4. Auflage 1997.
Cesspooch S. 99 f., Joseph Bruchac S. 194 aus: Käthe Recheis, Zieh einen Kreis aus Gedanken. Verlag Herder, Freiburg 1990
Chiparopai S. 88 aus: Käthe Recheis, Weißt du, dass die Bäume reden? Verlag Herder, Freiburg 25. Auflage 1998
Hehaka Sapa S. 347 f. aus: Käthe Recheis, Freundschaft mit der Erde. Verlag Herder, Freiburg 9. Gesamtauflage 1998

Monroe Tsa Toke, Peyote-Vision, S. 65 f. aus: Peter Baumann, Der Wind ist unser Atem, Copyright © 1989 by Hoffmann und Campe Verlag, Hamburg

Von den Navajo S. 389 aus: Linus Mundy, Das Geh-betbuch. Verlag Herder, Freiburg 1998

Ojibway S. 153 aus: Käthe Recheis, Kreisender Adler, singender Stern. Verlag Herder, Freiburg 2. Auflage 1998

Ramson Lomatewama S. 97, 382 f., 399 f., aus: Peter Baumann, Der Wind ist unser Atem, Copyright © 1989 by Hoffmann und Campe Verlag, Hamburg.

Irisch:

S.130 f., 146 f., 147 aus: H. C. Artmann. Der Schlüssel zum Paradies. © Otto Müller Verlag, Salzburg 1993

Sumerisch:

S. 221 f. aus: A. Falkenstein/W. von Soden, Sumerische und Akkadische Hymnen und Gebete, © Artemis & Winkler Verlag, Düsseldorf/Zürich

Ach, Manfred S. 185 aus: ders., Gefährlich ist der bunte Rock, Dagmar Hagen Verlag, München 1990

Anwari S. 420 aus: Annemarie Schimmel, Jesus und Maria in der islamischen Mystik. Kösel-Verlag, München 1999

Ausländer, Rose S. 158, 187 f., 310 aus: dies., Wieder ein Tag aus Glut und Wind. Gedichte 1980-1982. © S. Fischer Verlag GmbH, Frankfurt am Main, 1986. S. 278 aus: dies., Ich höre das Herz des Oleanders. Gedichte 1977–1979. © S.Fischer Verlag GmbH, Frankfurt am Main, 1984

Bachmann, Ingeborg S. 184 Auszug aus dem Gedicht »Psalm« aus: dies., Die gestundete Zeit. Werke Band I. © Piper Verlag GmbH, München, 1978, S. 55

Baek, Leo S. 371 f. aus: Paul Bovet, Angst, Sicherung, Geborgenheit, Bielefeld 1975

Bernhard, Thomas S. 403 f. aus: ders., Gesammelte Gedichte. © Suhrkamp Verlag Frankfurt am Main 1993, S. 81

Bertram, Ernst S. 402 aus: ders., Zwischenland. Ausgewählte Gedichte 1911-15, Rimbaud Verlagsgesellschaft GmbH Aachen

Blank, Amy S. 253 aus: Pnina Navé Levinson, Esther erhebt ihre Stimme. © Gütersloher Verlagshaus, Gütersloh

Bodhisattva S. 32 aus: Friedrich Heiler, Die Religionen der Menschheit, Philipp Reclam jr. Verlag, Stuttgart 1959/1980

Boff, Leonardo S. 246 f. aus: ders., Vater unser. Das Gebet umfassender Befreiung. Aus dem Portugiesischen übersetzt von Horst Goldstein, © Patmos Verlag, Düsseldorf 5. Aufl. 1991

Borchert, Wolfgang S. 256 f. Auszug aus »Draußen vor der Tür« aus: ders., Das Gesamtwerk. Copyright © 1949 by Rowohlt Verlag GmbH, Hamburg

Bonhoeffer, Dietrich S. 79 © Chr. Kaiser/Gütersloher Verlagshaus, Gütersloh

Buber, Martin S. 185 f., 285 © Gütersloher Verlagshaus, Gütersloh

Busta,Christine S. 80, 96 aus: dies., Wenn du das Wappen der Liebe malst. © Otto Müller Verlag, Salzburg 1981

Camara, Helder S. 23 f. aus: ders., Hoffen wider alle Hoffnung. © Pendo Verlag GmbH, Zürich 1981

Chung, Hyun Kyung S. 253 aus: dies., Schamanin im Bauch – Christin im Kopf, Kreuz Verlag, Stuttgart 1992, S. 59. S. 142: Gedicht einer indischen Frau, anonym, »From Jaini Bi – With Love«, a.a.O., S. 137

Dalai Lama S. 298 aus: ders., Das Auge der Weisheit. © 1975 alle deutschsprachigen Rechte by Scherz Verlag, Bern, München, Wien für den O.W. Barth Verlag

Delp, Alfred, S. 267 aus: ders., Der Sinn meines Lebens ... Verlag Josef Knecht, Frankfurt

Dhu'n-Nun, ägyptischer Sufi, S. 76 aus: Annemarie Schimmel, Dein ist das Reich. Verlag Herder, Freiburg 1978

Domin, Hilde S. 188 aus: dies., Gesammelte Gedichte. © S. Fischer Verlag GmbH, Frankfurt am Main, 1987

Dschuang Dsi S. 89, 177, 263 aus: Richard Wilhelm, Dschuang Dsi – Das wahre Buch vom südlichen Blütenland. Bei Diederichs im Heinrich Hugendubel Verlag, Kreuzlingen, München

Eggimann, Ernst S. 203: Quelle unbekannt

Enzensberger, Hans Magnus S. 26 aus: ders., Kiosk. © Suhrkamp Verlag Frankfurt am Main 1995

Fritsch, Sibylle S. 111 aus: Ursula Jung (Hg.), Das neue Frauenliederbuch, Kreuz Verlag, Stuttgart 1993, S. 76

Gandhi, Mahatma S. 155, 200 f., 376, 377 aus: ders., Aus der Stille steigt die Kraft zum Kampf. Herderbücherei Bd. 1385/8385. Verlag Herder, Freiburg 2. Auflage, 1989

Gebetbuch der amerikanischen »Reformbewegung für die hohen Feiertage« S. 108 aus: Pnina Navé Levinson, Esther erhebt ihre Stimme. © Gütersloher Verlagshaus, Gütersloh

Gelman, Juan S. 237 ff. aus: A. Reiser/P. G. Schoenborn (Hg.), Sehnsucht nach dem Fest der freien Menschen. Peter Hammer Verlag Wuppertal, 1982

Gide, André S. 341 aus: ders., Gesammelte Werke, Band XI, Lyrische und szenische Dichtungen. © 1999 Deutsche Verlags-Anstalt GmbH, Stuttgart

Graffito an der ehemaligen Berliner Mauer S. 373, aus: Werner Schaube, Herders Hausbuch der Gebete. Verlag Herder, Freiburg 1994

Halladsch S. 226 aus: Annemarie Schimmel. Weisheit des Islam. Philipp Reclam jr. Verlag, Stuttgart 1994

Hammarskjöld, Dag S. 20, 79, 163, 193 f., 214 f., 274, 351 f., 356 aus: ders., Zeichen am Weg. Deutsche Ausgabe © 1965 Droemer Knaur Verlag, München. S. 174 f.: Quelle unbekannt

Harbert, Rosemarie S. 237 aus: Ruth Ahl (Hg.), Frauen beten ... mit eigener Zunge. Herderbücherei Bd. 1714/8714. Verlag Herder, Freiburg 1991

Hausmann, Manfred S. 391 f., 412 f. Quelle unbekannt

Herbert, Zbigniew S. 245 f. aus: ders., Das Land, nach dem ich mich sehne. © Suhrkamp Verlag Frankfurt am Main

Hesse, Hermann S. 391 aus: ders., Bodensee. Betrachtungen, Erzählungen, Gedichte, Hrsg. von Volker Michels, © Suhrkamp Verlag Frankfurt

Heynicke, Kurt S. 340 f. aus: ders., Jeder Tag. Scheffler-Verlag, Herdecke, S. 191/192

Hildegard von Bingen S. 19, 107, 342 f. aus: Wisse die Wege. © Otto Müller Verlag, Salzburg 1954

Hillesum, Etty S. 268 aus: Pnina Navé Levinson, Esther erhebt ihre Stimme. © Gütersloher Verlagshaus, Gütersloh

Hüsch, Hanns Dieter S. 95 f., 215, 351 aus: ders., Das Schwere leicht gesagt, Seite 45, 150, 22, 1997/4. © tvd-Verlag Düsseldorf, 1991

Islamisch S. 227 aus: Annemarie Schimmel, Weisheit des Islam. Philipp Reclam jr. Verlag, Stuttgart 1994

Kaléko, Mascha S. 403 aus: dies., In meinen Träumen läutet es Sturm. © 1977 Deutscher Taschenbuch Verlag, München. S. 241 aus: dies., Verse für Zeitgenossen. © Verlag Eremiten-Presse 1978

Kharaqani S. 302 aus: Annemarie Schimmel, Dein Wille geschehe. Gorski und Spohr Verlag, Brundorf 1995.

Kolmar, Gertrud S. 80 f., 163 f. aus: dies., Das lyrische Werk, Kösel 1960. © Suhrkamp Verlag Frankfurt am Main

Lasker-Schüler, Else S. 120, 418 aus: dies., Gedichte 1902-1943. © Suhrkamp Verlag Frankfurt am Main 1996

Lyrik des Ostens:
Ilya Abu Madi, S. 22, Ootomo Yakomochi S. 133, Abschiedssegen Nara-Zeit S. 395, buddh. Aufschrift S. 399; Tsën Schën S. 406: übersetzt von Wilhelm Gundert; Kitahara Hakushu S. 407, Junus Emre S. 417 übersetzt von Annemarie Schimmel;
Li Bo S. 66, Bo Dju-I S. 396 f.: übersetzt von Günter Eich
aus: Lyrik des Ostens, Hrsg. v. Wilhelm Gundert, Annemarie Schimmel und Walther Schubring. © 1965 Carl Hanser Verlag, München-Wien

Magiera, Kurt Martin S. 244 f. aus: ders., Gott im Gedicht, Verlag Josef Knecht, Frankfurt 1972

Malkowski, Rainer S. 202 aus: ders., Ein Tag für Impressionisten und andere Gedichte. © Suhrkamp Verlag Frankfurt am Main 1994

Mayröcker, Friederike S. 50 aus: Die Sammlung, Junge Lyrik aus Österreich, © Suhrkamp Verlag Frankfurt am Main

Mello, Anthony de S. 65, 314, 320, 358 f., 401 aus: ders., Eine Minute Weisheit. Herder/Spektrum Bd. 4985. Verlag Herder, Freiburg 14. Gesamtauflage 2000

Czeslaw Milosz S. 243 f. aus: ders., Zeichen im Dunkel, Ed. Suhrkamp. © Suhrkamp Verlag Frankfurt am Main 1979

Morgan, Marlo S. 49, 363, 369 f., 383 aus: dies., Traumreisende, S. 22, 267, 269, 333, Wilhelm Goldmann Verlag, München 1998

Morley, Janet S. 96 aus: dies., Preisen will ich Gott, meinen Geliebten ... Verlag Herder, Freiburg 1989

Noël, Marie S. 161, Umschlagrückseite aus: dies., Erfahrungen mit Gott. Topos Taschenbuch 12, Matthias-Grünewald-Verlag, Mainz 2. Aufl. 1980

Psalmen aus Qumran S. 15 f., 126 f. aus: Klaus Berger, Psalmen aus Qumran. © Chr. Kaiser/Gütersloher Verlagshaus Gütersloh

Rinser, Luise S. 164 aus: dies., Septembertag. © S. Fischer Verlag GmbH, Frankfurt am Main, 1964

Rumi, S. 22 f., 29, 63 f., 90, 100, 139, 184 f., 185, 204, 214, 215, 263, 288, 307 f., 308, 336, 337, 338, 340, 347, 369, 373, 384, 422, 424, aus: Annemarie Schimmel, Rumi– Ich bin Wind und Du bist Feuer. Bei Diederichs im Heinrich Hugendubel Verlag, Kreuzlingen, München. S. 232 aus: dies., Dein ist das Reich. Verlag Herder, Freiburg 1978. S. 27 f., 232 aus: dies., Dein Wille geschehe, Gorski und Spohr Verlag, Brundorf 1995.

Rigveda, An die Göttin der Nacht S. 159 aus: Christoph Einiger, Charles Waldemar: Die schönsten Gebete der Welt 1996. Cormoran Verlag in der Südwest Verlag GmbH & Co. KG, München

Rinpoche, Sogyal: Shantiveda S. 142, 211, 213 aus: ders., Funken der Erleuchtung. © 1995 alle deutschsprachigen Rechte by Scherz Verlag, Bern, München, Wien für den O.W. Barth Verlag

Sadi S. 420 aus: Annemarie Schimmel, Jesus und Maria in der islamischen Mystik. Kösel-Verlag, München 1999

Saint-Exupéry, Antoine de S. 367 f., 410 f. aus: ders., Gesammelte Schriften © 1959 Karl Rauch Verlag Düsseldorf

Schneider, Reinhold S. 372 f. aus: ders., Erfüllte Einsamkeit. Verlag Herder, Freiburg 2. Auflage 1965. S. 275 f. aus: ders. Verhüllter Tag. © Insel Verlag Frankfurt am Main 1978

Schüssler-Fiorenza, Elisabeth S. 108 f.: Quelle unbekannt

Sennlaub, Hildegard S. 236 aus: dies., Wohin ich auch gehe, © 1964 Verlag Butzon & Bercker, Kevelaer.

Sölle, Dorothee S. 113 nach einem Gebet ders. aus: Heidi Rosenstock/Hanne Köhler: Du Gott, Freundin der Menschen. Kreuz Verlag, Stuttgart 1991, S. 65. S. 254 aus: dies. Fliegen lernen. © Wolfgang Fietkau Verlag, Kleinmachnow.

Solschenizyn, Alexander S. 176 f., 389 f. aus: ders., Krebsstation. © Hermann Luchterhand Verlag GmbH, Neuwied und Berlin

Spies, Gerty S. 242 aus: Michael Moll, Lyrik in einer entmenschlichten Welt. *Rita G. Fischer*, Frankfurt am Main 1988, S. 66

Stein, Edith S. 318 aus: dies., Im verschlossenen Garten der Seele. Ursprünglich Herderbücherei 1359. Verlag Herder, Freiburg 6. Gesamtauflage 1999

Stier, Fridolin S. 254 f., 257 f. aus: ders., Vielleicht ist irgendwo Tag? Herder/Spektrum Bd. 4234. Verlag Herder, Freiburg 9. Gesamtauflage 1997

Strack, Hanne S. 109 f. aus: Heidi Rosenstock/Hanne Köhler: Du Gott, Freundin der Menschen. Kreuz Verlag, Stuttgart 1991, S. 143

Szenesch, Hanna S. 267 aus: Pnina Navé Levinson, Esther erhebt ihre Stimme. © Gütersloher Verlagshaus, Gütersloh

Szymborska, Wisława S. 154 f. aus: dies., Hundert Freuden, © Suhrkamp Verlag Frankfurt am Main 1986

Tagore, Rabindranath S. 388 f. aus: ders., Wo Freude ihre Feste feiert. Herderbücherei Bd. 1684/8684. Verlag Herder, Freiburg 1990

Teresa von Avila S. 301 f. aus: Gertrude Sartory, Es ist uns zugesagt. Verlag Herder, Freiburg 1983

Tucholsky, Kurt S. 255 f. aus: ders., Gesammelte Werke. Copyright © 1960 by Rowohlt Verlag GmbH, Reinbek

Upanischaden S. 168 aus: Griffiths, Unteilbarer Geist, Dingfelder Verlag, Andechs 1996

Volkslied aus Ostbengalen S. 236 aus: Annemarie Schimmel, Mystische Dimensionen des Islam. Bei Diederichs im Heinrich Hugendubel Verlag, Kreuzlingen, München, S. 567

Walter, Silja S. 421 aus: dies., Die Fähre legt sich hin am Strand. Ein Lesebuch. Hg. von Klara Obermüller © 1999 by Arche Verlag AG, Zürich-Hamburg.

Weil, Simone S. 280 aus: dies., Schwerkraft und Gnade. Kösel-Verlag, München 1954

Weinheber, Josef S. 420 f. aus: ders., Dokumente des Herzens, Wien 1989

Wiechert, Ernst S. 405 aus: ders., Gesamtwerk. © by Langen Müller in der F.A. Herbig Verlagsbuchhandlung GmbH, München

Wiemer, Rudolf Otto S. 414 f. aus: ders., Ernstfall. © J. F. Steinkopf Verlag Stuttgart/Kiel

Wolke des Nichtwissens S. 328 © Johannes Verlag, Einsiedeln Freiburg. 5. Aufl. 1995, S. 150

Zahrnt, Heinz S. 248, 251, 288 aus: ders., Glaube unter leerem Himmel. © Piper Verlag GmbH, München 2000, S. 81, 83, 84

Zenetti, Lothar S. 61 aus: ders., Die wunderbare Zeitvermehrung. 5. Aufl., Erich Wewel Verlag, Donauwörth 2000.

Zuckmayer, Carl S. 409. Quelle unbekannt

Die Deutsche Bibliothek – CIP-Einheitsaufnahme
Ein Titeldatensatz für diese Publikation ist bei
Der Deutschen Bibliothek erhältlich

1   2   3   4   5   05   04   03   02   01

© Kreuz Verlag GmbH & Co. KG Stuttgart, Zürich 2001
Ein Unternehmen der Verlagsgruppe Dornier
Postfach 80 06 69, 70506 Stuttgart, Tel. 0711-78 80 30
Sie erreichen uns rund um die Uhr unter www.kreuzverlag.de
Umschlaggestaltung: Ulrich Ruf
Umschlagfoto: Anselm Spring
Satz: de·te·pe, Aalen
Druck und Bindung: GGP Media, Pößneck
Die Schreibweise entspricht den Regeln
der neuen Rechtschreibung.
ISBN 3 7831 1998 7